广东省“汉语言文字学”特色重点学科建设丛书

本书得到岭南师范学院粤西濒危文化研究协同创新中心资助

雷州雷神之谜

广东古越人文化寻踪

张应斌　著

暨南大學出版社
JINAN UNIVERSITY PRESS

中国·广州

图书在版编目（CIP）数据

雷州雷神之谜：广东古越人文化寻踪 / 张应斌著. —广州：暨南大学出版社，2015. 12
ISBN 978－7－5668－1686－3

Ⅰ. ①雷… Ⅱ. ①张… Ⅲ. ①神话—研究—雷州市 Ⅳ. ①B932. 2

中国版本图书馆 CIP 数据核字（2015）第 287407 号

……………………………………………………………………………………

雷州雷神之谜：广东古越人文化寻踪
著　　者：张应斌

出 版 人：徐义雄
策划编辑：杜小陆　刘　晶
责任编辑：范小娜　周海燕
责任校对：何　力
责任印制：汤慧君　周一丹
地　　址：中国广州暨南大学
电　　话：总编室（8620）85221601
营销部（8620）85225284　85228291　85228292（邮购）
传　　真：（8620）85221583（办公室）　85223774（营销部）
邮　　编：510630
网　　址：http：//www. jnupress. com　http：//press. jnu. edu. cn
排　　版：广州良弓广告有限公司
印　　刷：佛山市浩文彩色印刷有限公司
开　　本：787mm×960mm　1/16
印　　张：13. 5
字　　数：240 千
版　　次：2015 年 12 月第 1 版
印　　次：2015 年 12 月第 1 次
定　　价：33. 80 元

自　序

朋友问我："你是搞中国古代文学的，怎么退休之后连续出的两本书都是关于雷州地方文化的，你对它的兴趣为何如此之浓？"

我说："问得好！"是的，学问源于兴趣，而兴趣不是无因的。中国人大多在退休以后才敢说几句真话，中国学者大多在退休后才不为"稻粱谋"而著书。退休成为一次解放，学者此时才能摆脱名利的束缚，才能兴之所至，泼墨如花。

我热衷于雷州古文化的第一个原因是，一个人不能离开他生活的大地。我在湖北恩施生活十二年，对土家族文化献出了自己的研究热情；我在广东梅州生活了十年，客家文化至今令我魂牵梦萦。我在广东湛江生活了十二年，对脚下的土地不能没有感情，也不能没有回报。

第二个原因，也是最重要的原因，是我为雷州古文化抱不平。

广东素有三大文化之说，但雷州文化不与焉。雷州地区讲"雷州话"或"黎话"，但其实质是闽南话，真正的"雷州话"不与焉。地处中国大陆最南端的雷州，素有中国"南极"之称，元代大诗人范梈有"南极下头星象少"的诗句。雷州半岛独特的地理环境和热带气候，铸就了雷州文化世所罕见的特色。这特色凝聚在一个"雷"字上：雷山、雷水、雷川、雷阳等构成独特的自然之地理，雷墨、雷楔、雷斧、雷杵等构成自然之物象，雷毳、雷狗、雷火、雷鼓、雷斗、雷神、雷庙等构成自然之宗教，雷卵、雷祖、雷种、雷州等构成千古之人文。在这里，天是雷，地是雷，人是雷，雷州半岛素有"雷乡"之称，是世界上少有的"雷区"。雷神是家家户户顶礼膜拜的神灵，从而形成了全国乃至全世界都独特的雷文化。但是，今天的雷州雷神却被称为"雷祖公"，他的名字叫作陈文玉，是岭南历史文化名人。天上之神灵，竟成岭南之名人；天下之公神，竟成一家之私祖？历史覆盖在雷州文化上的尘土之厚，可见一斑，雷州的雷神遂成难解之谜。

其实，自古以来，在广东，在华南的大地上，就有古越人在此生存，在此断发文身。他们的祖先鲤鱼墩人，是华南第一祖。他们的国家叫作軨沭国，外号又叫噉人国，或雕题国，极其古老，是先秦时岭南的两大古国之一。他们有自己越人的宇宙起源神话，有自己的人类起源神话。他们的雷神和铜鼓闻名于天下，“鼓儿出在雷州府”的美名名扬四海。当然，他们也有叫人闻风丧胆的宗教和风俗，例如猎取人头祭神、以髑髅饮酒、以人掌为熊掌孝敬老人，以及兄弟共妻等，甚至他们的巫术也是天下独绝……这些古老而又野蛮的古文化，不仅在岭南，就是在中国，也是神奇而独特，且骇人听闻的。

但是，这些令人闻之色变的文化，正是雷州的特色所在：雷州是个神奇而宝贵的地方，它的神奇在于它独特的文化，它的宝贵在于它是岭南古越人文化在广东的最后一块残存地。在现代化潮流滚滚而来的今天，人们大多对此熟视无睹，致使广东古越人文化灰飞烟灭，即或残存也堕入漫天大雾之中，正在失去本相，逐渐消逝，一步一回头地走向灭绝。我们难道不应该以考古发掘的精神，去细心地抢救，去认真地发掘，去责无旁贷地整理和保护吗？

面对谜一样的雷州古文化，本书的工作主要包含两个方面，第一，雷州半岛现存最早的地方志《雷州府志》，为明万历四十二年（1614）所修；雷州地区的历史，《雷祖志》所载的神话传说始于唐代。本书尽己之力对先秦至唐代的雷州历史，勾画了一个粗略的轮廓。第二，本书共十二章，其中八章以“谜”为题。前四“谜”，是剥离和澄清雷州文化权威著作《雷祖志》的迷雾；后四“谜”，是笔者提出和正在追寻的古越人文化之谜。书中关于位于雷州的粤西古国輆沭、合浦（即蛤布）、雷州古国的宗教、“雷州换鼓”的新解、雷州古国的覆灭、雷州雷神与越南雷神等问题，都是由笔者首次提出。但由于缺乏资料，论据有限，多所挂漏或有误。笔者既然批评别人之谜，也欢迎专家学者批判笔者之寻谜。而且本书定有不少的错误和论证不足之处，也竭诚地期望大方赐教，批评指正，以免贻误学界。

创始者难工，踵事者易密。本书的价值或许就在于提出这些谜。真正的解谜，还望来者！

张应斌

2015 年 10 月 8 日

于岭南师范学院望海楼

引　言

因岭南地区地近热带，位置偏远，岭南文化本来就较为独特。《岭蛮志》："古云：涨海之北，五岭以南，多蛮种焉。所见异辞，所闻异辞，所传闻又异辞矣。"[①] 而在岭南文化中，雷州文化更是独具特色，是什么原因导致的？在历史的长河中，雷州雷神神话经历了神话历史化的过程，它的本来面貌已被改变，形成了许多难以解答的谜团，这又是什么原因造成的？这些问题均引人深思、引人求索。

一

在中国的雷神神话中，雷州的雷神是比较独特的。

在中国古代，雷神具有重要的地位。中国人惧怕雷神，美国悭利士比威廉所撰《论雷》说："中国之言雷者，曰雷有神……斯人有隐恶而幸逃于法网之外者，雷则殛之。故中国之人，无论智愚贤不肖，无不有一雷之神存于意中。即平时悖逆、愍不畏法之流，一闻隆隆之声，亦莫不变色相戒，若有惧惮。"[②] 此说不虚，汉王充《论衡·雷虚》："盛夏之时，雷电疾击杀人，谓之有阴过；饮食不洁则天怒，杀之。隆隆之声，天怒之音也。"古人认为，雷神是正义之神，雷击代表着天意，人们害怕它，因此形成了许多关于雷神的禁忌。例如在"忌雷"这一天，人们不得下地干活。凡被雷劈的大树，不得砍伐或使用。如果房屋遭到雷击，则认为是被苍天厌恶的，这时，旁人可一拥而入，将其财产席卷而去。遭雷击身亡的人，被认为是罪大恶极而"天诛地灭"的。因此，人们非常敬畏雷神，瑶族九大神庙中就有雷殛庙。雷神不仅是中国的正义之神，而且几乎被认为是法律的化身。同时，中国人认为，雷司管理五谷。如果长期不下雨，人们就得设坛求雨，杀猪、杀牛以敬祭雷神。于是，雷神与风、雨、云等气象神灵一起，

---

① （雍正）广东通志·卷五十七［M］．上海：上海古籍出版社，1986.

② （清）邵之棠．皇朝经世文统编·卷九十七［M］．台北：文海出版社，1980.

成为中国人的大神。北宋宣和三年（1121），雷州府学教授蒋炳文《重修威德王庙记》：“天以雷行命，万物听命于雷。一命而为吉，万物不能移其福；一命而为凶，万物不能易其祸。所以兴利除害，其功至于不测。《易》以乾为天，坤为地，震为雷。天地者，域中之四大。震则继乾坤，而长于五子。雷之为大，又可知焉。宜有天下国家者，所常严祀。”如今，重修威德王庙记碑仍然位于雷州白沙区雷祖祠碑廊，碑记充分阐述了雷神在中国古代社会生活中的地位。雷神的地位如此重要，因此全国各地都有祭祀雷神的祭坛，国家对雷神的祭祀还有统一的规定。《清朝通志》卷三十六《礼略一》：“风师雨师及诸星等祠。（臣）等谨按：《郑志》：有风师、雨师及诸星等祠。我朝定制：祀云、雨、风、雷之神于天神坛，以专祷水旱。”《郑志》，指南宋郑樵所著《通志》。可见，此制已见于宋代，清朝则把气象诸神集中在一起，把天神坛作为祭祀它们的神坛，为的是在发生水旱灾害时向神祈祷求福。《清朝通典》卷四十二：“以云、雨、风、雷为南郊从位，又专立天神坛，以祀云、雨、风、雷之神，至北斗、五星、二十八宿、周天星辰之神……惟风神、云神、雷神，均特建庙宇于京师。”京城如此，地方更甚：“郡县立雷雨坛于稷坛西，风云坛于社坛东。”① 中国古代县以上的政府所在地都建有祭祀雷神的神坛。有的单独立坛，叫作“雷坛”。有的与其他气象之神合祭，叫作“神祇坛”，或“风云雷雨山川坛”。《吴川县志》卷三：“神祇坛：在城南门外。南向，南北十四丈，东西十丈。祀云雨、风雷、境内山川、城隍之神。”② 古人认为，风云、雷雨、山川神属阳性，故在南方设坛祭祀。此外，还有些地方认为风雨雷电神的地位重要，故把它们与土地神合祭。明嘉靖《安溪县志》卷二：“城隍、土神为一邑之主，地道也。故于山川、风云、雷雨并坛而祀之，用致祈报之诚，无非所以为民也。”祭祀自然神是为了农业丰收，故举国上下均不敢怠慢。在明代以前，祭祀日期并不统一。宋王溥《唐会要》卷二十三：“（四月）立夏后申日，祀雨师、雷师于国城西南。”到了明代，祭祀日期有了统一的规定，《明会典》：“秋分后三日，合祭云、雨、风、雷坛。”祭祀雷神，必须由地方最高长官主持。其他官员均须到场，按官职品级，文东武西，分两班行礼，十分隆重。

雷州也有全国统一性的雷神和祭坛。明万历《雷州府志》卷十一：“风云雷

---

① （清）乾隆官修．清朝通典·卷四十二［M］．杭州：浙江古籍出版社，1988.
② （清）盛熙祚，章国录．（雍正）吴川县志·卷三［M］．海口：海南出版社，2001.

雨山川坛：在天宁寺口。旧在西南坡，距府治二里。嘉靖七年，知府杨表建于府新城外西隅。十六年，知府林恕改建新城内文富坊旧东坡书楼基址，内建神台，外屋三间，拱门匾勒‘南坛’二字，今为民居。坛移于新城内东迎洋门，其制与社稷坛同，每春秋仲月上巳日祭焉。”雷州府的雷神，与风神、雨神、云神、山川之神共用一个神坛。其神坛经过多次迁徙，距离州治也越来越近，最后设在了城内天宁寺西的文富坊，可见当时的人们对风云雷雨山川之神也越来越重视。风云雷雨山川之神的祭祀时间，分别定在农历二月和八月的上巳日。不仅雷州府如此，其下属的遂溪县和徐闻县也分别有自己的“风云雷雨山川坛”。其中，遂溪县的“风云雷雨山川坛”：“在县治南，距城半里许。每春秋仲月上巳日祭。”徐闻县的“风云雷雨山川坛”：“南门外，演武□□［场演］武亭东。”各县均有雷神坛，地点均在县城之南，与全国的雷神坛相同；其祭祀时间在仲春和仲秋的上巳日，与雷州府的祭祀时间相同。

但是，除了这种雷神之外，雷州还有自己的雷神：雷祖神。明万历《雷州府志》卷十一在“风云雷雨山川坛”之后，又有关于“英山雷庙”的记载，它在郡城西南八里的英榜山，祭祀时间在阴历的六月二十四。宋洪迈《夷坚志》有《熊雷州》：“崇仁熊某，通判广府，摄守雷州，至之日，吏曰：当致敬雷庙。熊曰：吾知有社稷山川之神、学官之祀而已，乌有于雷祠。言未讫，烈风、骤雨、震霆、飞电四合而起，一横板从空堕前。取观之，乃其家以限仓户者，所题则熊手笔。不胜恐惧，急致香币谒谢。续驰书质家人，果以其日失此板。竟没于郡。”[①] 熊雷州原来对雷州雷神不以为然，只祭祀官方的风云雷雨山川之神，而不肯向雷州的地方雷神贡献祭品，没想到雷州雷神十分恼怒，立即显灵，严厉地惩罚他。虽然他认错道歉，但是最后还是没有活着走出雷州。这其实是说，雷州的地方性雷神不可忽视，更不可对其无礼，它十分威猛和灵验。

可知，在古代的雷州大地上，存在着两种不同的雷神：一是全国统一的官方雷神，一是雷州本地特有的地方性雷神。它们的名称不同，祭祀地点不同，祭祀时间也不同。它们彼此相对独立，分属于两个不同的神灵体系，而雷州的雷神更加灵验，也更加威严。

在雷州，为什么有全国统一的雷神之外，还有自己特殊的雷神呢？这种独特的文化现象，该怎么解释呢？

---

① （宋）洪迈. 夷坚志·卷九［M］. 北京：中华书局，1981.

二

雷州的雷神神话虽然别具一格，但它的境遇却令人担忧。

广东有名的神话，首先是五羊神话。广州城又名五羊城，传说是因为三国时东吴国君孙皓派遣滕修任广州刺史时，有五位仙人骑着五色羊、背负五谷，来迎接他。后来，在广州府官衙的厅壁上，就绘有五仙人骑五色羊的彩色壁画。广州惠福路坡山巷的五仙观所祭祀的，就是这五位仙人和五色仙羊。今广州城内的越秀公园里，还伫立着用130多块花岗石雕成的巨大的五羊雕像。这个故事始见于魏晋时期的《广州记》和《郡国志》等书，是农业时代的五谷丰收的神话，产生的时代比较迟。其次，广东著名的神话还有粤东潮汕和客家地区的三山国王神话。三山之神所见记载始于唐代，被封为国王是在宋太宗时，产生也较迟。此外，广东还有珠海渔女传说、玉香、摇钱树、三娘树、鸡啼塍、牛傍坎、天后诞等神话，产生时间更迟。

雷州的雷神神话，反映的是人类在开天辟地时如何从卵中起源的故事。在古代神话中，雷神常常与人类的起源有关。在侗族神话中，雷神被称为“雷婆”。侗语叫“萨岁”，还有“萨样”“萨门”“萨久”等，“萨”即婆、奶奶、祖母。侗族人每年都要举行祭萨活动，以祭祀“萨岁”这位老祖母。瑶族洪水神话说，兄妹成婚后生出一个肉团，雷公将肉团切碎，撒向四方，向上撒的成为山头的瑶人，向下撒的成为平地的汉人。土家族、壮族、仫佬族、苗族、彝族等民族的人类起源神话，也与此大同小异。冬瓜样的肉团，其实也就是卵的变形。相传，与雷州相邻的海南黎族人，也起源于雷卵。清陆次云《峒溪纤志》卷上：“黎人生儋、崖、琼、万之间，即部人也。相传太古之时，雷摄一卵至山中，遂生一女。岁久，有交趾蛮过海采香者，与之结合，遂生子女，是为黎人之祖。”此说已见于北宋神宗元丰二年（1079）任广南西路提举常平的刘谊的《平黎记》：“故老相传：雷摄一蛇卵在此山中，生一斐［妃］，号为黎母。食山果为粮，巢林木为居。岁久，因致交趾之蛮过海采香，因与之结婚，子孙众多，方开山种粮。”刘谊，字宜翁，湖州长兴人。他主要活动于北宋元丰年间，曾为广南西路提举常平、江西提举，官至二千石。故海南雷卵传说虽然晚于雷州2个世纪，但是其产生的时间当都在上古。中国有名伏羲大神，又称“太昊伏羲”，他是雷神之子。《诗含神雾》说：华胥氏踩了雷泽中雷神大足印，才生出伏羲。雷州的雷神通过卵生下了雷州人的祖先的故事，与这些人类起源的神话属于同类，是人类早期原生神话的遗存。关于人类起源的神话，在广东神话中是极为罕见和十分珍贵的。

但是，广东文化中素有“三大”文化说，并在此之下，派生出三大民系、三大方言等学说。三大民系，指的是广府人、客家人、潮汕（或福佬）人；三大方言，即三大民系的方言，分别为广府人说的粤语（又称广州话、广东话、白话），客家人说的客家话（又称新民话、艾话）和潮汕人说的潮州话（或福佬话）。三大民系的文化即三大文化，分别是广府文化、客家文化、潮汕（或福佬）文化。所谓“三大”之说，恰恰把雷州文化排除在外。

为什么雷州有着广东其他地方所没有的古老神话，却被排斥在广东三大文化之外呢？

纵观广东的三大民系和三大文化，均是北方汉人迁移到广东后，在不同地区形成的不同族群和不同文化。三大民系的广府人、客家人、潮汕人，都属于汉族人；三大文化的广府文化、客家文化、潮汕文化，都属于汉文化。广东比较流行的五羊神话等，其实都是外来移民文化体系中的神话。但是，在先秦时期，岭南大地上并非没有人类，而是有着土生土长的民族和人民。在外来移民进入岭南之前，广东大地上就已经生活着古越人，即今两广的壮族和黎族的祖先。即使在今天，广东省除了占主导地位的广府、潮汕、客家三大民系之外，还有黎、苗、瑶、壮、回、满、畲、京等多个少数民族。在外来移民入主广东前，广东本地有着自己的民族文化。雷州的雷神神话，就是广东古越人的文化遗存。

但是，最古老、最有特色的广东古越人文化，却被排斥在广东主流文化之外，这岂不是笑话！

三

当然，就雷州雷神神话本身而言，它也有着许多的问题和不足。

首先，雷神本是自然神，但是在雷州，却俨然已是人。据明崇祯十年（1637）庄元贞修的《雷祖志》说：雷神名陈文玉，生于陈朝太建二年（570）辛卯九月初一，在唐贞观五年（631）辛卯出任雷州刺史，卒于唐贞观十二年（638）正月十五，享年68岁。陈文玉在雷州地方官名录和乡贤祠中，均占据首要的位置。这还得到广东官修史书的承认：清雍正《广东通志》卷二十六的

《职官志》载有他的事迹，《人物志》又载："陈文玉，海康人，生而明敏……涉猎书传，有才智，被荐辟，仕为本州刺史。精察吏治，巡访境内，苏民疾苦，怀集峒落，獠蛮相继输款。"[①] 雷州的雷祖神，已成为岭南的名人，雷祖的家人也得到皇帝的御封：父亲陈鉷，被敕封为银青光禄大夫；母亲吴氏，被封为正一品夫人；陈文玉的"圣眷李氏"，被封为"曹禄纪妃太后"；他的三个姐姐，大姐被封为贞懿太宜人，二姐被封为贞善九宜人，三姐被封为贞淑五宜人。雷祖已经完全被历史化、现实化了。人们不禁要问：雷州的雷神到底是神，还是人？雷州雷神的神话到底是雷州半岛整个"雷民"的神话，还是只是陈家人的家族神话？

其次，雷祖的文本也迷雾重重。曾几何时，占主流地位的研究者说：雷祖的传说，最早见于唐代沈既济的《雷民传》。现在，关于雷祖的文献，内容最完备的是《雷祖志》。《雷祖志》是由晚明庄元贞所修，在清嘉庆七年（1802）由绍薪斋刊。后来又由清代雷州府学教授刘世馨补编，在清光绪十一年（1885）刊刻。《雷祖志》在修纂过程中，不仅得到了雷州当地名人陈瑸和著名学者陈昌齐的支持，还得到了当时的广东政府的大力支持。《雷祖志》的卷首，在明代庄元贞序的前面，首列有《列宪新刻序文》10 篇。这 10 篇新序分别是：序一，清代两广总督觉罗吉庆的《重修雷祖志序》；序二，督抚完颜瑚图礼的《雷祖志序》；序三，广东学政归安人姚文田的《雷祖志序》；序四，广东布政使常龄的《雷祖志序》；序五，广东按察使陈文的《雷祖志序》；序六，两广盐运使包愫的《雷祖志序》；序七，监察御使、雷州知府五泰的《雷祖志序》；序八，雷州知府杨楷的《雷祖公祠序》；序九，海康县知县马珏的《雷祖公祠序》；序十，兵科给事中、郡人陈昌齐的《雷祖志序》。新序作序的时间为嘉庆六年（1801）或嘉庆七年（1802）。这新序表明：清代《雷祖志》的修纂和出版，汇集了当时两广政界和学界的名流大亨，其规模之宏大、阵容之豪华，在雷州文化史上是前所未有的。但是，尽管披着如此华丽的包装，《雷祖志》就果真是研究雷州雷神的权威著作？它的文字和结论就果真值得信赖？

此外，雷州雷神神话还有许多的谜，例如雷祖的敕封果真始于唐代？雷州今天的"雷州话"其实是闽南方言，那么，闽南人是如何代替雷州自古而然的先民的，先秦两汉雷州先民的后代今天何在？为什么雷州的雷神曾经遍及岭南 24

---

① （清）郝玉麟等监修，（清）鲁曾煜等纂．（雍正）广东通志·卷四十四［M］．雍正九年（1731）刻本．

州？如此等等，不一而足。

雷州雷神神话之谜不少，本书也力图尽己之能去探索。但是，仍有许多未解之谜。这些问题和谜团，都值得我们去追寻，去研究探索，去逐步地破解。

目　录

第一章　雷州雷神陈文玉之谜

一、雷神被历史化

人类没有文字之前的文化主要是神话传说，它只能以口耳相传的方式代代相传。这有其自然的合理性，但是，由于口传文化没有固定的形态，它在口传过程中必然产生变异：或者自然地衰减损耗，以致完全淹没；或者不断地增添或减少内容，脱离最初的模样。先秦时杨朱曾说："太古之事灭矣，孰志之哉？三皇之事，若存若亡；五帝之事，若觉若梦；三王之事，或隐或显，亿不识一。当身之事，或闻或见，万不识一。目前之事或存或废，千不识一。太古至于今日，年数固不可胜纪。但伏羲已来三十余万岁，贤愚、好丑、成败、是非，无不消灭，但迟速之间耳。"① 这说的就是口传文化的衰减或淹没，它们有的甚至消失得无影无踪。口传文化还会被人们有意无意地增减。它们有些虽然仍然存在，却已非原貌。雷州半岛的口传文化便是如此，唐代以前的资料残存的不多，所消失和淹没的无法估计。而现存的雷州雷神神话，其内容真伪杂存，已被蒙上厚厚的历史尘埃，其真相扑朔迷离，雷州雷神陈文玉就是其中典型的代表。

雷州文化的研究大约起源于明代。明代刘崧有《岭南录》，其中的部分内容涉及雷州。刘崧（1321—1381），字子高，原名楚，号槎翁，元末明初文学家，泰和珠林（今属江西泰和塘洲镇）人，著有《槎翁诗集》《职方集》《槎翁文集》《岭南录》等。明陈谟《海桑集》卷九《岭南录跋》云："辨陈雷公之事，以正丁谓之非。辨蒋炳文之承误，而知以雷名州，乃取于雷川。"刘崧对雷州雷神和雷州的得名，已经进行了研究。可惜《岭南录》已佚，其具体内容不得而知。崇祯十年庄元贞的《雷祖志》，是关于雷州雷神的第一本专著，但也存在诸多问题。

对于雷州雷神陈文玉的研究，学界已有不少成果，如宋锐《雷公庙及雷祖陈

---

① 杨伯峻．列子集释·卷七［M］．北京：中华书局，1979.234.

文玉》（《湛江文史》第五辑，1986；《湛江文史》第十二辑，1993）、宋锐《雷祖祠》（《湛江文史》第十一辑，1992）、牧野《雷祖文化雏论》（《岭南文史》2007年第4期）、何天杰《论雷祖的诞生及其文化价值》（《华南师范大学学报》2008年第3期）、刘岚《雷祖文化特性研究》（《广西民族大学学报》2010年第2期）等。为免重复，本章重点在雷神陈文玉真伪问题的分析上。

如引言所说，现存雷州的雷神已经有了具体的姓名，他就是唐代雷州刺史陈文玉。在雷州，陈文玉已不是神话中的自然神灵，而是唐代雷州府的最高长官。此说的文本载体，有代表性的是《雷祖志》。受《雷祖志》的影响，今日学界对陈文玉的存在仍然深信不疑。《中国人名大辞典》中的《陈文玉传》说："陈文玉，徐闻人。涉猎书传，有才智，被辟为本州刺史。精察吏治，怀集峒落，獠蛮相继输款。武帝降玺书褒之。"① 2004年出版的《湛江市志》第三十九篇《人物志》的《陈文玉传》说："陈文玉（570—638），齐康县（今海康县）榜山村人。雷州首任刺史，被尊为雷祖。"2004年出版的《湛江市志》之《大事记》唐代：

> 贞观五年（631）
>
> 陈文玉（570—638，今海康县人）应茂才之荐，出任东合州刺史。为开发南疆，"徙闽民于合州"。据历史资料载，唐初雷州4 324户，20 572口。居民除南迁的汉族外，还有原居本地的壮、黎、侗、瑶、苗等少数民族。
>
> 贞观八年（634）
>
> 陈文玉疏请改东合州为雷州，雷州之名始于此。
>
> 贞观十二年（638）
>
> 陈文玉逝世。雷州人民为纪念他开发雷州的功绩，于贞观十六年（642）在海康县城西北立庙以祀，庙名"雷祖祠"；五代梁乾化二年（912）迁今址（海康县白院村）。

上述条文不仅把陈文玉的生卒年列出，还把他的活动以编年的形式加以呈现。2007年，陈文玉还成为广东省官方确定的南粤先贤和历史文化名人："陈文

---

① 臧励和等．中国人名大辞典［M］．上海：上海书店，1980. 1065.

玉，历史上开发粤西重要官员。唐东合州（今广东雷州市）人。”陈文玉与广东历史上的真实人物如赵佗、冼夫人、慧能、苏轼、孙中山等一起，进入了位于广州的南粤先贤公园。

但是，陈文玉的身世仍然引起部分学者的怀疑。如何天杰《论雷祖的诞生及其文化价值》①，对此有比较细致的辨析，颇有建树，但是何文小心翼翼，仍然有未尽之处。因此，仍需深入探索。

二、雷祖陈文玉的重重迷雾

首先，从常理上说，雷州的雷神是自然神，而不可能是个姓陈名某的真实的历史人物。其次，就陈文玉三字的产生看，正史中并无陈文玉的任何记载；就雷州地方文献而言，宋代以前也无陈文玉一词，它的出现纯属文人的误解。

关于雷祖陈文玉，《雷祖志》载：“至陈朝太建二年辛卯九月初一日出猎，而犬之九耳俱动。陈氏喜曰：今必大获矣。鸠其邻十余人，共随犬往。至州北五里东，地名乌仑山，有丛棘密绕，犬自晨吠至日仄，无一兽出。猎人奇之，伐木而视。犬挖地开，获一大卵，围有尺余，壳色青碧……内出男子，两手有文：左曰‘雷’，右曰‘州’。陈氏将男子与卵壳享［奏］明州官，官收卵壳寄库，男子交还陈氏养育，名曰文玉……雷祖时年已六十有一矣，气色如壮。于贞观五年辛卯出就荐辟，即官本州刺史。”② 从陈文玉生平的几个主要节点看，《雷祖志》的主要错误有：

1. 陈文玉生于陈朝说

《雷祖志》以“陈朝太建二年（570）辛卯九月初一日”为雷祖生日，认为他在唐贞观五年（631）辛卯出就荐辟、任雷州刺史。清觉罗吉庆《重修雷祖志序》：“考神姓陈氏，其生在陈隋间。唐贞观时以雷州人官本州刺史”，说陈文玉生在陈朝，是个误解。明万历《雷州府志》（以下简称“万历《府志》”）卷六即云：“陈文玉，南梁本州刺史。”这就是说，明代人还认为，雷祖陈文玉是在梁武帝时任雷州刺史的，梁武帝的在位时间是502—594 年。此说还见于他书，

---

① 何天杰．论雷祖的诞生及其文化价值［J］．华南师范大学学报（社会科学版），2008（3）：66 ~ 72.

② （明）庄元贞修，（清）刘世馨编纂．雷祖志 · 卷一［M］．清光绪十一年（1885）刻本，雷州雷祖祠藏.

如《大清一统志》卷三百四十九《雷州府》："梁陈文玉，徐闻人，涉猎书传，有才智，被荐辟为本州刺史。精察吏治，怀集峒落，獠蛮相继输款。武帝降玺书褒之。"清雍正《广东通志》卷三十一《梁举茂才》也说："陈文玉，海康人，本州刺史。"甚至20世纪的《中国人名大辞典》也持雷祖陈文玉是梁武帝时的雷州刺史说。这些资料同样把陈文玉当成具体的历史人物，但是它们认为陈文玉在梁代已经是刺史，因而他不可能晚到陈代才出生。为了调和这些矛盾，便有了陈文玉在陈代任刺史一说。清李调元《南越笔记》卷四《雷神》说："大［太］建三年，果为雷州刺史。"这便是说，陈朝大［太］建三年（571）是陈文玉任刺史之年，而非其诞生之年。而《雷祖志》却把"陈朝大［太］建三年"改为"陈朝大［太］建二年"，并把此年误为其出生之年。当然，陈文玉在陈大［太］建二年出生之说，也并不可信。清陈芝祥在乾隆八年（1743）写的《雷祖后裔族谱记》说："（雷祖陈文玉）乃于（陈太建）八年（576）丙申九月初一日，白昼升天。"如上前后二说均可靠，那么陈文玉在世上仅6年，这岂不是笑话。但是，《雷祖志》把陈文玉的出生时间向后推了近百年，以便使他能在唐代有"雷州"这个地名时出任刺史，更是贻笑大方。

2. 陈文玉中举说

陈文玉中举说已见于宋真宗大中祥符二年（1009）雷州知府吴千仞的《英山雷庙记》："至大［太］建二年领乡举，继登黄甲，赋性聪明，功业冠世，授州守刺史之职，陈文玉是也。"明万历《雷州府志》卷十一："《古记》：陈太建间（569—582），陈文玉中第，为本州刺史，殁后神灵显著，州人立祠祀之。乡称为雷种，故以雷名庙。"又卷十四："《旧志》载：玉登进士第。"在陈代，中国的进士制度还没有产生，但该《雷州府志》已觉此说的荒谬，故在《荐辟志》中说："陈大［太］建二年，陈文玉，海康人。举茂才，为本州刺史。《旧志》载：玉登进士第。查得进士之制，自隋始，陈无之。故改正于此。"把陈文玉"登进士第"改为"举茂才"。企图以这样的技术性处理，避免知识性错误的硬伤。

3. 陈文玉为雷州刺史说

陈文玉为雷州刺史说已见于上，此处不赘。

在上述三个错误中，最大的错误是陈文玉任雷州刺史说，其理由如下：

第一，陈文玉为雷州刺史说不符合中国古代的官制。古代为官须避嫌，回避制度决定了地方长官必是他乡之人："汉县有丞、尉及诸曹掾。多以本郡人为之，三辅则兼用他郡。及隋氏革选，尽用他郡人。”① 元马端临《文献通考》卷六十三，与此同。汉代县以下的低级官吏，还有用本地的，但是在隋代实行科举制之后，即使低级官吏也全用外地人。作为州府最高行政长官的“刺史”，在汉代也尽量回避本地人，在隋朝以后更是绝不会允许本地人担任。科举制改善了官员的地缘结构，因为有了在中举的人中选择官吏的条件，便于派遣他们到异地为官。

第二，陈文玉为雷州刺史说也不符合岭南的历史实际。虽然汉武帝时岭南已归入中国版图，但是直到唐初政府仍然对岭南土著实行“自相君长”的自治制度。清徐赓陛《文明义学碑记》：“此百粤，古荒徼也。秦始辟之，汉仅通道，唐以前皆因民成俗。任嚣、赵佗辈，以诈力兴，无复治略。迄于今，俗尚近利，刀剑以嬉，群相聚为盗，非旧染之污欤？本原未讲欤？……雷之北曰遂溪，隋唐虽置吏，而南交所设总管节度，或承朝命，或自相君长，虽附版图，实袭僻陋。至宋始置雷州军，通文化，距今甫千年耳。民俗虽浑噩，而习尚强悍。”② 西汉时徐闻县（今雷州）是合浦郡治的所在地，故史书上称为“合浦蛮夷”，南北朝时仍然被载入《夷貊传》中。合浦人向中原进贡，被朝廷当作外国“蕃客”绘入了《职贡图》。梁元帝萧绎（508—554）《职贡图赞》：“北通玄兔，南渐朱鸢，交河悠远，合浦回邅。”③ 南北朝时，合浦与交趾、车师前国等一样，成为外国蛮夷。到隋末唐初，岭南蛮夷的部落酋长仍然叫作“大帅”，或者“大首领”。《隋书·谯国夫人传》：“谯国夫人者，高凉冼氏之女也。世为南越首领，跨据山洞，部落十余万家。”《旧唐书·李靖传》记载，李靖率领军队到达岭南后，分道招抚地方的大首领，达96州之多。这些地方酋长知名的如李光度、宁真长等，均被称为“大帅”，或“大首领”。朝廷对他们依制“授其官爵”，这种情形类似后代“以土治土”的羁縻制度。晚唐时，唐懿宗《大赦文》：“应安南、邕州、容州、黔南、西川诸溪洞酋长首领，务加优恤，喻以恩信。若须节级赐官秩赏给者，委当管速具分析闻奏。”④ 对酋长可赐官秩，如太守等。在隋代，高凉太守是冼夫人的丈夫冯宝，高州刺史则是朝廷命官李迁仕，二者相对独立，当时有“刺史无故不合召太守”的制度。酋长在当地，多称为“大首领”。如南朝宋孝武帝大明年间，合浦的大帅是陈檀。陈时冼夫人所统领的地方首领有苍梧首领陈

---

① （唐）杜佑．通典·卷三十三［M］．杭州：浙江古籍出版社，2000.
② （清）徐赓陛．不慊斋漫存·卷一［M］．清光绪三十一年（1905）大通鹾解刻本.
③ （唐）欧阳询．艺文类聚·卷七十四［M］．上海：上海古籍出版社，1965.
④ （清）董诰等．全唐文·卷八十五［M］．上海：上海古籍出版社，1990.

坦、冈州首领冯岑翁、梁化首领邓马头、藤州首领李光略、罗州首领庞靖，地方首领多达数千人。唐代地方首领有安南（今越南）大首领梅玄成（叔鸾）、广西邕州（今南宁）大首领梁大海，以及广东广州大首领冯璘（仁智）、泷州（今罗定）大首领陈行范、獠子首领阿迪和蛮大鬼主孟谷误等。地方酋长实行世袭制，雍正《广西通志》卷六十四："唐冯盎，字明达，高州良德人也。世为本部大首领。"冯盎据高、罗诸州时，称为"总管"；后来他统领苍梧、高凉、珠崖、番禺等五岭20余州，仍号为"总管"。他曾一时显赫如王，部下曾劝他进位登基为南越王，唐朝的高阳郡公、礼部尚书许敬宗还把女儿嫁给了冯盎之孙冯子犹，但人们讥笑许敬宗"弃长子于荒徼，嫁少女于夷落"，史书也称冯盎为"蛮酋"，《新唐书·许敬宗传》："许敬宗，字延族，杭州新城人……敬宗饕沓，遂以女嫁蛮酋冯盎子。"冯盎以南越降唐以后，官授上柱国、高罗总管，封吴国公、越国公，但是中原人仍然称他为"啸署酋领"。当然，唐代在少数民族地区设立羁縻州，地方酋长也有称为都督、刺史的，并且采用世袭制。张任《土司志序》："两江溪洞，旧为荒服。唐太宗时，诸夷内属，始置羁縻州县，隶于都督府，以其首领为刺史。"① 如安南首领爨仁哲被封为岿州刺史，戎州首领爨归王被封为右监门卫大将军、南州刺史，南宁州都大鬼主爨崇道被封为司马、威州刺史等。但是，这种"刺史"是虚衔，他们实质上仍然是地方土著的大首领、大鬼主。又如冯盎为高凉、番禺主管时，隋朝又封他为汉阳太守。其实，他与汉阳在行政上并没有关系。实行科举制是为了选拔人才以便于异地为官。本地的土官是世袭制，哪里需要什么科举！刺史之说，于理无据。

第三，陈文玉为雷州刺史说也不符合雷州的实际。历史有时十分有趣，它恰恰留下了所谓陈文玉任雷州"刺史"时期的雷州地方酋长的确切资料。唐初，雷州名合浦海康郡。《旧唐书·地理志》："雷州，下，隋合浦郡之海康县。武德四年，平萧铣，置南合州，领海康、隋康、铁杷、椹川四县。贞观元年，改为东合州。二年，改隋康为徐闻县。八年，改东合州为雷州。"② 《新唐书·地理志》同。唐高祖武德四年（621）平萧铣后，在此置南合州；唐贞观二年（628）改为东合州，至贞观八年（634）才有雷州之名。在唐代贞观时期，也即所谓陈文玉任职雷州时，雷州地区政权结构的真实情况是，政府所派的官员——东合州刺

① （清）汪森．粤西文载·卷十二［M］．台北：台湾商务印书馆，1986.

② （后晋）刘昫等．旧唐书·卷四十五［M］．北京：中华书局，1975.

史是冯智彧[1]。东合州或者说雷州，其部落酋长是“大首领”陈玄，根据是唐代宰相张说留下的确切记载。唐张说《颍川郡太夫人陈氏碑》：“颍川郡太夫人者，讳某字某，雷州大首领陈元之女，罗州大首领杨历之妻，骠骑大将军兼左骁卫虢国公思勖之母也。陈氏家富，兵甲世奠［首］峤外。夫人诞灵豪右，淑问幽闲……两州接畛，二门齐望。”[2] 陈元，《文苑英华》卷九百三十四作“陈玄”。陈玄，当是本名，因避讳而改陈元。故《张燕公集》和《全唐文》作陈元。雷州的地方酋长的确姓陈，却是名“雷州大首领”，而非“刺史”，他名陈玄，而不是刺史陈文玉。雷州的地方土著民族兵强马壮，为岭南之最。雷、罗二州的地方酋长彼此联姻以结秦晋之好，实际是政治联盟性的婚姻。古雷州大首领陈玄的女儿，嫁给罗州大首领杨历为妻，其子后改名杨思勖。《新唐书·杨思勖传》：“杨思勖，罗州石城人，本苏氏。”杨思勖（654—740），唐玄宗最宠信的宦官之一，封光禄大夫行内侍省内侍、上柱国、骠骑大将军、宏农郡开国公、虢国公等，官从一品，比唐代的宰相张说还高两级。他是盛唐时的一代名将，卒于开元二十八年（740），享年 86 岁。杨思勖于开元年间五次回到广东，依仗雷、罗二州大首领军队的帮助，率领诸州子弟兵马平定叛乱，“致命伐罪，擒叛獠于百越”[3]。1958 年，在陕西西安南郊等驾坡村发现了杨思勖墓，出土了大理石妆彩贴金武士石俑，其神色刚毅威猛，手握一刀，还身佩一刀。杨思勖追随临淄王（唐玄宗）发动政变，诛韦氏，石雕当是杨将军随从形象的写照。杨思勖名闻天下，其外公即为雷州的大首领陈玄。其父罗州大首领杨历也举世闻名。陈玄之女（633？—721），假定她以罗州首领之妻的身份在 21 岁时生下思勖的话，那么陈氏当生于贞观七年（633），与传说中贞观五年任雷州刺史的陈文玉当是父女关系，而与高力士之母麦氏（643—729）也基本同时。如果陈玄 23 岁时生育她，那么陈玄当生于隋大业六年（610）左右，生卒为 610—678 年。《雷祖志》把陈文玉卒年定为贞观十二年（638），是为了牵合雷州在贞观八年（634）得名的时间。若此，历史上真实的雷州大首领陈玄，与传说中的陈文玉，基本上处在同一时期，而且应该是同一人。但是，当时的雷州，只有地方大首领陈玄，而无陈文玉。换言之，在唐贞观时期，雷州的刺史是冯智彧，雷州的土著酋长是大首领陈

① （宋）欧阳修，宋祁．新唐书·卷一百二十三［M］．北京：中华书局，1975.
② （唐）张说．张燕公集·卷二十二［M］．上海：上海古籍出版社，1986.
③ （后晋）刘昫等．旧唐书·卷一百八十四［M］．北京：中华书局，1975.

玄。陈文玉为雷州刺史之说，与雷州史实不符。

有趣的是，当年雷州刺史冯智彧和雷州大首领陈玄的遗迹，至今仍然可考。雷州刺史冯智彧所驻之地，当在今湛江雷州市北3千米处的榜山村，今属雷州市附城镇。榜山村，原名冯村，1983年，在榜山村的石狗坡发现了北宋古墓，出土有陶罐、铜钱和完整的十二生肖陶俑等珍贵文物。雷州大首领陈玄的驻地，在今雷州市雷城镇北3千米处的英山村。北宋宰相寇准谪居雷州时，曾有《留题英灵陈司马宅》一诗。英山村，古称英灵村，或乌英山村，为陈姓世居。道光《遂溪县志》卷四："乌卵山村，即古英灵村，县南一百四十里，雷祖故里，后裔世居。"而英山村与榜山村背岭而居，彼此相邻。英山村背山面海，是当时的海港商埠，也是雷州地方政权的所在地。在清代，榜山村与英山村、卜札村、南亩上村、高山村，均属于冯村社。榜山村与英山村，或英山村与冯村，当是当年雷州刺史冯智彧和雷州土官大首领陈玄官衙的驻地所留下的遗迹。这些确切的记载，说明《雷祖志》所载是无知的臆说。

三、出现陈文玉之误的原因

产生陈文玉之说的错误，主要原因有：

其一，《雷祖志》陈文玉生于陈代说，缘于对明万历《府志》等古代资料的误解。万历《府志》之《秩祀志》在英山雷庙下引《古记》："陈太建间（569—582），文玉登第，为本州刺史，殁后神灵显著，州人立祠祀之。乡称为雷种，故以雷名庙。"同书《乡贤志》陈朝："陈文玉：海康人。生而明敏，叱声震庭。世传其家出猎得巨卵，异之，归置诸庭。忽一日雷震卵析，得一男子，即文玉也。长涉猎书、传，有才智。陈大［太］建时辟茂才，仕为本州刺史。"此说是否可信，是一回事，但万历《府志》明明说他在陈朝中举并任刺史，《雷祖志》却把陈文玉任刺史之时，说成是陈的生日，谬说当由此而生。

其二，《雷祖志》陈文玉生于"陈朝太建二年"说，或缘于误把雷祖建庙之年当成陈文玉的生年。万历《府志》卷十一载明海康知县张和《雷庙记》："陈公刺兹郡，有惠政，殁有灵异，乡人立庙祀之，俗称雷种，故庙以雷名，其庙创于陈代。"明代还有雷祖庙建于陈朝之说。道光《遂溪县志》卷十一："石牛庙；在第三都冯村之前。陈时，有客驱牛至此，夜歇厥庙，明，牛皆化为石，因建庙。"石牛庙建于陈朝，石牛与雷祖同在一庙，故石牛庙即雷祖庙。石牛庙、雷祖庙建于陈朝之说，并非个例。《雷祖志》认为陈文玉生于陈朝，当因此而误。南宋淳熙元年（1174）灵川县知县王沆《桂林显震庙碑》：“求诸父老，以为陈太建中，神始显闻于合浦，所谓雷种者。”① 本是陈太建中（569—582），并无太建二年说。此时雷神开始“显闻于合浦”，陈代合浦的首府在雷州，所谓“显闻于合浦”即“显闻于雷州”。这里只说“雷种”，并无陈文玉之名。雷祖庙当在陈朝太建中开始闻名，此是建庙之年，却误为雷祖陈文玉的生年。事实上，张和说雷祖庙创于陈代是准确的。

其三，历史上并无陈文玉其人。如前所述，正史《旧唐书》《新唐书》中，并无陈文玉的只言片语。“陈文玉”三字，在宋代才开始出现在雷州的地方文献中。宋真宗大中祥符二年（1009）任雷州知府的吴千仞《英山雷庙记》：“至大［太］建二年领乡举，继登黄甲，赋性聪明，功业冠世，授州守刺史之职，陈文玉是也。”这是历史上最早证明雷祖是陈文玉的记载。但是，“陈文玉是也”数字，明显不是故事本来的内涵文字，而是作者外加的解释。与他同时的宋丁谓《雷州显震庙记》（简称《庙记》）引《旧记》：“州南七里有擎雷水，今日南渡也。始者，北里居民陈氏者，家无子，因射猎□□中，获一大卵，围及尺余。不知其何名，而为何用，置之而已。忽一日，霹雳而开，遽生一子，鞠育抚养，遂承其家。乡俗异之，曰雷种。守土陈文玉，列状以闻，□□□□，陈太建二年也。”吴千仞《英山雷庙记》与丁谓《庙记》相矛盾，丁谓《庙记》所引《旧记》中雷祖并没有名字，文章虽然出现了“陈文玉”三字，却是指另外一人——即报告雷祖诞生奇事的雷州刺史。南宋白玉蟾《上复鹤林雷令判官》：“旧尝记得，一相知领雷州之日，初交割时，有大卵甚异，其大如斗。以上，至今留之，因是名以雷州。人谓此即陈鸾凤之胞，然亦异哉！陈果何物，而弗为五方蛮雷都总管哉！”② 白玉蟾认为，卵中所生之人是陈鸾凤，而非陈文玉。可见宋代是“陈文玉”名字产生的时代，此时陈文玉说还处于异说歧见并存的阶段，“陈文玉”有雷祖说和雷州刺史说，卵中之儿也有陈文玉和陈鸾凤两说。而且，到南宋时，陈文玉之说还没有定论。

其四，从陈文玉之名产生的具体途径说，它当缘于唐代“陈义”之音误。《雷祖志》的文本渊源或称《古记》，或称《旧记》，均不是正式书名。比较流行

---

① （清）汪森．粤西文载·卷三十七［M］．台北：台湾商务印书馆，1986.

② （南宋）彭耜等．海琼白真人语录·卷四［M］．台北：艺文印书馆，1977.

的说法是，它指唐代沈既济著的《雷民传》。《雷民传》见于《唐人说荟》第九集："《雷民传》一卷，唐沈既济撰。"《唐人说荟》是唐代笔记小说丛书，原为明末桃源居士辑本，共收书144种；清代乾隆年间山阴莲塘居士陈世熙又从《说郛》等书中补入20种，编成20卷，后来坊刻本有的改名为《唐代丛书》，有清乾隆刻本、清光绪丙申年线装石印本等。它搜集唐人传奇和笔记数量甚多，但未加审慎考订，或擅改篇名，或妄题作者，甚或以宋人小说误作唐代传奇。且所收传奇专集和笔记，大多只摘录部分，并非全本。对于《雷民传》，鲁迅先生在1922年给予了严厉的批评。他在《破〈唐人说荟〉》中说："我现在略举些他（《唐人说荟》）那胡闹的例……六是妄造书名，而且乱题撰人。如什么《雷民传》《垅上记》《鬼冢志》之类，全无此书，他却从《太平广记》中略抄几条，题上段成式、褚遂良等姓名以欺人。此外还不少。最误人的是题作段成式做的《剑侠传》，现在几乎已经公认为一部真的完书了，其实段成式何尝有这著作。"① 鲁迅认为，《雷民传》即《唐人说荟》所"妄造书名"之一，它是伪书。其作伪的途径，是作伪者从《太平广记》中抄录几段文字拼凑而成的。鲁迅《且介亭杂文二集》之《书的还魂和赶造》又说："但丛书也有蠹虫。从明末到清初，就时有欺人的丛书出现。那方法之一，是删削内容，轻减刻费，而目录却有一大串，使购买者只觉其种类之多；之二，是不用原题，别立名目，甚至另题撰人，使购买者只觉其收罗之广。如《格致丛书》《历代小史》《五朝小说》《唐人说荟》等，就都是的。现在是大抵消灭了，只有末一种化名为《唐代丛书》，有时还在流毒。"鲁迅对《唐人说荟》或《唐代丛书》恼怒的程度可想而知。

《雷民传》一书，还见于王云五主编的《丛书集成初编》第2698册："《雷民传》一卷，唐沈既济撰。"《丛书集成初编》比较流行，它是上海商务印书馆从1935年起开始编辑出版的一部丛书。《丛书集成初编》之《雷民传》，是据《龙威秘书》本排印的。在《龙威秘书》第4集之《晋唐小说》37册即《雷民传》。《龙威秘书》是清代学者马骏良私人辑录的丛书，它收录了177种不同种类的书籍，分为10集，今存有清代乾隆年间世德堂重刊本和清代石门马氏大酉山房刻本等。鲁迅先生认为，《龙威秘书》的价值也不高。鲁迅在《中国小说史略》第8篇《唐之传奇文（上）》中说，唐之传奇文见于《太平广记》中者，"实唐代特绝之作也"，而"他书所收，时代及撰人多错误不足据"。鲁迅所说的

---

① 鲁迅．鲁迅全集·卷八．集外集拾遗补编［M］．北京：人民文学出版社，2005.

"他书"，就是指《说海》《古今逸史》《五朝小说》《龙威秘书》《唐人说荟》《艺苑捃华》等。《雷民传》是明末桃源居士，抑或清代学者陈世熙、马骏良所伪，还需要考证。但是，它的出现并不早于晚明，是可以肯定的。而刊载《雷民传》的《龙威秘书》《唐人说荟》等书之不足信，也是可以肯定的。

沿袭《雷民传》的错误，更变本加厉者也有之，有的还干脆把《雷民传》改题为"雷祖传"。民国《海康县续志》卷六《坛庙志》："雷祖祠，唐沈既济《雷祖传》：唐罗州之南二百里，至雷州，为海康郡……"[①] 文字与《雷民传》不殊，但是书名却已是"雷祖传"了。宋锐《雷州历史沿革漫谈》："至于多雷之说，本出于唐朝沈既济《雷祖传》：'雷之南，濒大海，郡盖多雷而名焉。'雷州半岛东临太平洋，西濒北部湾，夏秋之时，的确多雷，不过，多雷之说虽有科学根据，却并非雷州得名的真正原因。"今人引用唐朝沈既济《雷民传》，便直接改为"唐朝沈既济《雷祖传》"了。

虽然《雷民传》是颇多谬误的伪书，但是它在雷州学界却十分流行，除了晚明和清代学者外，2013 年出版的《雷民雷神》在叙述雷祖故事时，所据仍然是"沈既济的《雷民传》"。

那么，《雷民传》到底是怎么回事呢？其实，所谓沈既济的《雷民传》，或者说《雷祖志》的祖本，本是唐房千里《投荒杂录》中的《陈义》。《陈义》见于宋代编的《太平广记》："牙门将陈义传云：'义即雷之诸孙。昔陈氏因雷雨昼冥，庭中得大卵，覆之数月，卵破，有婴儿出焉。自后日有雷叩击户庭，入其室中，就于儿所，似若乳哺者。岁余，儿能食，乃不复至，遂以为己子。义即卵中儿［之子孙］也。'"[②] 雷祖故事见于文字的，以《陈义》为最早，《陈义》当即《古记》或者《旧记》。据唐房千里《投荒杂录》，陈义本是雷州雷祖在中晚唐时的子孙，他在唐代高州刺史房千里的帐下任牙门将军，闲暇时分，他把雷神祖先的传说故事告诉了房千里，房挥笔将之记载下来，故有了《陈义》。在《陈义》中，雷祖并没有名字，陈义是他属下的牙门将军。但是，"陈文玉"与"陈义"音近，它有因在口语中音近而生的可能。雷祖"陈文玉"，可能来自"陈义"，是在口耳辗转相传中，因二词音近而误的结果。

其五，《雷祖志》的根本错误，是误把上古神话当成了历史。卵中生人，是

---

① （民国）海康县续志·卷六［M］. 雷州：雷阳印书馆，1938.
② （宋）李昉等. 太平广记·卷三百九十四［M］. 北京：中华书局，1961. 3150.

人类起源神话的一种形态，中国古代南方的少数民族中大多有这类神话。例如，祖先为古越人的侗族关于人类起源的神话，有两种传说：一说是大地上的树桩生出菌子，菌子生出蘑菇，蘑菇化成河水，河水生出鱼虾，虾子生出额荣，额荣生七节，七节生松恩、松桑。松恩、松桑结为夫妻生出十二子：雷、虎、龙、蛇……姜良、姜妹。另一说是，四个龟婆在山脚孵了四个蛋，三个寡蛋丢去了，剩个好蛋孵出松桑；四个龟婆在河边孵了四个蛋，三个寡蛋丢去了，剩个好蛋孵出松恩。松桑是姑娘，松恩是男孩，他们结婚生出十二子：雷、虎、熊、龙、蛇……姜良、姜妹。这两说基本相同，都认为人类的始祖是松桑和松恩。他们都是由水生动物所生，一是虾，一是龟，也都是卵生。这两种说法与古越人世居江南水乡有关，与南方诸多民族关于人类起源为卵生说基本相同。松桑、松恩生出十二子后，他们个个争强好胜，赌赛输赢。姜良、姜妹不愿与之为伍，就用计把其余十人赶走。二人等雷、虎、龙等献技后，就放火烧山，烧得他们无处躲藏。雷飞上了天，虎进了深山，龙下了大海，蛇钻进了岩洞，猫、猪、鸡、鸭就跟随着姜良、姜妹。姜良、姜妹赶跑了雷婆，雷婆很不服气，要来报复，才有捉雷公（婆）、洪水滔天、兄妹结婚等一系列神话[①]。雷州雷神的故事固然没有保存得这样完整，但是它作为人类起源神话的一种，是没有问题的。显然《雷祖志》的作者对此一无所知，故努力把雷神神话历史化。

指出《雷祖志》的错误及拨开陈文玉说的层层迷雾，并不是为了否定雷州的雷神崇拜，相反，所否定的只是把神话当成历史的虚妄，把陈义当陈文玉的附会，以便理清和保存真实的雷州半岛的上古文化。

卵生神话是人类起源的神话之一，雷州的雷卵神话中隐藏着马坝人、柳江人、雷州鲤鱼墩人的后代的神话，它是岭南先民关于人类起源的文化。这些文化自有其历史和文化价值，但不能把它等同于信史。明庄元贞和清刘世馨等人极力将人类史前神话牵合成唐代雷州的历史，使《雷祖志》至今仍在贻误学人。

---

① 中国各民族宗教与神话大词典编委会．中国各民族宗教与神话大词典［M］．北京：学苑出版社，1993. 100.

第二章　雷祖神话的文本之谜

前面已谈到《雷民传》或《雷祖传》是伪书，这实际上是在讨论雷州雷祖神话的文本问题。其实，雷祖神话的文本问题并不止于此，它的问题还有很多，并且长期误导着学术界。这个问题十分重要，雷祖神话是雷神神话研究或雷州文化研究的基础文本，因此必须梳理清楚。不然，雷州雷祖神话的文本真伪难辨，雷祖或雷州文化的研究，便无从下手。

在第一章中已探讨了《雷祖志》的一些问题，但还有深入的必要。自明清以来，《雷祖志》是雷州学界研究雷祖神话的重要文本，具有重要的地位。清嘉庆《海康县志》卷五："陈文玉：贞观五年举茂才，为本州刺史。《旧志》载：文玉登进士等，系于陈。查进士之科自隋始，陈无之。今考《雷祖志》，乃生于陈大［太］建三年，至是始检辟。"清代学者把《雷祖志》当作检验雷州地区历史文献是是非非的标准，这基本代表了雷州学界对《雷祖志》的基本态度和价值评价，可见《雷祖志》在雷州学界享有权威的地位。虽然人们把《雷祖志》视为学界圭臬，但实际上，《雷祖志》真少伪多，不足为据，这便是雷州雷祖神话的文本之谜。

要弄清此谜，就必须追溯《雷祖志》的生成过程，理清雷州雷祖神话的文本渊源。雷州雷祖神话文本的生成过程，大致可以分为三个阶段，《雷祖志》是第三阶段的产物。为了论述的方便，本章首先从《雷祖志》入手，逆向追溯雷州雷神神话的文本演变过程。

一、《雷祖志》的主要问题

《雷祖志》被视为圭臬的原因固然很多，但其中最主要的是，与其他文献相比，它的内容比较集中，引用起来比较方便。的确，《雷祖志》比此前所有雷祖神话的文本的内容都要集中和丰富，例如关于雷祖诞生的一段：

> 州（雷州）西七里，有村曰白院。其居民陈氏讳（陈）鉷者，妻吴氏……鉷业捕猎，养有九耳异犬，耳有灵机。每出猎，皆卜诸犬之耳。一耳动则获一兽，二耳动则获二兽。获兽多寡，与耳动之数相应，不少爽焉。至陈朝太建二年辛卯九月初一日出猎，而犬之九耳俱动。陈氏喜曰：今必大获矣。鸠其邻十余人，共随犬往。至州北五里东，地名乌仑山，有丛棘密绕，犬自晨吠至日仄，无一兽出。猎人奇之，伐木而视。犬挖地开，获一大卵，围有尺余，壳色青碧，众俱不知为何物。陈氏抱而归家。次早，片云忽作，风雨雷电交至。陈氏大恐。置卵于庭，盛以小桌。为霹雳所开，内出男子，两手有文：左曰“雷”，右曰“州”。陈氏将男子与卵壳享［奏］明州官，官收卵壳寄库，男子交还陈氏养育，名曰文玉。

在这段文字中，已经可以看到《雷祖志》的一些问题了，例如知识性的错误问题。雷祖的起源地，即发现雷神之卵的地方，本在雷州之北的乌卵山。乌卵山村，又名英灵村，即出现雷神英灵的地方。但是“乌卵山”，在这里错成了“乌仑山”。“乌卵山”，其义显豁。那么“乌仑山”是什么山呢？《礼记·郊特牲》所谓“其数可陈也，其义难知”，《雷祖志》的“乌仑山”就是这样的。作者显然不知“乌仑山”为何物！再如，发现乌卵的人，本为乌卵山人。但是，《雷祖志》却说成是雷州西七里的白院村人。这当是为了牵合明清时雷州最大的雷祖庙在白院，从而为白院雷祖庙争正统张本。

《雷祖志》的文字顺畅，故事诸要素基本完备。但是，其真实性问题也由此而生。故事的人物主要有雷祖之父陈鉷、雷祖之母吴氏和雷祖陈文玉，故事的时间是南朝陈太建二年（570）辛卯九月初一，故事的地点是雷州城北五里的乌仑山，事件的主要情节是因九耳神犬而发现神奇的大卵，从卵中生出了雷祖陈文玉。故事的内容完备，情节连贯，过程曲折，具有强烈的故事性和传奇色彩。这样的故事，自然容易成为研究者乐于引用的文本。

但雷祖故事毕竟是神话，怎么会在时间、地点、人物、故事情节等方面，如小说一样完备，如此具有历史的确切性呢？神话越是如此，其可信度就越低。

这其实是《雷祖志》的主要问题——将神话历史化。《雷祖志》存在的问题很多，但是最主要的，是作者对神话题材的无知。他混淆了神话传说与历史的界限，从而把雷州史前的神话当成了真实的雷州地方史志，把雷州神话人物当成雷州地方志中真实存在的人物。当然，神话中也包含着历史的影像。德国哲学家恩斯特·卡西尔在《人论》中说："语言、艺术、神话、宗教，绝不是互不相干的任意创造，它们是被一个共同的纽带结合在一起的。"① 但是，神话毕竟不是历史，《雷祖志》毕竟不是《雷州府志》。如果硬把雷神神话等同于雷州地方历史著作《雷州府志》，便必然要篡改雷州神话的原始面目，附会出具有准确时间、地点、人物和连贯情节的史传性的内容，从而混淆了雷州历史与雷州神话的界限，最终的结果是篡改和腐蚀了雷祖神话，也间接地消灭了雷州的雷神神话。

因此，无论是从人类学研究和神话学上说，还是从历史学上说，雷州雷神神话在第三阶段的产物《雷祖志》，是不足取的。在学术研究上，它也失去了雷州史前文化的重要价值。

当然，《雷祖志》也非凌空飞来，它的产生自有其渊源。要认识《雷祖志》的产生，还必须追溯更早的文本。

二、《雷祖志》的直接渊源——《英山雷庙记》

在雷神神话文本的演变过程中，第二阶段的代表性文本是《英山雷庙记》，它是《雷祖志》的直接渊源。北宋时的《英山雷庙记》云：

> 夫记者，所以直书其事，以为后人所闻知也。故物有奇异之状，事有殊怪之由，然则雷庙也者，所谓奇异殊怪者也。
>
> 按：州之二里英灵村，有居民陈氏无子，尝为捕猎。家有异犬，九耳而灵。凡将猎，卜其犬耳动者，所获数亦如之。偶一日，九耳齐动。陈氏曰：今日必大获矣。召集邻里共猎。既抵原野，有丛棘深密，犬围绕惊匝不出，猎者相与伐木，偶获一卵，围尺余。携而归，置之仓屋。良久，片云忽作，四野阴沉，迅雷震电，将欲击其家。陈氏畏惧，抱其卵置之庭中，雷乃霹此而开，得一男子，两手皆有异文，左曰"雷"，右曰"州"。其雷雨止后，陈氏祷天而养之。既久，乡人谓之雷种。
>
> 至大［太］建二年领乡举，继登黄甲，赋性聪明，功业冠世，授州守刺史之职，陈文玉是也。

① ［德］恩斯特·卡西尔．人论［M］．甘阳译．上海：上海译文出版社，1985. 87.

殁后神化赫奕，震霹一方。郡民就州之西南隅中，置立庙堂三间，塑雷神十二躯，应十二方位。各饰神冠，执剑刀斧钺之类。至于雷公、电母、风伯、雨师、轮鼓、电火，各以板图像，列于庙间。春秋刺史躬祀。

至乾化二年八月十六日夜，飓风大作，庙堂忽失二大梁，访寻莫知所在。有地名英榜山，原立石神，去州五里许，有军士入山采木，忽见二大梁在石神之西。因申州，尚书率官吏诣其所验之，乃庙堂所失之梁也。盖知神托风雨迁移，若有择地而居。知州谓其灵异，构材连石神造庙宇。

自是神灵益显，官吏所祷应如影响。犯神必死，求者必应。庙宇有活鸡活羊，盖所祷之所舍也；为狸虎所捕，至旦而狸虎皆暴死于庙。州之顽蠢者，假修庙之名，深入乡村乞钱粮，未入手就其所在皆自绞其手，号呼痛楚，直抵神庙。其家闻之，匍匐随至，问之，即曰：我假大王之名，匂钱于人，今为大王使者束缚鞭拷，速为救我。不然，当死其家。急以大牲致祭，命僧道诵经谢过，始得释。庙人夜宿庙中，天将明，庙门忽开，有车盖侍卫，直上抵正殿，庙人惊惶，谓刺史到庙，奔走迓迎，忽不见。其灵显如此。左右田家，俱各畏惧，少有所逆，遂至亡命。乃议就庙之东北置立佛殿祭祀，杂以经文为献，冀神威化为慈，由是威猛差灭。后佛殿敕为广涛禅寺。

至伪汉大有庚子正月十五夜，庙门井中忽音乐振作，入抵庙正殿，诘旦，庙令陈延长以为申州知州，封尚书率官吏议庙，见有神龙迹，鳞爪印地，遗涎涎沫，直上正殿，久而不散。尚书具由奏闻，就当年八月，命差内班薛誉，就州重修庙堂，增置两庙两门三门，始封为灵震王。而石神封庙内土地。其重修时，拟迁石神于西，而正殿居东，使人舁其石，推而不动。遂凿其根，愈凿愈深，乃知其神灵不许迁动。于是正殿仍居西也。

至伪汉大宝乙巳，命重赐冠带牙笏衣帐，祭器若干件。

祥符二年记。[①]

---

① （万历）雷州府志·卷十一［M］．北京：书目文献出版社，1989.《全宋文》卷二百七十三收录此文，题作“英山雷庙记”，见曾枣庄，刘琳．全宋文（第13册）［M］．上海：上海辞书出版社，合肥：安徽教育出版社，2006.

吴千仞文，万历《雷州府志》卷十一作《雷庙记》，嘉庆《雷州府志》卷一作《英山雷庙记》，道光《遂溪县志》卷十一作《灵山雷庙记》。据文中："州之二里英灵村"，此雷神庙，为今雷州城北英榜山的雷神庙，其庙额为"灵山庙"。英榜山，本是英山村与榜山村的合名。其中之一的英山村，因此地发现雷卵，故古称乌卵山村，又因其为雷神显灵处，故又名英灵村，或英灵山。故上文有《英山雷庙记》，又有《灵山雷庙记》。英山、灵山实即一山——发现雷神卵的乌卵山。此庙是雷神的故里，此庙即雷州雷神的祖庙。它在宋王象之《舆地纪胜》卷一百一十八《广南西路雷州》中，名为"威化雷公庙"。

值得注意的是，英山雷神庙与在今雷州城西南八里的白院雷神庙，并非同一座庙，它们遥遥相对。据《舆地纪胜》，白院雷祖神，宋代被封为"显震王"（它在南汉被封为"灵震王"，宋代改封）。丁谓的《庙记》，即指白院的雷神庙。可见，在宋代，吴千仞先为英山"威化雷公庙"撰文，而后丁谓为白院的"显震雷公庙"撰文。应该纠正的是，道藏本《搜神记》卷一说雷州雷神"宋元累封王爵，庙号'显震'，德祐（1275—1276）中，更名'威化'"是错误的。因为，它把雷州在地理空间上同时存在的两座雷神庙，混淆为时间前后仅名称不同的同一座庙了。

《英山雷庙记》也有许多问题。例如，雷神名陈文玉，他出生时手上有"雷州"二字、陈文玉中举、任雷州刺史，以及神犬九耳等问题，已见于此处，而非《雷祖志》的原创。另外，"伪汉大宝乙巳"，南汉大宝为958—971年，其中并无"乙巳"年，当作"己巳"年，为大宝十二年（969）。

《英山雷庙记》可以分为三段，第一段，记叙雷神在英山的诞生；第二段，记叙白院雷神庙的由来；第三段，记叙雷神多次显灵的灵异故事。与雷神文本关系密切的是第一段，即雷祖的神奇诞生。

《英山雷庙记》的作者是雷州知府吴千仞。吴千仞，字仪之，福建侯官人，北宋咸平元年进士。南宋梁克家淳熙九年（1182）成书的《淳熙三山志》载："是榜（咸平元年戊戌榜）始为小录，用绫，谓之金花，贴于卷首。载知举年甲、行第、家讳、私忌；登科人大书姓，小书名。"咸平，是北宋真宗赵恒的年号。咸平元年，即998年。这一年是宋代科举史上改革的一年，而咸平元年福建的进士，仅吴千仞一人。《淳熙三山志》载："吴千仞，字仪之，福建侯官人，咸平元年戊戌孙仅榜进士，终太常博士，知处州。"[①] 对此，乾隆《福建通志》卷三十三和《八闽通志》卷四十六所载基本相同。吴千仞的生平，清李清馥《闽中理学渊源考》记载稍详，该书卷十四："吴千仞，字仪之，侯官人。师事蔡蒙叟，为高弟。文雅风流，乡邦仰之。累官太常博士，知虔州，卒。"蔡蒙叟是宋代福建著名的大隐士，著有《绳子》三卷等。吴千仞是蔡的高徒，又文雅风流，自然名闻乡党。他的履历，除了太常博士，知处州、虔州外，还有史书未载的在雷州任知府等重要内容。

吴千仞任雷州知府事，还有异说。吴千仞在雷州的任职，今流行的说法是任雷州军事。如《雷州石狗崇拜变迁与民族格局之关系》说："北宋仁宗大中祥符二年（1009），出任雷州军事之职的吴千仞首次在《英山雷庙记》记载了雷祖传说故事。"[②] 这段话中的错误不少，这里仅略谈其任职问题。明万历《雷州府志》卷六"宋知雷州军事"下云："吴千仞，祥符，由殿中丞（任）。"上述错误或许是由此而生的。祥符，当是北宋真宗赵恒的年号"大中祥符"。"殿中丞"为中央政府殿中省属官，在殿中省长官殿中少监下有殿中丞二人，主管皇帝祭祀、膳食等事务。殿中丞与秘书丞、著作郎、太子洗马等平列，俱五品文官，由殿中丞可升转太常博士。《宋史·职官志》："（殿中丞）有出身，转太常博士；无出身，转国子监博士。"[③] 宋代改"州"为"军"，万历《雷州府志》卷一："宋开宝四年……改雷州为雷州军。"因此，《宋史》常有"诸州军"之说，"海南四州"便成为"海南四州军"。"知雷州军事"，不是"出任雷州军事之职"，而是"知雷州军之事"，也可简称为"知府"。当然，"州军"兼指文武。一般而言，宋代地方行政长官也兼管文武。《宋史·职官志七》："宋初，革五季之患，召诸镇节度会于京师，赐第以留之，分命朝臣出守列郡，号权知州军事。军谓兵，州谓民政焉。"[④]"知州军事"相当于"知府"，其职兼掌兵、民两个方面，即除了教化百姓、劝课农桑、旌别孝悌、奉行法令、宣读赦书、举行祭祀典礼、考察属官、赈济灾荒、安集流亡、掌管赋役钱谷等之外，还兼留守公事，或兼安抚使、都总管、兵马钤辖、巡检等职。在海防前线的雷州，"知府事"更须兼管军事。一句话，"知府事"，是主管地方所有兵、民之事，并非在民事之外，还有专管军事

---

① （南宋）淳熙三山志·卷二十六［M］. 台北：大化书局，1990.

② 刘岚等. 雷州石狗崇拜变迁与民族格局之关系［J］. 广西社会科学，2008（8）：145.

③ （元）脱脱等. 宋史·卷一百六十九［M］. 北京：中华书局，1985.

④ （元）脱脱等. 宋史·卷一百二十［M］. 北京：中华书局，1985.

者。《中国历史大词典・宋史》之《知州军事》云："知州军事，简称知州，宋地方行政区划州的长官，其职掌等略同于'知府事'。"① 吴千仞在雷州，其实并非军事将领，而是雷州知府。

吴千仞任职雷州知府一事，在雍正《广东通志》书载明白。该书卷二十六《知雷州事》下，宋代第十一任雷州知府即吴千仞。

吴千仞任雷州知府，《雷州府志》没有记载具体的时间，但可以考证得知。他之前的知府钱总任职在景德年间（1004—1007），他之后的第8任知府戚舜元是明道年间（1032—1033）。从钱总、吴千仞、徐清、贾守约、杜维则、黄倩、崔道隆、宋景阳、谭友直到戚舜元，共10任雷州知府，任职时间刚好30年。由此可知：他们每人均任职3年。换言之，这10人任雷州知府的时间，均可明确无误地得知。吴千仞任雷州知府，是北宋景德四年到大中祥符二年（1007—1009）的3年间。他在咸平元年中进士后，先在中央政府的殿中省任殿中丞之职，景德四年转雷州知府。大中祥符三年再转任处州和虔州知府等，因有进士和殿中丞资历，他最后官至太常博士。因此，他作《英山雷庙记》的时间是大中祥符二年（1009）。清道光《遂溪县志・艺文志》："《灵山雷庙记》，祥符二年，吴千仞。"题目与上稍有差异，但其时间十分准确。

吴千仞身为雷州知府，他作《英山雷庙记》，就有特殊的意义。在他以雷州知府身份参拜雷祖庙时，在雷人的请求下，他对雷州半岛的雷神传说进行了正式的文本创作。因此，吴千仞《英山雷庙记》有几点值得注意：

第一，他特别强调了"记"的文体定义："夫记者，所以直书其事，以为后人所闻知也。"所强调的"记"的文体要求，也是其《英山雷庙记》的创作准则——"直书其事"。

第二，为何要强调"直书其事"的叙事原则呢？这当是因为雷神传说本有"奇异殊怪"的性质，知府要把"奇异殊怪"的神话写成文字，有违孔子"不语怪力乱神"的圣训。但他又不能拒绝雷人的请求，因此，他只得以"直书其事"来摆脱不得不写《英山雷庙记》的尴尬。这无意中把写作《英山雷庙记》的现场感，充分地表达了出来。换言之，《英山雷庙记》并不是后来《雷祖志》那样深思熟虑的官方文本，而是他不得不写时随机生成的记叙文。

第三，宋代《英山雷庙记》与后来明清的《雷祖志》文本有很大的不同，

---

① 邓广铭. 中国历史大词典・宋史［M］. 上海：上海辞书出版社，1984. 293.

主要包括：发现雷神乌卵的地方是“州之二里英灵村”，即英山村，而非“州北五里东，地名乌仑山”；发现它的人是英山村人，而非白院人；发现的人物“居民陈氏”是泛指，而非“陈鈇”这一确指。更重要的是，没有《雷祖志》那样准确的时间要素（陈朝太建二年辛卯九月初一），这些要素均为《英山雷庙记》所无。可见，这些内容当为《雷祖志》所增加。

与此相联系，《雷祖志》还增加了细节描写。如把“凡将猎，卜其犬耳动者，所获数亦如之”15 字的概述，扩展为“每出猎，皆卜诸犬之耳。一耳动则获一兽，二耳动则获二兽。获兽多寡，与耳动之数相应，不少爽焉”38 字的细节描写。因此，《雷祖志》把宋代本“奇异殊怪”的《英山雷庙记》，变成了具有史传称谓和历史意味的《雷祖志》。

第四，吴千仞《英山雷庙记》最大的贡献是记叙了雷州雷神十分灵验的故事。这些故事有准确的时间：雷神在迁庙时显灵，在后梁乾化二年（912）八月十六；封灵震王时显灵，在南汉大有庚子（940）正月十五，雷神极其威严，以至于“狸虎皆暴死于庙”、诈骗犯受到雷神惩罚后自动到雷神庙忏悔等“犯神必死，求者必应”的种种灵迹，以及宿庙人看到的雷神豪华的“车盖侍卫”场面等。这些显灵故事，从侧面映射出宋代雷州人民雷神崇拜的无比虔诚和狂热，用具体生动的场景再现了雷州雷神对人们心灵的深刻的震慑威力。离开这些具体的场景，是无法理解雷州雷神在宋代的伟大和辉煌的，也是无法理解宋周去非《岭外代答》所说——广西全境称雷州雷神为“天神”、将祭祀雷神称为“祭天”的雷神文化的。

第五，吴千仞《英山雷庙记》是雷州历史上第一部“雷庙记”。关于雷州历史上第一部“雷庙记”，一般认为出自宋代的丁谓。丁谓（966—1037），字谓之，江苏长洲县（今苏州）人，官至宰相。宋真宗赵恒乾兴元年（1022）二月，被贬崖州（今海南）；三年后（1025）量移雷州，在雷州时写下了《庙记》。今存《庙记》问题甚多，何天杰《论雷祖的诞生及其文化价值》已有辨析①，其言甚是。《英山雷庙记》与丁谓的《庙记》是同一时期的作品。但是，今存的丁谓的《雷州显震庙记》与南宋高宗绍兴二十八年（1158）雷州知府何庾的《重建

① 何天杰．论雷祖的诞生及其文化价值［J］．华南师范大学学报（社会科学版），2008（3）：66～72. 丁谓文碑作《重建威德王庙记》，《全宋文》卷二百〇八收录此文，题作“雷州显震庙记”，见曾枣庄，刘琳．全宋文（第 10 册）［M］．上海：上海辞书出版社，合肥：安徽教育出版社，2006.

威德王庙碑》的内容基本相同，更启人疑窦。丁谓作《庙记》，当在1025年前后。其《庙记》名称也不一，《全宋文》卷二百〇八作“丁谓《雷州显震庙记》”，《雷州碑刻》作“丁谓《重建威德王碑》”（绍兴二十八年）。这里的问题有：一是名称混乱。“威德王庙碑”在英山，与吴千仞的《英山雷庙记》是同一雷神，丁谓的《雷州显震庙记》在白院。二是时间有问题。丁谓生在北宋，而雷州雷神被封为“显震王”时当在南宋绍兴三十一年。《宋会要辑稿》：“雷神威德王祠，在雷州海康县。绍兴三十一年十二月赐庙额‘显震’。”在丁谓的时代，不可能有“显震雷王庙”。笔者认为，丁谓的《雷州显震庙记》，其实是雷州知府何庾的《重建威德王庙碑》。至于《重建威德王庙碑》作于宋高宗绍兴二十八年（1158），与威德王封于绍兴三十一年之间的矛盾，也值得探讨。所以，雷神神话第二阶段的文本，只能以《英山雷庙记》为代表。

即使丁谓真有《庙记》，其写作时间应在1026年前后，比吴文晚。当吴千仞大中祥符二年写作《英山雷庙记》时，丁谓在宋代都城开封大写《大中祥符奉祀记》等6种170余卷的官样文章。即使丁谓的《庙记》是真的，也比吴千仞《英山雷庙记》晚了17年。因此，吴千仞的《英山雷庙记》，才是雷州历史上第一部“雷庙记”。

三、雷祖神话最早文本——《古记》

吴千仞《英山雷庙记》不是最早记载雷神神话的文本，最早的文本当是雷州方志等书所说的《古记》。《古记》是雷州雷神神话最早的文本，当然也是第一阶段文本的代表。

《古记》之说，已见于明万历《雷州府志》。该书卷十一《英山雷庙》：“英山雷庙，在郡城西南八里英榜山。《古记》：陈太建间（569—582），陈文玉中第，为本州刺史。殁后神灵显著，州人立祠祀之。乡称为雷种。”清嘉庆《海康县志》也提及《古记》。该书卷二《雷祖庙》：“雷祖庙，在县西南八里英榜山。《古记》：郡人陈文玉举茂才，为本州刺史，身后神灵显著，州人立祠祀之。”嘉庆《雷州府志》卷八《坛庙志》所引也作《古记》，文字与嘉庆《海康县志》同。

《古记》又称《旧记》。成书于明神宗万历三十五年（1607）后的《万历续道藏》本《搜神记》卷一《雷神》，则称为《旧记》。该书之《雷神》云：“雷神，六月二十四日生……《旧记》云：陈太建初（569—582），（雷州）民陈氏者，因猎获一卵，围及尺余，携归家。忽一日，霹雳而开，生一子，有文在手，曰‘雷州’。后养成，名文玉，乡俗呼为雷种。后为本州刺史，殁而有灵，乡人庙祀之。”但是，《旧记》之称或更早。宋丁谓《雷州显震庙记》云：“濒海之州，本自合浦，易名震象，必有古［故］也。《郡国地志》，□□无闻。遍□求之，果得《旧记》。曰：州南七里有擎雷水，今日南渡也。始者，北里居民陈氏者，家无子，因射猎□□中，获一大卵，围及尺余。不知其何名，而为何用，置之而已。忽一日，霹雳而开，遽生一子，鞠育抚养，遂承其家。乡俗异之，曰雷种。守土陈文玉，列状以闻，□□□□，陈太建二年也。”[①] 宋王象之《舆地纪胜》卷一百一十八《显震庙记》和祝穆《方舆胜览》卷四十二引丁谓《雷州显震庙记》，也均作《旧记》。

《古记》和《旧记》，彼此内容的繁简差异不少，这当是引用者作了删节。但是，《古记》和《旧记》均非正式的书名，而是后人对前代《记》的泛称，但是它们的所指是同一的，即均指雷州雷神神话的古本。换言之，《古记》和《旧记》都表明，雷祖神话的古本在宋代以前早已有之。

那么这《古记》和《旧记》到底是什么书呢？此前比较流行的说法认为，是唐代沈既济的《雷民传》。对于《雷民传》已见前述，此不赘述。

《古记》和《旧记》，既然不是唐代沈既济的《雷民传》，那是什么呢？笔者认为，《古记》和《旧记》指的是唐代房千里《投荒杂录》中的《陈义》：

> 唐罗州之南二百里，至雷州，为海康郡。雷之南濒大海，郡盖因多雷而名焉，其声恒如在檐宇上。雷之北高，亦多雷，声如在寻常之外。其事雷，畏敬甚谨，每具酒肴奠焉。有以彘肉杂鱼食者，霹雳辄至。南中有木名曰棹，以煮汁渍梅李，俗呼为棹汁。杂彘肉食者，霹雳亦至，犯必响应。
>
> 牙门将陈义传云：“义即雷之诸孙。昔陈氏因雷雨昼冥，庭中得大卵，覆之数月，卵破，有婴儿出焉。自后日有雷叩击户庭，入其室中，就于儿所，似若乳哺者。岁余，儿能食，乃不复至，遂以为己子。义即卵中儿也。”

① （民国）海康县续志·卷三十九［M］. 雷州：雷阳印书馆，1938.

又云："尝有雷民畜畋犬，其耳十二。每将猎，必笞犬，以耳动为获数，未尝偕动。一日，诸耳毕动。既猎，不复逐兽，至海旁测［渊］中嗥鸣。郡人视之，得十二大卵以归，置于室中。后忽风雨，若出自室。既霁就视，卵破而遗甲存焉。后郡人分其卵甲，岁时祀奠，至今以获得遗甲为豪族。

或阴冥云雾之夕，郡人呼为雷耕。晓视野中，果有垦迹。有是乃为嘉祥。又时有雷火发于野中，每雨霁，得黑石，或圆或方，号雷公墨。凡讼者投牒，必以雷墨杂常墨书之为利。人或有疾，即扫虚室，设酒食，鼓吹幡盖，迎雷于数十里外。既归，屠牛彘以祭，因置其门。邻里不敢辄入，有误犯者为唐突，大不敬，出猪牛以谢之。三日又送，如初礼。"

又云，尝有雷民，因大雷电，空中有物，豕首鳞身，状甚异。民挥刀以斩，其物踣地，血流道中，而震雷益厉，其夕凌空而去。自后挥刀民居室，频为天火所灾。虽逃去，辄如故。父兄遂摈出，乃依山结庐以自处，灾复随之。因穴崖而居，灾方止。或云，其刀尚存。雷民图雷以祀者，皆豕首鳞身也。①

《陈义》的作者房千里，字鹄举，晚唐河南人，其生卒年均不详。他在唐文宗太和初（827年左右）登进士第，官至国子博士，后贬岭南端州（今肇庆）别驾，再升为高州刺史。宋计有功《唐诗纪事》卷五十一："房千里，字鹄举，太和进士也，终于高州刺史。"据《新唐书·宰相世系表》，房千里生在唐代著名宰相房玄龄、房琯家族，祖父房说为右司郎中，父亲房夷则。其族正谏大夫同平章事房融（房玄龄族孙），在武则天时被贬高州长史，后死于高州。房千里极有才学，是晚唐时期的文学家，其著作主要是在岭南时期所作，如《投荒杂录》一卷、《南方异物志》一卷。《新唐书·艺文志》："房千里《投荒杂录》一卷。字鹄举，大和初进士第，高州刺史。"又："房千里《南方异物志》一卷。"他的著作还有唐代新兴文体传奇《杨倡传》，《全唐诗》录其诗《寄妾赵氏》一首，《全唐文》收其《庐陵所居竹室记》《游岭徼诗序》《骰子选格序》《知道》等文。房千里为高州刺史，时约835年。他在高州政绩突出，史称"擢高州刺史，

① （宋）李昉．太平广记·卷三百九十四［M］．北京：中华书局，1961.

留心政治，大得夷情”。明万历《高州府志》卷四“唐高州刺史”第三位，即房千里。卷十《余录》云：“房千里博士初上第，《游岭徼诗序》云……终高州刺史。”《陈义》为其《投荒杂录》的一篇，当是他在高州时的作品。

《古记》之所以名《陈义》，并非陈义是故事的主人公，而是他为故事的讲述者——高州刺史房千里属下的牙门将军。明万历《高州府志》卷四《吏目》第七位，即陈义。《陈义》共五段：第一段开头，当是房千里的叙述。第二段，明确点出为“牙门将陈义传云”。这里的“传”，读作“传说”的“传”，即这些故事是陈义讲述的传说。牙门将，是陈义的职衔。牙门，古代主帅或主将帐前树牙旗的军门。《后汉书·袁绍传》引唐李贤注：“《真人水镜经》曰：‘凡军始出，立牙竿必令完坚；若有折，将军不利。’牙门旗杆，军之精也。”牙门将军，为三国时刘备所创，指主帅军门前的主将。牙门将军陈义，为房千里所倚重的帐前大将。文章的第三段和第五段之首的“又云”，即“牙门将陈义又传云”，第四段之首的“或”，亦当作“牙门将陈义又云”解。因此，《陈义》五段的内容，绝大多数来自“牙门将陈义”讲述的雷州古代传说。“义即雷之诸孙”，即陈义是雷州雷神的子孙。据此，第二段末的“义即卵中儿也”当有误，它当作“义即卵中儿之子孙也”。可见，雷州雷神的传说直接来自雷神在晚唐仍然代代相承的嫡系子孙，故事的权威性和来源的真实性，均不容置疑。

房千里到达岭南后，对这里的南国风光和奇异文化十分着迷，把所见所闻写成了《南方异物志》和《投荒杂录》等。当知道房千里在搜集岭南奇闻逸事时，陈义向他讲述了自己故乡流传的雷祖诞生等神话故事。它名《陈义》，是尊重雷州传说的故事来源，也说明作者与故事题材的亲密程度。他作《陈义》时，距《雷祖志》所说的陈文玉任雷州刺史的唐贞观时才150余年，但是，在《陈义》中，雷祖却仍然没有名字。

《陈义》五段：第一段，记叙雷州名称的来源和祭祀雷神的禁忌。第二段，记叙雷祖神的诞生。第三段，叙述雷州豪族的诞生。请注意，雷州的卵生神话是十分丰富的，第二段“庭中得大卵”，即卵发现于家中院坝，这是雷祖神诞生的神话传说。第三段，大卵为犬得自荒野，而且是十二枚，这是雷州的宇宙诞生神话。第四段，是雷耕和雷公墨等雷州与雷神有关的故事。第五段，记叙雷州人求雨不灵时，以刑胜之术与雷神斗，刻画了雷神“豕首鳞身”的形象，以突出雷神存在的真实性，并说明雷州人与雷神曾有过如此亲密的接触。

这五段之中，与雷神和雷州人类起源有关的是第二和第三段两段。

雷州雷神诞生的故事，并非天外之物，它有着深厚的民俗文化基础。岭南有“雷妇”的故事。岭南多瘴气，范成大《桂海虞衡志·杂直》云：“瘴，二广惟桂林无之，自是而南，皆瘴乡矣。……一岁无时无瘴：春曰青草瘴，夏曰黄梅瘴，六七月曰新禾瘴，九十月曰黄茅瘴。”人们以黄茅瘴为尤毒，故谚语说：“十月小阳春，家家有病人。”雷阳地热近海，雷州瘴气尤重，疯疾尤多。明王临亨《粤剑编》：“粤人多染疯疾，而雷阳为甚。其始发也，指爪间即不知痛痒，以为病候。女子患此，即谬为私奔与迷失道状，用以挑男子，一交感后，其疾顿移之男子矣。俗呼为过疯。”① 过疯的细节，清李调元《南越笔记》卷七《疯人》：“粤中多疯人……高雷间，盛夏风涛蒸毒，岚瘴所乘，其人民生疯尤多……凡男疯不能卖于女，女疯则可卖于男，一卖而疯虫即去，女复无疾。自阳春至海康，六七百里板桥茅店之间，数钱妖冶，皆可怖畏，俗所谓过癞者也。”一些女子疯后，常自言雷神与她成亲，她便成了雷神之妻，成为“雷妇”，所生孩子为“雷子”，雷神便成“雷郎”。唐宋之交的郑熊《番禺杂记》有《雷郎》：“雷郎，民家女或为神所依，即呼为雷郎；得子，曰雷子。”② 南汉时，有番禺女子为雷郎之妻的传说。《南汉书》卷十七《番禺村女传》云：

> 番禺村女，大宝时人。本农家女，随其母饷田，忽云雨晦冥。及霁，失女所在。母哭，遍求之，不可得。后月余，复昼晦。雨止，庭中陈列筵席，有鹿脯、干鱼、果实、酒醢，甚丰腆。女盛服至，母惊喜，持之。女自言为雷师所娶，将至石室中，亲属、婚礼，一如人世。今暂使归，不可再矣。其母问：“雷郎可见否？”曰：“不能。”留数宿。一夕，风雨至，复失之。③

《南汉书》虽是清人的著作，但是这个故事还见于他书，是宋之前的作品无疑。北宋初年徐铉《稽神录》卷一《番禺村女》云：“庚申岁，番禺村中有老姥，与其女饷田。忽云雨晦冥，及霁，乃失其女。姥号哭求访，邻里相与寻之，不能得。后月余，复云雨昼晦，及霁，而庭中陈列筵席，有鹿脯干鱼，果实酒

---

① （明）王临亨．粤剑编·卷二［M］．北京：中华书局，1987.

② （宋）曾慥．类说·卷四［M］．上海：上海古籍出版社，1986.

③ （清）梁廷枏．南汉书·卷十七［M］．广州：广东人民出版社，1981. 94.

醢，甚丰洁，其女盛服而至，姥惊喜持之。女自言为雷师所娶，将至一石室中，亲族甚众。婚姻之礼，一同人间。今使归返回，他日不可再归矣。姥问：'雷郎可得见耶?'曰：'不可。'留数宿，一夕，复风雨晦冥，遂不复见。"《南汉书》与《稽神录》的文字有差异，但是内容基本相近。《南汉书》中的"大宝"，是南汉皇帝刘晟的年号，大宝共 14 年（958—971）。《稽神录》中的"庚申"，即刘晟大宝三年（960）。可见，上述两书的记载，彼此正相互印证，番禺村女的故事当发生在南汉大宝三年。番禺女子故事的背景，是岭南的雷郎传说。番禺村女，即雷神娶妇生子故事之一例。这类故事并非仅生南汉，历代均有。在今日的雷州，还时有女子自称为雷神所娶。雷妇所生之子，在理论上讲便是雷神之子，这是雷州雷神神话的民俗学基础。

雷神破巨卵生子之说，在古代并不罕见。宋司马光《藏珠石》："又疑蛟龙伏［孵］巨卵，雷电击之从此毈……物理万状终难知，巧心推求徒自疲。"① 毈，宋陈思编、元陈世隆补《两宋名贤小集》卷四十七注："毈，卵不孚也。"这是说，此石本是雷神之卵，蛟龙正在孵化，但是由于雷神干预，没有孵出婴儿，故石永存在此。此诗的语境便是雷卵孵出婴儿的故事。可见，不独雷州，这类故事在全国均有。

为什么会有《陈义》第三段从野外地穴中掘得雷卵的故事呢？这是因为雷常击地成穴。清王士祯《精华录》卷九《大安驿雷雨》："出地雄雷奋，穿云急瀑悬。"惠栋《训纂》："崇正［祯］九年秋，北亭洲间有雷出，奋而成穴。"岭南地区有在地穴中祭祀雷神的传统。宋郑熊《番禺杂记》："村民凿山为穴，多品供雷。冀雷享之，名雷藏。"岭南人民祭祀雷神时，在野外挖一坎穴，把祭品放在穴中，以便雷神享用。番禺有刘王墓，在郡北七里，又名雷洞，《南海百咏》称："俗谓伪刘雷将军墓。"《南海百咏》又云："刘氏时所凿，谓之'雷藏'，欲以飨雷。"雷藏故事，活灵活现。既有雷穴、雷藏，那在雷穴中挖出雷卵，便在情理之中了。穴中出雷卵的故事，颇有岭南特色。第三段中的神犬为十二耳，而不是宋以后的九耳。清陈元龙《格致镜原》卷八十七《犬异》引《雷民传》："尝有雷民畜畋犬，其耳十二。"仍然保留唐代十二耳神犬故事的部分痕迹。这里，犬之十二耳并非没有意义，它与雷神十二卵、雷神庙中的雷神十二将，彼此呼应匹配，有着特殊的宗教和历史含义。

---

① （宋）司马光．传家集·卷三［M］．上海：上海古籍出版社，1986.

唐代以后的雷州雷神诞生的故事，如《庙记》和《雷祖志》，就是把《陈义》中的第二、三段两段加以缀合，即把本是两说的两个故事拼合为一个。于是，“庭中得大卵，覆之数月”被删除，神犬十二耳变为九耳，雷神十二卵消失。唐代时内容复杂的雷神故事，被整合成一个简单流畅的新故事。

由此可见，《陈义》就是宋代以后人们所说的《古记》或《旧记》。《陈义》是雷州雷神神话最古老的文本，它被称为《古记》，是当之无愧的。房千里是第一个把雷州半岛世代流传的雷祖神话写成文字的人，因此，《陈义》成为雷祖神话的第一文本。它虽文字简朴，但第一次把非物质的口头传说记录成文字，为传说的千古流传提供了载体，可谓价值连城。如果没有《陈义》或《古记》，宋代的《英山雷庙记》便无从诞生，雷祖神话也许就永远消失了。这种民间传说本可能转瞬即逝，被房千里记录成雷祖神话的最早文本，具有偶然性。房千里虽然没有到过雷州，只是在相邻的高州听到这个传说，但他将它笔之于书，并传之不朽，这是雷神的幸运，也是雷州文化的幸运。房千里对于雷州雷神神话的流传，功莫大焉。

四、《古记》背后的历史之谜

有唐一代，由长安或北方贬到雷州的大臣或官员人数不少。如右丞相元琇，被贬为雷州司户参军；剑南东川节度使李康，被贬为雷州司马；朝议大夫、刑部员外郎、柱国崔颜融，被贬为雷州司户；许王李素节之子李琳、李瓘、李璆、李钦古等，被长囚于雷州；李茂贞、史滑涣、頔子敏、贺兰敏之、刘承祖、陆弘巽等，均被流放雷州。唐代到过雷州的著名文学家也不少，如一时名臣北海太守李邕、宰相李德裕、宰相驸马都尉韦保衡、刑部尚书柳仲郢等，曾任雷州刺史的还有张采、陈听思等。但是，他们对雷祖神话充耳不闻，都没有留下关于雷州的只言片语。

唐代记叙雷州的有八九人，比较突出的有段公路和刘恂，但是，在了解的深入、记叙内容的丰富和完备上，段公路和刘恂均不能与房千里同日而语。房千里还在《投荒杂录》的“雷耕”“鹦鹉”“孔雀”等条目中，写到雷州文化，但是作为《古记》的《陈义》，是有唐一代在保留雷州雷神神话方面最早也是最全面的文本。房千里的《陈义》对雷州文化的贡献，几乎无与伦比。具体地说，他的贡献主要有：

1. 揭开了雷州史前文化之谜

如前所述，在《陈义》第二和第三段中，其是两个相互联系的故事：两个故事的相同之处是：它们都是上古雷州人类起源的故事，也即雷州民系的上源。雷州古人类均是从卵中诞生的，因此雷州古人类可称为“雷州卵生人”。但是，两个故事又有不同。下面，我们再重新仔细地研读这两段，《陈义》云：

> 牙门将陈义传云：“义即雷之诸孙。昔陈氏因雷雨昼冥，庭中得大卵，覆之数月，卵破，有婴儿出焉。自后日有雷叩击户庭，入其室中，就于儿所，似若乳哺者。岁余，儿能食，乃不复至，遂以为己子。义即卵中儿也。”
>
> 又云：“尝有雷民畜畋犬，其耳十二。每将猎，必笞犬，以耳动为获数，未尝偕动。一日，诸耳毕动。既猎，不复逐兽，至海旁测［洲］中嗥鸣。郡人视之，得十二大卵以归，置于室中。后忽风雨，若出自室。既霁就视，卵破而遗甲存焉。后郡人分其卵甲，岁时祀奠，至今以获得遗甲为豪族。”

上面第一段，“雷种的起源”可命名为“人类起源”，第二段，可命名为“宇宙起源”。这两段共同的标志是雷州人是从卵中诞生的，卵生是古人解释人类起源的基本模式。不仅中国的盘古如此，在古罗马美女维纳斯凭着阿波罗的天鹅勒达（Leda），与天帝约夫交媾，卵生出了几个英雄。但是，《陈义》中的两段故事，本具有不同的内容。由于“宇宙起源”故事内容不完整，没有说明“十二卵”中所生十二物具体是什么，故不受重视。《雷祖志》等书的最大错误，就是不明白“十二卵”的重要意义，而把它删除了，进而把这两个故事整合为一。

为什么“十二卵”的故事不能删呢？因为它是中国南方民族远古神话的一个母题，“宇宙起源”的故事便从属于这一神话母题。

从神话类型学上说，十二卵的故事是中国神话中的一个基本母题。包括古越人在内的南方少数民族，大多都流传着宇宙由十二卵诞生的故事。苗族的创世神话《苗族古歌》中有《妹榜妹留》和《十二个蛋》，说妹榜妹留自枫树里出生长大后，因为和水泡沫“游方”（交配）而怀孕，生下了十二个蛋，由一只神鸟替她孵化，孵了多年后才生出人类的第一个始祖姜央以及雷、龙、虎、蛇、蜈蚣等。《十二个蛋》说这十二卵是远古十二宝蛋："我们来看十二宝，远古十二个宝蛋。"① 他们还称这十二蛋为"一十二个远古蛋"，或者"妹留生的央腊蛋"等，远古十二个宝蛋直接关系着宇宙和人类的起源。古越人之一的侗族的人类起源神话，有两种传说：一说是大地上的树桩生出菌子，菌子生出蘑菇，蘑菇化成河水，河水生出鱼虾，虾子生出额荣，额荣生七节，七节生松恩、松桑。松恩和松桑结为夫妻生出十二子：雷、虎、龙、蛇……姜良、姜妹。另一说是，四个龟婆在山脚孵了四个蛋，三个寡蛋丢去了，剩个好蛋孵出松桑；四个龟婆在河边孵了四个蛋，三个寡蛋丢去了，剩个好蛋孵出松恩。松桑是姑娘，松恩是男孩，他们结婚生出十二子：雷、虎、熊、龙、蛇……姜良、姜妹。这两说的"十二"是基本相同的，人类的始祖也都是松桑和松恩。彝族的人类起源神话有《雪源十二子》，说天神恩体古兹要午惹吉兹神创造人类。午惹吉兹神经历了一系列失败后终于造出了一种"松身愚人"，经天神为"松身愚人"作九次"黑白醮"的解除巫术后，终于变成雪族十二支子孙。其中，六种有血，六种无血。有血的六种是蛙、蛇、鹰、熊、猴、人；无血的六种是青蒿、白杨、杉、水筋草、毕子草、勒合藤（圆藤）。自此，大地上才有了人类和各种动物及植物。瑶族盘瓠神话中，神犬盘瓠与国王的公主生下六男六女，他们相互婚配，遂繁衍为瑶族盘、沈、包、黄、雷、李、邓、周、唐、马、赵、胡共十二姓。水族造人神话有《十二个仙蛋》，说风神与牙巫相配生了十二个仙蛋，孵化出人及雷、龙、虎、蛇、熊、猴、牛、马、猪、狗、凤凰，最后人最先找到火种，凤凰化为美女与之成婚。可见"一十二个远古蛋"，是少数民族远古神话传说中的基本母题。作为古越人的雷州古人，他们的神话最初也与侗族、瑶族、苗族一样，具有从"十二个卵"创生宇宙的基本形式。

值得注意的是，在南方侗族、苗族、瑶族、壮族等少数民族的宇宙起源神话中，从十二个蛋中所生的都有雷、人类和万物。雷神与人类和万物一起诞生，与人类始祖是同胞关系。《苗族古歌》："姜央心里最聪明，和雷争夺当大哥。雷说雷是大哥，央说央是大哥。"人类与雷神翻脸，雷神被人类打败后，雷才住到天上。

在壮族祭司的创世古歌中，宇宙起源时最先生下了风、雨、雷三神。广西马

---

① 贵州省少数民族古籍整理出版规划小组办公室．苗族古歌［M］．贵阳：贵州民族出版社，1993. 488.

山县城壮族巫师公蓝经法《衙雷全集》经文中的《三付雷王》经云：

猛打鼓声另一调，三付雷王降古坛。
今朝座在雷州庙，功曹执状到廊前。
本唱前皇并好汉，第一当初父母生。
第一就生风伯兄，第二就生风雨郎。
第三就生雷州案，两眼炯炯亮似灯。①

雷州案，属于借代修辞手法，指雷州的雷神。因雷神住在雷州大庙里的案（办公桌）前办公视事，故以“雷州案”（雷州办公厅）指称。这里，不是十二卵，而是宇宙起源时的三卵。“三付”，即三套、三个。三付雷王，均诞生在“雷州庙”，可见宇宙的诞生地，就是雷州。而且，他们三人都称“雷王”。在广西来宾的《卜伯与雷王》的故事中，雷王府里的三王是雷风伯、雷雨师、雷三郎兄弟，他们掌管着天上的风、云、雷、雪等。雷，或者雷王，是宇宙起源的基本主题。在宇宙诞生过程中，第三诞生的雷王，就是雷州的雷王神。可见，在比较原始的壮族祭司的唱本中，宇宙起源的发生地，就在雷州。雷州，是岭南人类起源和宇宙起源神话的文化故乡，也是古越人的精神故乡。

在红河流域的壮族巫师的唱本中，已与此有所不同。宇宙起源时，首先生下的是雷王、人类之祖卜伯和老虎三王，巴马所略乡所略村壮族又指雷王、龙王及布洛陀三王。有的地方，又说宇宙起源时生下了雷王、蛟龙、老虎与布洛陀四兄弟。在这些神话传说中，专称性的“雷州的雷王”的身份消失，变成了泛指性的普通“雷王”。由于卜伯多次欺骗雷王，二人之间发生大战，雷王战败，四处躲藏，最后逃到雷州大庙，才逃过了卜伯的追杀。这里，壮族神话中的“雷州的雷王”起源地的遗迹，还依稀残留。在壮族神话中，雷州雷王和人类之祖，都是宇宙起源时所生。这与《陈义》所载有很大的区别，但是在宇宙起源时，最初所生的是十二卵，或者三卵，而并非“雷种”一人，是明显的。而三卵神话，明显是十二卵神话的简化版，它与《陈义》中的宇宙起源神话有着血缘上的联系。

在上述雷州的有关宇宙起源的神话中，出现了狗。狗在神话中是雷神的坐

① 蒙元耀．远古的追忆：壮族创世神话古歌研究［M］．北京：民族出版社，2012. 192.

骑，广西左江地区壮族神话《卜伯战雷神》说："天上的雷神很厉害……雷神的坐骑是一只天狗，雷神每次出门，都要骑上天狗，才能上下，要是没有了这天狗，他也难飞走。这天狗，发起疯来，就要咬太阳，吞月亮，常常使白天一片阴暗，夜晚一团漆黑，什么也看不见。"① 雷神常常骑着天狗，"轰隆隆"地响着奔走。可见，狗也为《陈义》中的宇宙起源神话提供了佐证。

由此可见，《陈义》中十二卵的神话并不完整，但是结合神话母题范畴，它属于宇宙起源故事是可以肯定的。因此，雷州的十二卵神话，不仅仅属于雷州，更属于壮族，它是壮族宇宙起源的三王神话的源头，也是岭南古越人的宇宙起源神话的源头。

《陈义》中的雷种诞生故事，是十二卵神话的简化，当是从宇宙起源中分化出来的。这两个故事，具有地层学上的"打破"关系。雷神诞生神话打破了宇宙起源神话，二者紧密相关，但是又有时代先后。从故事级别上看，第一地层的宇宙起源属第一级别，而第二地层的雷神起源则属于第二级别。自宋代以来，吴千仞的《英山雷庙记》和《雷祖志》不懂得十二卵神话的内涵，误把第一级别的宇宙起源神话删除，将部分内容合并到第二级别的人类起源神话中。这便本末倒置，不仅混淆了两个故事，而且还淹没和消灭了第一层级的宇宙起源神话。因此，《雷祖志》等对雷州古文献的损害，难以估量。

通过对雷州十二卵的背景认识，我们应该重新解读雷州的古代神话：

第一，从文化渊源上说，古雷州的远古神话并非从天上掉下来的，它与古越人的神话，尤其是与侗族、壮族、瑶族、畲族一样，有着血缘关系。这对认识古雷州神话的性质，有重要的意义。

第二，从神话内容上说，古雷州的远古神话原本内容丰富，它与南方少数民族一样有着自己的宇宙起源神话和宇宙观。只是被《雷祖志》等书破坏和删除以后，它才失去了自己的文化丰富性和文化根基。而古雷州的宇宙神话，有它自己的历史渊源和发展脉络，它当是八千年前鲤鱼墩人灵魂观念的一大发展，其后则被古越人后裔——壮族的神话所继承。

第三，古雷州的文化有自己的特殊个性。与黎族、壮族等百越民族神话相比，雷州神话也有自己的特点：其已经把人类起源故事从宇宙起源中独立出来，给雷神的起源以独立的地位：作为天神的大卵，自天而降于庭中，数月后孵化，

---

① 张声震．壮族神话集成［M］．南宁：广西民族出版社，2007.258.

卵中所生的婴儿得到雷公的亲自“乳哺”，因此他是天神雷公之子——相当于匈奴的“天之骄子”和中原的“天之子”，可以简称为“雷州天子”，这便是他以后必然成为雷州之王的神学理由。这使雷州的雷神神话内容更奇特、情节更丰富，从而为雷州雷神超越周边民族的神话而成为最有特色的雷神，奠定了基础。值得注意的是，雷州的雷神能给婴儿喂奶，她必然是有乳房的女性，因此称她为“雷公”，实不恰当，她最初的名字当是“雷婆”，相当于中原的“嫘祖”。那么，诞生雷神的那枚卵当是“雷婆”所生，在神话上雷婆当即雷祖的血缘母亲。

第四，结合雷州神话中的神犬十二耳、雷藏十二卵、雷神十二将和“得遗甲为豪族”来看，雷州的宇宙起源神话，可能也像苗族、畲族等民族一样，包含了雷州“豪王族”的诞生故事。雷州豪族是由长着十二只耳朵的雷州神犬，在海边的“雷藏”中发现并刨出的，十二卵生出了后来的雷州豪族。他们的卵是神犬发现的，在神话学上，意味着他们是神犬所生的后裔，因此雷州十二豪族既是雷州雷神的后裔，也是神犬的子孙。从而使得雷州“雷种”的故事更加复杂，但是也更加生动和丰富。

当然人类起源故事的影响更大。从这个故事看，雷州半岛的第一家族是“雷州天子”——雷公之子的王族。他们天生是来做雷州之王的，其子孙世袭着雷州地区的王权。在世俗世界中，这个家族以“雷王”君临天下，名称是“雷王”。在神权世界中，也叫“雷王”。因此，该族酋长的“雷祖”“雷种”等称谓，都是王权被剥夺后在新的历史条件下褪去“王”色之后所改的称谓。最初，雷州的雷神庙的名称并非“雷祖庙”或“雷公庙”，而是雷王庙。故宋洪迈在《夷坚志》中还称它为“雷州雷王庙”①。在宋周去非《岭外代答》中，雷王被称为“天神”。清王珪《雷祖志跋》：“（雷州）郡西七里，白院村显震庙，有陈王者，发迹于雷，刺史于雷，为神于雷。”称他为“陈王”。广西壮族巫师的“师公”在“跳岭头”的祭神仪式上唱的神歌《九天赞》中有《雷神歌》：“吾是上界雷王子，显圣生化在云头……家住雷州雷王庙。”② 此外，还保存了雷州第一家族的酋长，上古时期在世俗世界中称“雷王”，在宗教神灵世界也称“雷王”的历史遗痕。

---

① （宋）洪迈．夷坚志·卷五［M］．北京：中华书局，1981.

② 胡仲实．试论雷神形象的历史演变［A］．农冠品等．岭南文化与百越民风：广西民间文学论文选［C］．南宁：广西教育出版社，1992. 75.

雷州半岛的其他贵族是身为神犬之子的雷州豪族。在世俗世界中，他们是“雷州天子”的部下，地位比雷王家族低一级，但是他们也是雷州显贵，掌管着雷州地区的猎犬部队和军事大权，协助雷王统治雷州地区。

但是，经过唐末五代的社会大动乱，岭南地区发生了重大的历史事件：在雷州爆发了古越人（今称黎族）的大起义；在今天的越南，越南开始从中国分离，走上了独立成国的道路。雷州豪族在五代时期雷州半岛的黎族大起义中，六大首领受到镇压和屠杀，只剩下残部，故在宋代初年雷州地区的神犬图腾也被迫作出修改，神犬由原来的十二耳变成了九耳。

雷州神将豪族在图腾上既是雷州雷神的后代，也是雷州神犬的后代。神犬图腾的含义有二：第一，军事上，他们掌握着雷州的军事实力，保卫着雷州地区的安全，以具体的社会结构和军事组织，支撑着雷州地区的雷王的统治。第二，从生产模式上，他们平时主要的生产活动是打猎，神犬及其猎狗部队成为他们重要的生产工具。黎族称狩猎的头人为“俄巴”，意即率领猎犬的人。在狩猎活动中，雷州豪族将领们就属于“俄巴”一类的头人。

透过上述故事，可以看到雷州地区的社会面貌和政治结构。在这个时期，雷州虽然有雷王，但实质是酋长制。雷州的酋长制度有两大特点：第一，在政治领域，雷州酋长家族及其豪族来自同一个大家族，以十多个大家族为核心的氏族民主制，维系着雷州的社会和政治秩序。第二，在精神领域，雷州地区还处在政权与教权相统一的阶段，他们以卵生神话的自然宗教和家族血缘联系，维系着彼此的亲情和精神秩序。在这里，政治结构始终与宗教结构紧密联系，政治结构被复制在宗教生活中。政治领域中的雷州王族在宗教生活中是天神雷公之子，表现在神庙中，居于神庙大殿正中，一副雷州天子的气派。雷州豪族则不同，在政治领域中他们是雷州十二豪族，在宗教领域中他们是雷州神犬之子，在雷神庙中他们是居于次殿的“各饰神冠，执剑刀斧钺”的“雷神十二躯”。《广东新语》：“雷神，雷州英榜山有雷神庙。神端冕而绯，左右列侍天将，一辅髦者捧圆物，色垩，为神之所始，盖乌卵云。堂后又有雷神十二躯，以应十二方位。”[①] 这种宗教结构是雷州政治结构在神庙中的空间视觉形象上的展现，联系雷神和雷将两大集团的精神纽带则是上天的旨意——乌卵神话和天然关系——家族血缘。

---

① （清）屈大均．广东新语·卷六［M］．北京：中华书局，1985.

2.《陈义》与雷州古人起源之谜

上述故事在唐代结束口传史而成为历史文本，其口传史的下限是唐代，上限则在先秦。它的社会功能和文化作用是解释雷州古人类的起源，因此它的性质是雷州半岛古人的起源神话，它所反映的是先秦雷州地区的社会和政治史。先秦时期的雷州半岛实行的是原始的酋长制，其中半岛的第一家族成为国王家族，其余的大家族——即半岛的十二豪族成为贵族。酋长在政治上是国王，对外则称大首领。它还反映了雷州的宗教史。伴随着雷州古人类起源的是图腾崇拜，雷州的古图腾有雷神和犬神：酋长家族的图腾是雷神，十二豪族的图腾则是犬神。这种图腾崇拜影射在现实中：雷神图腾的后代，宗族上是族长，政治上是部落的首领；犬神的后代，在宗族上是雷州十二豪族，在政治上是雷族十二将。这便是雷州为什么有丰富的石狗文化的原因。

雷州半岛人类起源和宇宙起源的两个故事，在宋代以后则被整合为一了。其结果是，雷州雷神神话的本来面目完全丧失，雷州的宇宙起源故事完全被湮没。

五、从《古记》到《雷祖志》的文本历程

从《古记》到《雷祖志》，雷州雷神神话的文本经历了三个演变阶段，在这三个阶段中，它们在文本形式和故事内容两个层面，均发生了显著变化。

其一，从文本形式说，《雷祖志》经历了从上古的口头传说，到唐代书面的《陈义》或《古记》，再由《古记》到宋代的《英山雷庙记》，再从《英山雷庙记》到明清的《雷祖志》的历程。在这个过程中，陈义、房千里、吴千仞、庄元贞等人起到了关键性的作用。雷祖子孙陈义，虽然只是“高州吏目”，但是他将雷州古老的雷神神话传给高州刺史房千里。因他是雷祖子孙的这一特殊身份，房千里对他亲口讲述的故事格外关切，并对此产生了浓厚的兴趣，从而为雷祖神话从口传走向文字奠定了基础。此外，房千里也是结束雷祖神话口传史的关键。因房千里对雷祖神话的兴趣和对自己部下身世的好奇，他用文字把它记载下来，由此使得雷祖神话的传播方式发生了革命性的转变，从而结束了雷祖神话的口传史，使它变成可用物质载体千秋相传的文献。房千里是雷州雷神神话文本化的开创者，他对于保存雷祖神话的功劳，是怎么肯定也不为过的。宋代的吴千仞既是创作《英山雷庙记》的第一人，也是雷祖神话文本的重要整理者。他的雷州知府身份和杰出文采，使雷祖神话得到极大的丰富。明代庄元贞，则是将雷祖神话

基本定型的人物。

《雷祖志》的版本，有原刻一卷本。在今所见《雷祖志》书前有版图云：前明云间庄副使修，清嘉庆庚申（1800）重编，绍薪斋梓版，藏雷祖祠。这当是明庄元贞编的《雷祖志》一卷本的遗迹。庄元贞，字瑞生，号兹虞，华亭人，明崇祯戊辰科刘若宰榜进士[①]。崇祯九年（1636）前后，他任海北南分守道，驻雷州，《雷祖志》为此时的作品。庄本又称《明旧志》，似乎它在清嘉庆庚申又被陈瑸重编，即所谓“陈瑸编校”。这是说，庄元贞编定《雷祖志》后，清陈瑸又作了整理编校。今见《雷祖志》为二卷本，民国《海康县续志》卷二十五《艺文志》：“明庄元贞原纂，国朝陈瑸编校。雷祖裔孙陈复道等续修《重编雷祖志》二卷，存，嘉庆七年（1802）家刻本。”这个实兼指两个版本：“雷祖裔孙”前，指一卷本编者；“雷祖裔孙”后，即指二卷本编者。今所见《雷祖志》目录页署有：“署雷州府教授刘世馨编纂，雷州府儒学教授钟尔梅、海康县教谕黄锡鎏仝校录，兵科给事中郡人陈昌齐鉴定，后裔职员（陈）复道、贡生（陈）斯撰仝付梓校刻”，而不提及庄元贞，这个署名专指《雷祖志》新增一卷的编者。二卷本新增的内容，包括上卷的列宪新刻序文十篇、雷祖飞天像、雷祖乌仑山发迹图、雷祖大宗祠图、冯村坡祖墓图、飞来铜鼓图、飞来钟等图，以及下卷的陈老师重修雷祖志著文、重刻各房分居村乡名等。可见，《雷祖志》的署名，实际上比较混乱。故今《雷祖志》署名为：明庄元贞修，清刘世馨编纂，清光绪十一年（1885）重刻本，即兼指前后两卷编者，署名才走上正轨。今见重刻本，是张智、张健主编的《中国道观志丛刊续编》本《雷祖志》[②]。可见，参与编纂《雷祖志》的人不少，但雷祖神话的核心内容，主要在庄元贞手中定型。

其二，从故事内容上说，雷祖神话历经了不断的改写。在陈义们世代相传的口传故事和房千里《投荒杂录》中，雷祖神话是两个既有联系又相对独立的故事，它由雷祖神话的原始面貌——雷王神话和雷将神话两个部分组成，表现出雷祖神话的原始性和丰富性。在宋代《英山雷庙记》中，这两个故事已二为一，雷将十二将的神话已经消失。雷王神话的内容和情节虽有所丰富，但其原始面貌却不可复睹；当十二耳犬变成了九耳犬时，犬耳的特殊意义已经消失。到庄元贞修、刘世馨编纂的《雷祖志》中，神话内容更为稀薄，雷祖神话已经被充分地

---

① （乾隆）江南通志 · 卷一百二十三［M］. 台北：华文书局，1993.

② 张智，张健. 中国道观志丛刊续编 · 雷祖志［M］. 扬州：广陵书社，2007.

历史化。《雷祖志》虽是此前资料的集大成者，在情节上能满足读者的审美需要，但把神话当历史，这既损害了神话的神奇和丰富性，也损害了历史的真实。今天，它还使许多学者在雷州文化的研究中，一不小心就步入了误区。

第三章　雷州雷神庙之谜

雷州的雷神庙也有许多谜一样的问题，例如雷州雷神庙的数量，神庙的名称，英榜山建庙时间，英山、榜山与英榜山雷神庙的关系等，都值得探讨。

一、雷神庙的数量及其他

1. 雷神庙的数量

雷州到底有多少座雷神庙，有的人认为这难以回答。理由为：一是古代县志并没有这方面的统计学数据；二是在反传统文化的“破四旧”时期，神庙等传统文化属于“四旧”而被“破”了，现存的只是零星而已。

但是，有的人认为这很好回答：雷州雷神庙只有一座，即雷祖庙。《雷祖志》卷上云：“贞观十六年（642），奉诏封雷祖为雷震王，遣礼部侍郎吴从殷，令郡官备料。即是年八月，建祠于郡城西南隅。遂于是年月十六夜，飓风大作，竟飞二大梁于白院石神座西。始知有择地而居之意，因作庙于斯，塑雷祖神像。”这段叙述的主要内容是：第一，雷祖庙建于唐贞观十六年八月；第二，雷祖庙的地点是郡城西南隅，即白院附近；第三，几天以后的八月十六日夜，因庙被飓风摧毁，庙顶的两个大梁飞到白院石神之西，于是在白院石神庙的基础上修建了英榜山雷神庙，雷神遂与石神合庙。

这段文字给人的印象就是：雷州只有这一座雷神庙。故清雍正《广东通志》卷十三：“英榜山，在城西八里，高三丈许。初有州民陈氏者，猎获一卵，围及尺余。携归家，忽一日，霹雳而开，生一子，有文在手，曰雷州。养成，名文玉，后登第，为本州刺史。在任多善化，殁后神灵显著，州人立祠祀之。乡称为雷种。故以雷名庙，即镇海雷神祠也。”虽然《广东通志》也说到城北五里的英灵冈，但是在这里雷州的雷神庙，指的就是英榜山（即白院）一座。白院雷祖庙，又称雷祖祠，或白院公庙。因此，《雷祖志》其实仅指英榜山雷神庙志。那么，一部《雷祖志》，也可叫作《白院雷神庙志》或者《白院公志》。

雷州的雷神庙，果真只有白院一座吗？

宋王象之《舆地纪胜》卷一百一十八《广南西路雷州》，在“古迹”中有《威化雷公庙》：“威化雷公庙，《岭表录异》云：雷州之西，有雷公庙。每岁配卒造连鼓雷车，置庙内。有以鱼彘肉同食者，立为霆震，人皆畏惮。”雷州还有《雷州显震庙记》：“显震庙，西南八里。丁谓撰《记》云：‘州南七里有擎雷水，今日南渡也。’”威化雷公庙，即今榜山村的雷神庙；显震庙，即白院雷神庙。宋代所载，明明是两座雷神庙，而并非一座。清顾祖禹《读史方舆纪要》卷一百〇四：“（雷州）府北五里有英灵冈，府治主山也。状如屏几，一名乌卵山。相传陈大［太］建间雷出于此，因更今名。又：府西南八里有英榜山，上有雷师庙。”清代所记，与宋王象之同。两书所记的雷州雷神庙有二：一是府北英灵冈的雷神庙，在宋代叫作威化雷公庙；一是英榜山的雷师庙，即白院的显震庙。值得注意的是，两书均把雷州威化雷公庙放在最前面进行介绍，而将白院显震庙居后。可见，宋代的威化雷公庙的地位更加显赫，名声更大。

由上可知，在雷州雷神庙上，有许多问题需要重新探讨。应该说，雷州的雷神庙，有代表性的是两座：雷州城西英榜山的雷祖庙和城北英灵冈的雷神庙。但是，这并不意味着雷州雷神庙仅此两座。

首先，在清代的县志中，可考的就有多座。除开前述两座外，海康县还有多座。清嘉庆《海康县志》卷二载海康县雷祖庙：

> 雷祖庙，一在郡东十五里龙头村东边。《旧志》载：英山雷祖庙，有飞钟于东洋龙头村……匾曰：“镇海雷祠。”
>
> 一在郡西十五里调爽。
>
> 一在郡西南九十里足荣村。

雷州府辖的遂溪县也有多座，道光《遂溪县志》卷四“雷祖庙”：

> 一在第八都海滨。
>
> 一在二十二都土札村。嘉庆六年海匪入港，乡人堵御，未能取胜，祷于神，忽起大风，船搁岸，擒获甚众。
>
> 一在县南一百三十里零甲村。

据道光《遂溪县志》，第八都在遂溪县西180里；零甲村在县南130里，属遂溪县通明社管辖，为官、何、吴、陈四姓世代所居。这些雷神庙分布在遂溪各方，清代依然香火旺盛。

雷州府所辖的徐闻县也有两座雷祖庙，宣统《徐闻县志》卷二“雷祖庙”：

一在锦囊城西十二里三安村。

一在乌港村东南，白沙埠东北。

仅从清代县志看，雷州府所辖三个县就有雷祖庙十座左右。

但是，县志所载也非全部。因为，古代县志并未进行过文物普查，而是载其影响较大的。其实，在雷州民间，雷神庙、天妃庙、伏波庙，是影响最大的三大神灵，雷神庙自然十分普遍。每年的正月十三至二十八，是雷州人祖传的祭祀雷祖、雷神的盛大节日，各村都举行祭祀雷神的活动。因此，雷神庙逢镇必建，村村皆有。即使经过“文化大革命”的大规模破坏后，近二三十年陆续修复的雷神庙也不少，如：湛江市麻章区湖光岩镇料村的雷祖庙、湛江市硇洲岛雷神庙、徐闻县海安北关村火雷圣母庙、雷州市附城镇沈塘村雷祖庙、雷州市白沙乡雷祖祠、龙头村镇海雷祠、北家村雷祖庙、南兴镇山尾村雷祖庙、白沙镇麻扶村雷祖公馆、白沙镇合兴圩南之英禄山之雷祠庙、遂溪县北家村雷祖庙、遂溪县沙坡雷祖庙。另外，在雷州地区的北家、山尾、扶柳、东林、合兴、调爽、东海岛民安镇邓屋村等地，都有雷祖庙。非“雷祖”系列的雷公庙，还不在此列。

湛江还有不少与雷公有关的历史地名，隐藏着古代雷神庙的信息。湛江与雷公有关的地名如雷州府海康县雷公山，康熙《海康县志》卷上：“西北四十五里曰雷公山。山势稍平，林木森郁，高十仞，盘旋五十里。相传昔有雷公震此山，故名。”徐闻县雷公岭，宣统《徐闻县志》卷二：“雷公岭村，县东九十里，林、王、陈、符、苏世居。”吴川县雷公石，光绪《吴川县志》卷一：“雷公石，城西五十里，麦姓（世居）。”相邻的高州府有雷公岭，万历《高州府志》卷一：“信宜县四十里曰雷公岭。”遂溪县南50里处有斜离岭，又名雷公岩。古人在某地立雷庙，大多有雷震的故事背景。清雍正《广西通志》卷十五：“雷峰岭，在县（永淳县）北岸二里，顶周围蹊径圆绕。旧传雷震而成，因立雷庙。”雷峰岭的来历，便是此地曾被雷击后，建立过雷神庙。雷州半岛这些地名，也暗示着在更早的时候，这些地方或许有过雷神的故事和雷神庙。

2. 雷神庙的名称

雷州雷神庙的名称，也是需要正视的问题。《雷祖志》给人的印象是，似乎雷州的雷神庙都名雷祖庙，或雷祖祠、雷祠。其实，这是值得怀疑的。在唐代，雷州雷神庙本名“雷公庙”。《太平广记》卷三百九十四引唐刘恂《岭表录异》“雷州之西雷公庙，百姓每岁配连鼓雷车”。晚唐裴铏《传奇》：“海康者，有雷公庙，邑人虔洁祭祀。”宋王存《元丰九域志》卷九，海康《古迹》有“威化雷公庙”。宋祝穆《方舆胜览》卷四十二，雷州祠庙有“雷公庙”。明李贤《大明一统志》卷八十二“雷州府”：“雷公庙，在府城西南八里。”《钦定大清一统志》卷三百四十九“雷州府祠庙”：“雷公庙，在海康县西南八里英榜山。”可见，从唐到清，雷州的雷神庙一直叫作“雷公庙”或“雷师庙”，没有叫作雷祖庙的。

那么，为什么正式书籍中“雷公庙”，一到雷州便变成了“雷祖庙”呢？这是因为，把雷神庙叫雷祖庙的，主要是雷州陈氏家族。雷祖庙的存在语境是：陈氏子孙们称陈文玉为雷祖、雷祖公，或白院公。很明显，这是属于陈氏家族的子孙的专门称谓。把雷神庙称为“雷祖庙”，其中隐含着陈姓人对祖先神的血缘亲情，它属于自称为雷裔的陈氏人的特殊称谓。与此相联系，陈氏子孙们在清乾隆八年（1743）撰写了《雷祖后裔族谱记》，将雷祖后裔的房序、所住村庄等，刻在石碑上。雷祖陈氏家族有三大房，每房各居住数村，共 20 余村，它们是：一年村、下井村、调朗村、白院大村、乌卵山村、后发村、东井村、调罗村、海州新僚二村、调排村、东屈丁村、山园村、井头园村、茅园村、石城那腮那良村等。

毫无疑问，自称雷神后裔的陈氏家族在保护、传承雷州雷神文化方面有着不朽的功劳。千百年来，他们倾注了极大的财力、物力，倾注了满腔热情，以宗法组织为核心传承着雷神庙和雷神文化。他们像维护血缘祖先那样，热情地歌颂雷祖，积极地传播雷州雷神文化。可以说，没有雷州陈家千百年的持续贡献，就没有今天具有雷州特色的雷神，也就没有在中华大地上独树一帜的雷州雷神文化。但是，他们在将雷神祖宗化的过程中，也产生了诸如将雷神人格化、私有化和使雷神神话历史化、虚假化等问题。

换言之，雷州只有雷祖神。那么，雷州的人都姓陈吗？除了这 20 多个陈姓村庄外，其他人是否也应称陈文玉为“祖”呢？

因此，雷州还应有“雷祖”以外的其他雷神庙。其实，雷州的雷神庙除了叫作雷祖庙、雷祖祠、雷祠以外，在神庙名称上，还有雷公庙、雷师庙、雷神庙、雷皇庙、南天宫、辛天庙、邓巡宫、帝帅庙、雷龙朱帅庙等雷神庙宇，雷州白沙镇东岭村的雷麦陈三殿宫，供奉着雷、麦、陈三王。在雷神名称上，除了雷公、雷师、雷神外，雷州雷傩舞中还有雷公、雷首公、玄坛雷首公、三天雷首公、五雷公将、四方雷公将等。这些神名和庙名，均与“雷祖”不同，显示了雷州雷神文化的丰富多样和深厚的历史文化背景。

3. 建庙时间

《雷祖志》说，白院雷祖庙建于唐代贞观十六年：“八月，建祠于郡城西南隅后。”此后，这在雷州即成定论。林宗彦《雷州文物古迹概览》：“雷祖祠，始建于唐贞观十六年（642）。”[①] 郭景生《国家历史文化名城——雷州市胜迹历历》：“雷祖祠坐落于雷城东南风景秀丽的英榜山，始建于唐太宗贞观十六年，为纪念雷州首任刺史陈文玉所建。”[②] 等等。

虽然众口一词，但是历史果真如此吗？宋乐史《太平寰宇记》岭南道十三：“雷州海康郡，今海康县。雷公庙，在州西南七里，唐咸通十二年置。”[③] 州西南七里，正是英榜山的雷神庙，它建于晚唐懿宗咸通十二年（871），这里的记载十分明白。但是，《雷祖志》的观点在雷州也具有一定基础，宋锐《雷公庙及雷祖陈文玉》说：“这个雷州之西的雷公庙到底是在哪里？北宋的地理学家乐史，在他的地理专著《太平寰宇记》的海康县下说：‘雷公庙，在州西南七里，唐咸通十二年置。’咸通为懿宗年号，十二年为公元871年，乐史这书中所说的雷公庙，应该就是刘恂书中所提到的那个雷公庙了。雷州城西南七里英榜山上的确有一座雷祖庙，也叫雷祖祠，创建于唐之贞观十六年（642）。乐史所谓咸通十二年置，不是始置，而是重修的了。庙内所祀奉的是贞观五年至贞观十二年首任雷州刺史而被尊为雷祖的陈文玉。”[④] “置”，就是在原来没有的基础上设立，也即创建。《周礼·天官·太宰》：“三曰废置，以驭其吏。”清孙诒让《正义》引《广雅·释诂》云：“置，立也。”《吕氏春秋·异用》：“汤见祝网者置四面。”汉高诱注：“置，设。”《墨子·明鬼下》：“其始建国营都，日必择国之正坛，置以为宗庙。”这些置，哪一个不是设立、创建的意思呢？从古至今，历史上哪有把“置”解

---

① 中国人民政治协商会议湛江市委员会文史资料研究委员会. 湛江文史（第16辑）[M]. 1997. 173.

② 中国人民政治协商会议湛江市委员会学习和文史资料委员会. 湛江文史（第22辑） [M]. 2003. 258.

③ （宋）乐史. 太平寰宇记·卷一百六十九 [M]. 北京：中华书局，2007.

④ 宋锐. 雷公庙及雷祖陈文玉. 湛江文史（第5辑）[M]. 1986. 190.

作重修的呢？宋先生在雷州文化研究中成就突出，令人尊敬。而且，宋先生并非不知道乐史《太平寰宇记》。但是，为了牵合《雷祖志》，他竟然不惜曲解汉语词汇的本义，而曲为之解说。其实，《雷祖志》关于建庙时间的说法是错误的，这还可以从陈文玉的卒年、雷州雷神庙的初庙等多个角度去阐明，此处不打算继续纠缠。

总之，关于雷祖庙的问题不少，而且长期以来谬误流传，人们习以为常。要破除它们，也不是一朝一夕的事。

二、最早的雷祖庙

这里说的雷祖庙，是就乌卵山和英榜山的雷祖庙而言的。

1. 关于最早雷神庙的争论

关于雷州雷神庙的历史，前引《雷祖志》明确地说：英榜山的雷祖庙是雷州最早的。故清杨星岱《雷祖庙铜鼓歌》："昔人传信复传疑，雷祖降神神而奇；若翁有犬九耳动，一声霹雳成婴儿。须臾百灵走奉役，阿香推车电赠策；奔驰日道飞星躔，指挥雨师叱风伯。一朝举手开天关，傅翼飞去不飞还；雷人思之不得见，相与结庙英榜山。英榜山前庙最古，当年垦劈金在土。"① 作者在"传信复传疑"的争论中，坚持说"英榜山前庙最古"。说英榜山的雷祖庙是最古的，其实是囿于《雷祖志》的成说。

这种争论的背景是：除了说英榜山的雷祖庙最早外，还有说英山雷祖庙最早的。

果然，明万历《雷州府志》卷十一说："英山雷庙，在郡城西南八里英榜山。《古记》：陈太建间，陈文玉中第为本州刺史，殁后神灵显著，州人立祠祀之。乡称为雷种，故以雷名庙。旧在州城东北五里英灵村，后梁乾化间，风飘庙宇二梁于英榜山石神庙堂西，故徙庙就焉。"这里明确记载，英榜山的雷神庙"旧在州城东北五里英灵村"，换言之，英榜山雷神庙的原庙，就是城东北五里处的英灵村。它迁徙的时间，是后梁乾化间。它迁徙的原因，是"风飘庙宇二梁于英榜山"。可见，英榜山雷神庙来源于乌卵山的雷神庙。故乌卵山雷神庙，在精神文化上，早于英榜山雷神庙；在空间关系上，先于英榜山雷神庙；在建庙时

---

① 喻炳荣.（道光）遂溪县志·卷十一［M］. 台北：成文出版社，1974.

间上，早于英榜山雷神庙340多年。

从神灵文化的凝固性与英榜山名称的合成性上，也可以看出英榜山雷神庙的历史。神灵是比较恋旧的。《礼记·礼器》："礼也者，反本修古，不忘其初者也。"祭祀的目的，是为了"报本"。雷神庙由遂溪县英山和榜山村，迁至雷州府城西南以后，它也必须"报本反始"，以适应雷神"不忘其初者"的习惯。因此，英榜山雷神庙依然保留了原来乌卵山神灵文化的习惯和体系。这主要表现在：第一，在神灵主体上，在英榜山雷神庙中，依然将雷神和牛神共庙祭祀；第二，在神庙地名上，神庙迁移以后，地名"英山"也一同沿袭。故英榜山雷神庙有"英山胜境"之称，这简直叫人认为它就是乌卵山。后来，英榜山雷神庙再在"英山"的基础上，又加榜山，合成为"英榜山"。因此，英榜山得名，保留了雷神祖地英山和榜山的名称，使神灵不感生疏。后人不加详察，才有了"英山出榜"的望文生义式的臆断。

但是，白院雷神庙是为了争正统地位的，《雷祖志》却对这一切均熟视无睹。在《雷祖志》中，迁庙的时间和地点，均遭到篡改：既然英榜山雷神庙建于贞观十六年（642），那么，迁庙的时间也不能在两三百年以后，而改在了贞观十六年。与此相联系，原庙的地址不是十三四里外的乌卵山，而是在英榜山雷神庙的旁边。"聪明人"的规律就是：犯了一个错误以后，还需要制造出多个错误来掩盖。

2. 其实，最早的雷祖庙与发现雷卵的地方，是彼此联系的

最早发现雷卵的地方，也是最早建立雷祖庙的地方。理由如下：

第一，英榜山的得名在乌卵山、英山之后。明万历《雷州府志·地理志》："西八里曰英榜山。高二丈许，盘围五里，上有雷祠。左右皆民居，号英山。梁开平四年，都知兵马陈襄驻师白院，出榜示民，故名英榜山。"① 这里说，英榜山原名英山（与乌卵山的英山同名），英榜山得名于后梁开平四年（910），比发现雷卵的南北朝时期晚了三四百年。英榜山得名既晚，此处的雷神庙必然比得名的时间更晚。

其实，这里关于英榜山得名的解释并不正确。在地名学上，常有两地并联而成的地名。但是，在事理上，它们必须是并立对等的关系。在词汇学上，两词必须均是平行对称的名词。说英榜山的得名，是因"英山"与"出榜"的缀合，

---

① （万历）雷州府志·卷三［M］. 北京：书目文献出版社，1989.

这不符合基本的事理和基本的语言词汇规律，实为牵强附会。因为，在事理上，英山是永久的地名，出榜则是暂时的事件，二者并不属同类。在词汇上，英山是名词，出榜是动词，名词与动词的结合，只能是主语与谓语的关系，不可能形成一个新的名词。因此，此说是错误的。英榜山的确得名于两个词语的合成，但是，它是地名“英山”与“榜山”的并联，用以纪念迁徙后的雷祖庙的祖地。而英山与榜山，正是发现雷卵的乌卵山的两个地名。

第二，雷州雷神庙最早的是乌卵山下榜山村的雷公庙。遂溪县的乌卵山，即发现雷卵的地方。道光《遂溪县志·坛庙志》：“乌卵山村，即古英灵村，县南一百四十里，雷祖故里，后裔居此。”① 英灵村距遂溪县的距离，此处说 140 里，《雷州府志》说 180 里。《大清一统志》：“遂溪县，在（雷州）府北一百八十五里，其地广九十里，袤一百九十里……南至海康县界一百六十里。”② 几种不同的说法，当因不同的视角而产生，但是均指同一地点——乌卵山，也就是陈氏发现黑色雷神卵的山冈。因传雷神诞生于此，故又称雷英灵，或英灵山、英灵冈、英山，或灵山。可见，雷祖的灵迹所在地，就是遂溪县的乌卵山。乌卵山当时在行政区划上属遂溪县冯村社，在地理上属英灵冈之小山，故又名冯村。英山村后改属海康县，今属雷州市附城镇，在雷州城北面，距城 4 公里。但是，乡民在奉祀雷神时，仍使用“遂溪县第三都英灵村”的古语。

因乌卵山是雷神故里，故是雷州最早建立雷神庙的地方。

乌卵山下榜山村的雷神庙的建立，其过程比较明了。此地最早是没有雷神庙的，有的只是土地庙和石牛庙。《遂溪县志》卷十二说：“石牛，在第三都，冯村之前。陈时，有客驱牛至此，夜歇厥庙，明，牛皆化为石，因建庙，即乌卵出雷种祖地。”在此，“夜歇厥庙”之庙，是什么庙呢？明弘治十五年（1502），吴朝阳《重建石牛庙记》：“石牛庙，雷郡北去十里许英灵村，林麓中有土地堂。陈时，有客陈氏驱牛而过，后其牛悉化为石，显状俨然。陈氏因家于此，即雷种之祖也。丁□□□□人口，雷神之生，灵异显应，乃称雷祖，立庙列［刻］雷像其间，即今庙也。”此碑为明太监陈荣所建，万历《雷州府志》卷十一：“石牛庙：在第三都英灵村，地名石硋立，远望若牛，因以名庙。弘治间，太监付伦、陈瑢［荣］相继修建，置田十三亩，以供祭祀。教授吴朝阳记。”可见，

① 喻炳荣．（道光）遂溪县志·卷四［M］．台北：成文出版社，1974.
② （清）穆彰阿，潘锡恩等．大清一统志·卷三百四十九［M］．上海：上海古籍出版社，2008.

“夜歇厥庙”之庙，即早先树林中的土地庙。这就是说，此地先有土地庙。因此，南北朝陈朝时的客人即“雷祖”陈氏（当即陈文玉），他赶牛路过土地庙，才能因天晚而宿于庙中。但是，天明之时，他的全部活牛已经变为石牛了。为纪念这一神奇的灵迹事件，后在土地庙中增设了石牛神像，土地神与石牛神便同处一庙了。另外，还有称石神即庙内土地的。《遂溪县志》卷十一载吴千仞大中祥符二年（1009）《英山雷庙记》：“石神封庙内土地。”《宋会要辑稿》雷神威德王祠：“孝宗乾道三年（1167）十一月，加封威德显昭王。本庙石神土地，封协应侯。”皆是石神即土地的痕迹，此当别论。后来，陈氏在此落脚成家，死后成为雷祖，石牛庙又成为雷祖庙。这里石牛雷祖的故事与雷卵雷祖的故事显然不同，当是雷祖起源故事另一版本的遗存。牛神诞生的故事，还见于万历《雷州府志》卷四：“遂溪县英灵村，县南一百八十里，三都。陈时有客驱牛过此，悉化为石，因立石牛庙。”① 可见，土地庙早于牛神庙，牛神庙又早于雷神庙。换言之，牛神庙的前身是土地庙，后来牛神庙又成了雷神庙，结果三神同庙。

从土地庙到牛神庙，再从牛神庙到雷神庙，勾画出乌卵山神庙发展的时间线索。土地神、牛神、雷神，时间上虽有先有后，但在空间上却三者兼容，三神合祭一庙。多神合庙，是古代乡村社会财力和物力有限的条件下，神灵崇拜因陋就简的基本特征。由此可见，乌卵山的确极为神奇，它不仅是土地神显灵之地，也是牛神的起源地，还是雷神的出生地。它名为英灵山，的确名副其实。但是，后来土地神的名声渐被雷神和牛神湮没，今乌卵山的土地庙，已另立一小庙。渐渐的，人们只知道雷神和牛神了。

榜山村也属于雷神故里。道光《遂溪县志·坛庙志》：“雷祖庙，在县南一百三十里，榜山村前，即古石牛庙。昔有盗牛过庙，化为石，屹立巍然，故名。庙创自唐朝。”这个记载的内容与英灵村牛神的传说大同小异，但它却不是异文。一个“盗”字，表明它是雷神和牛神起源的另一传说。而且，其明确地说，雷祖庙即古石牛庙。在地理上，榜山村与英灵村二村背岭而居，紧密相连，古代同属一村，均在古雷州府治之西，后均属遂溪县的冯社村。今榜山村与英灵村，也同属雷州市附城镇。道光《遂溪县志》卷七：“榜山村，县西一百四十里，谢、王二姓世居。”同卷又载：“乌卵山村，即古英灵村，县南一百四十里，雷祖故里，（陈姓）后裔居此。”榜山村为谢、王二姓世代所居，英灵村则为陈姓所居。

---

① （万历）雷州府志·卷四［M］．北京：书目文献出版社，1989.

他们离遂溪县的距离相同。榜山村的雷神庙和石牛庙，并不是在英灵村外另有神庙，而是所指同一座庙。只是在雷神和牛神传说上，两村形成了两套不同的话语系统，它们之间略有差异而已。

英山村和榜山村均是历史积淀深厚的古老村落。在两村东面的地下，有深达2米的灰黑色海相淤泥，泥中还发现红树林残木。经碳14测定，其年龄在3 600年左右。可见，在大约4 000年前，乌卵山一带仍是海湾。在两村地段，还有长200米、宽40米南北向的老红砂土形成的沙堤残体，并发现了汉代至南朝时期（206—589）的人类生活遗存，出土了大量的砖、陶器和陶纺轮等文物①。此外，在两村还有汉代陶瓷及金银器物出土。这些发现说明，至少在秦汉时期，榜山已由海湾变成了台地。于是人们临海而居，在渔船出海捕鱼的船坞和物质交换的港口基础上，逐渐形成了人流密集且交易频繁的村庄和码头。于是，这里成为人们向往的脱贫之地，其历史不下2 000年。当地父老说，当年石牛庙和雷神庙香火十分旺盛。今天，庙中还有石牛、石龟等石雕残留。不难想象，那群神化为石的活牛，便是与在此交易的雷州海港有关。榜山村与英灵村一样，都是雷神和牛神发祥地的一部分。

如果继续追溯雷州雷神的起源地，可能是在雷州擎雷山。宋祝穆《方舆胜览》卷四十二：广西路雷州府的雷公庙，引丁谓《雷州显震庙记》说："《旧记》云：州南七里有擎雷水，今日南渡也。"② 可见，在雷州城南七里的擎雷山下，也当是雷神的起源地。擎雷山，本惊雷山，意即雷霆霹雳震惊了雷人。这类雷劈的故事，常常也是人类起源的传说。台湾高山族阿美人有雷劈大树生阿美人始祖的神话，相传太古时代，阿里雅巴奈有棵参天大树，被惊雷劈开，从中生男女二人。两者婚配，繁衍阿美人。苦聪人认为，野雷神可使山崩地裂，江河改道。雷州的惊雷山，不知它原本是不是这类故事。由雷州的惊雷山，再到擎雷山，是在刑德巫术思想下施展镇雷之术的新名词，它是以武力斗雷的结果。雷神作为一种自然神，起源相当古老，在较早的神话中多为兽形。如雷州的雷神，其形"状类熊猪"。在汉族神话中，夔即"雷神"，是条牛。《山海经·大荒东经》载，东海中有流波山，入海七千里。山有怪兽，其形如牛，苍身而无角，一足，出入海水则必有风雨。博光如日月，其声如雷，名为"夔"。传说，黄帝抓住它，以其皮

---

① 赵焕庭，王丽荣．历史文献解汉代徐闻县治在今雷城镇［J］．热带地理，2003（3）：89～93.

② （宋）祝穆．方舆胜览·卷四十二［M］．北京：中华书局，2003.

为鼓，橛以雷兽（雷神）之骨，声闻五百里。但是，楚辞《远游》有“左雨师使经待兮，右雷公而为卫”句，似已是人形。在汉代，民间仍然崇敬雷公。其形为力士状，左手执鼓，右手执锥，为天帝遣使，或击妖物，或击罪人。在晋以后的记载中，雷公渐不为人所尊崇，其形或鬼或兽，人亦以鬼兽待之。在今壮族神话中，雷王密洛陀是恶神。传说他与壮族祖先布洛陀、蛟龙、老虎是兄弟，他主宰天上、人间的神灵，拥有无限的权威。他左手能抓风，右手能拿火，又管雨水。但他与主宰人间的布洛陀不和，与卜伯打仗，败在了卜伯手下。布洛陀的一把火把他烧焦，他逃跑到天上去了。天帝裁判说：今后人们的供品，只给雷王吃鸡、鸭等小的供品。到天旱时，请卜伯出来降服他，地上才能下雨。他的头像公鸡，但没有翅膀。乌青脸，据说是给卜洛陀一把火烧的；鸡爪脚，是因脚被卜伯砍断后用鸡脚接上的。壮族的雷王，便是被人类祖先布洛陀所“擎”了的神。从惊雷到擎雷，在人类思想历程中不知过了几百年。但雷神起源于擎雷山之说，在明代已相当模糊。万历《雷州府志》：“（府城）南十里曰擎雷山。形如列屏，茂植葱翠，环拱郡治，即案山也。俗传陈氏为雷震，与雷敌，不死，故名。”这个故事与唐代《旧记》有异，但是“陈氏为雷震，与雷敌，不死”一句，仍隐含着陈氏、雷神起源于惊雷山等更古老的雷神故事。擎雷山的历史早于乌卵山，虽然没有在擎雷山建立雷神庙的记载，但是它与乌卵山一样，有着陈氏、雷霆、雷神等相同的灵异痕迹。

3. 榜山雷神庙的建立

为什么会在乌卵山建立雷神庙呢？这是因为乌卵山一带，在今英山榜山村和殿山村之间，曾是西汉和南北朝雷州郡治的所在地。万历《雷州府志》：“城北五里曰英灵冈，即府治主山，高二丈，出自螺冈岭，逶迤曲折百余里，至此奔起。一冈如屏如几，立于郡后。其地在陈大［太］建二年出雷英灵，故名，即乌卵山也。”英灵冈是一条绵延的山冈。英灵冈，是“府治主山”，这透露出它与府治的关系。府治的所在地，也是权力、财富和文化的中心地，财富和权力都需要依托神灵，于是，此地有了雷州最大也最有名的雷神庙。乌卵山一带，是最早建立神庙的地方，也是雷州牛神和雷神的发源地。

三、雷神庙迁徙原因之谜

1. 迁庙的神话

据明万历《雷州府志》和《雷祖志》，雷祖庙迁到英榜山的原因，是雷神的显灵，即神庙的大栋梁飞到了白院。在这个故事中，庙梁飞走，是“神托风雨迁移”的神意的特殊表达。栋梁所到之处，即雷神“择地而居”的落实——神选择了在此地建立新庙。既然栋梁飞到了英榜山，于是人们便把神庙迁到这里。此事最早的记载，是宋吴千仞《英山雷庙记》：“至乾化二年八月十六日夜，飓风大作，庙堂忽失二大梁，访寻莫知所在。有地名英榜山，原立石神，去州五里许，有军士入山采木，忽见二大梁在石神之西。因申州，尚书率官吏诣其所验之，乃庙堂所失之梁也。盖知神托风雨迁移，若有择地而居。知州谓其灵异，构材连石神造庙宇。”在迁庙的时间、原庙的所在地等问题上，《雷祖志》与《英山雷庙记》和万历《雷州府志》均不同，但是在迁庙的原因上，三者完全一致。

2. 迁庙的真实原因

上述是神话式的迁庙原因说，但是真正的原因是什么呢？神话的产生并非无缘无故，在它的背后，必然隐藏着真正的雷神庙迁徙的原因。

乌卵山雷神庙的迁徙必然与现实有关，也必然与雷州史上重大的历史转折有关。这是因为在中国古代，撼动神灵是不得了的事件。《左传·成公十三年》：“国之大事，在祀与戎。祀有执，戎有受脤，神之大节也。”[①] 虽“国之大事”分为祭祀和战争两类，但最终却都集中在祭祀上。《说文解字》：“祭，祭祀也。从示，以手持肉。”[②] 祭，即“以手持肉”，向神灵祭献。《左传》的“膰”，就是祭神的熟肉，脤是祭神的生肉。故《谷梁传·定公十四年》：“脤者，何也？俎实也，祭肉也。生曰脤，熟曰膰。”军队祭祀战神蚩尤时，需用生肉，称为“脤”。故祭祀又称“脤膰之礼”。《周礼·春官·大宗伯》：“以脤膰之礼，亲兄弟之国。”汉郑玄注：“脤膰，社稷宗庙之肉，以赐同姓之国，同福禄也。”因此，国家大事中的两件，其实都与祭祀神灵有关。故《左传·文公二年》云：“祀，国之大事也。”在这样的历史条件下，随意动摇乌卵山的雷神庙，将会有

---

① （清）阮元．十三经注疏［M］．北京：中华书局，1980. 1191.
② （汉）许慎．说文解字［M］．北京：中华书局，1963.

灭顶之灾。因此，在神话传说中，雷神庙的迁移被说成是超自然的灵异事件：它表面上是飓风把英灵村雷神庙的大梁吹到了英榜山石神庙西，而实际上是神灵自己的意愿，人们只是顺应神意，才把雷神庙从乌卵山迁到了英榜山。但从深层次上说，乌卵山雷神庙的迁徙，是震动雷州社会和官府的重大事件，也是雷州史上的重大历史转折点。

上古时期，雷州半岛地区走出原始社会后，实行着“自相君长”的部落酋长制度。到汉代，由于中央王朝与合浦乌浒蛮夷的冲突加剧，合浦雷州一带战事频繁。除了以西汉伏波将军路博德、东汉伏波将军马援为标志的大规模战争之外，仅在东汉时期，比较著名的战争就有五六次。《后汉书·安帝纪》：元初三年（116）春正月：“苍梧、郁林、合浦蛮夷反叛。二月，遣侍御史任逴督州郡兵讨之……三月辛亥，日有食之。丙辰，赦苍梧、郁林、合浦、南海吏人为贼所迫者。”[①] 这场战争持续到本年冬十一月，才以苍梧、郁林、合浦的“蛮夷降”而结束。《后汉书·灵帝纪》：“光和元年（178）春正月，合浦、交趾乌浒蛮叛，招引九真、日南民，攻没郡县。”这场战争延续到光和四年（181）才结束。《后汉书·马援传》：“交趾女子徵侧及女弟徵贰反，攻没其郡，九真、日南、合浦蛮夷皆应之，寇略岭外六十余城，侧自立为王。”[②] 此外，在南北朝时期，战事仍然十分频繁。如东晋末年，卢循攻下合浦。《宋书·杜慧度传》：义熙七年（411）春：“卢循袭破合浦，径向交州。”[③] 梁陈之间，战争也影响到了合浦。《陈书·杜僧明传》：“交州土豪李贲反，逐刺史萧谘，谘奔广州。台遣子雄与高州刺史孙冏讨贲。时春草已生，瘴疠方起……至合浦，死者十六七。”[④] 合浦交趾乌浒蛮起义，规模大时有数万人，攻下郡县60余城，甚至合浦太守来逵也被俘虏。《后汉书》卷八：“交趾屯兵反，执刺史及合浦太守来逵，自称柱天将军。”盛唐时期，岭南地方部落的自治状态开始动摇，岭南战争持续不断。京城长安当权者借高州总管冯盎的子孙反叛，安南首领梅玄成叛乱，邕州（南宁）贼帅梁大海反叛，泷州首领陈行范、何游鲁、冯璘等聚徒作乱，五溪首领覃行璋作乱等，频繁出兵，围剿岭南地方土著。这片土地上的古越人，他们的后裔今天在广西多叫作壮族，在海南叫作黎族。他们虽然被打败，但并没有完全被消灭。

---

① （宋）范晔著，（唐）李贤等注．后汉书·卷六［M］．北京：中华书局，1965.

② （宋）范晔著，（唐）李贤等注．后汉书·卷二十六［M］．北京：中华书局，1965.

③ （梁）沈约．宋书·卷九十二［M］．北京：中华书局，1974.

④ （唐）姚思廉．陈书［M］．北京：中华书局，1972.

他们如鸟兽散向丛林深处，伺机出击，报复征服者，致使战争延绵不绝。

战争的延绵不断迫使雷州府衙门多次迁移。雷州古名合浦、合州、南合州。合浦郡为西汉武帝元鼎六年（前111）所立，属交州，领徐闻、高凉、合浦等五县。西汉时，合浦郡首府在徐闻县（今雷州特侣塘）。梁时改名合州、南合州，合州郡的郡治在雷州的特侣塘："至梁大通间，改为南合州，（治）在特侣塘边。唐天宝二年（743），迁麻历村。贞元初，复迁特侣塘旧址。后梁开平四年（910），迁于平乐白院村，五代南汉，仍迁回特侣塘旧址，后又迁今卫治。元至元间，迁今郡治。"① 雷州郡治本在特侣塘，因战乱也曾迁到麻历村、擎雷江、白院村，以及其他的地方。

3. 府治的变迁与迁庙

乌卵山雷神庙迁徙到英榜山的时间，在五代的后梁时期——开平、乾化（907—912）之间，这是政府衙门的迁徙所导致的。当政府迁到新的地方后，不仅需要修建办公的府治建筑群，还需要修建包括新的雷神庙在内的神庙群，以满足政府祭祀活动和人民精神寄托的需要。宣和三年（1121），从政郎充雷州学教授蒋炳文《重修威德王庙记》："历陈至隋，已迄五代，皇纲不绎，兵锋日鸣，城郭迁移，庙亦自徙。乃与今英榜山石神同居。"② 蒋炳文对迁庙的时间说得比较笼统，但是"城郭迁移，庙亦自徙"的迁庙原因说，十分中肯。

具体而言，梁代促使雷州政府迁府的原因是，雷州半岛上发生了以孟喜为领袖的黎族人民反抗官府的大起义。在英榜山雷祖庙前，五代时跪着五个石人，他们是黎族起义领袖孟喜等五人。嘉庆《雷州府志》卷八："雷祖庙……中为雷祖像，像附两翼，盖神飞天时然也……殿后为先代祠殿，前崇阶庭，下砌以石栏。栏上五石人跪焉，即《雷祖志》所载后梁开平四年（910）神收黎贼孟喜等所化也。"虽然孟喜所领导的黎族大起义失败，孟喜等多位首领被镇压，但是大起义震撼了雷州。雷州府城面临灭顶之灾，雷州府治和海康县治被起义军占领。政府被迫迁徙，先是迁徙到擎雷江的源头处，《太平寰宇记》说：

> 海康县……朱梁开平三年，曾移州于擎雷江源，至刘氏伪命日，却

---

① （清）阮元修等．广东通志·卷五十二［M］．上海：上海古籍出版社，1990．

② 谭棣华，曹腾骓，冼剑民．广东碑刻集［M］．广州：广东高等教育出版社，2001．517．

归海康。①

朱梁开平三年，即后梁太祖朱温开平三年（909）。这一年，雷州的府治和海康县治被迫迁到荒野般的擎雷江的发源处。次年，即开平四年（910），府治和县治再次迁徙，迁到英榜山的一个农民村庄白院村。南宋高宗绍兴戊寅年，郡守春陵何口显《重建威德王庙碑》：

> 开平四年庚午，黎贼剽掠，庙随州迁。
>
> 梁乾化二年壬申八月十六日，飓风坏庙，忽失正殿二大梁，举郡惊异。守土者躬率吏民寻究之，得之于元立石神西之山，又因而改之，即今庙也，塑像筵设悉仍旧贯。

南宋高宗绍兴戊寅，即绍兴二十八年（1158）。“郡守春陵何口显”，即雷州知府何庾，“口显”当即何庾的字，春陵是他的籍贯。雷州著名的“何公渠”，即宋绍兴二十八年郡守何庾开凿。雍正《广东通志》卷三十九：“何庾，春陵人。绍兴二十六年（1156）知雷州。下车即讲求民隐，急于兴除。郡东洋田万顷，无水灌溉。庾相地宜，凿渠北导特侣塘之水，使之南下。导西湖之水，使之东注。合二水灌溉，变斥卤为沃壤，公私获利，名其渠为何公渠。”他深入了解了雷州的民情和地宜，所记雷州的历史也为他书所缺。

“黎贼剽掠”的起事之年，在梁开平三年。从开平三年到乾化二年的几年间，天下并不太平。欧阳修《新五代史·司天考第二》云：“开平二年夏四月辛丑，荧惑犯上将。甲寅，地震。四年十二月庚午，月有食之。乾化元年春正月丙戌朔，日有食之。五月，客星犯帝坐。二年正月丙申，荧惑犯房第二星。戊申，月犯心大星。四月甲寅，月掩心大星。壬申，彗出于张；甲戌，彗出灵台。”从开平二年到乾化年间，日食、月食、扫把星、地震等频频出现，真是天怒人怨。此时的岭南，五代十国之一的南汉王朝正悄然崛起，岭南的局势也发生了巨大的变化。宋王溥《五代会要》载：“开平四年四月，进封刘隐为南海王。”刘隐，即后来的南汉烈宗。乾化元年，继位的南海王刘龑（后来的南汉高祖）发兵取容管及高州。此事，《南汉书》记在刘隐时。清梁廷枏《南汉书》：“开平四年春

---

①（宋）乐史. 太平寰宇记·卷一百六十九［M］. 北京：中华书局，2007.

二月，烈宗命弟岩，帅所部兵攻高州，为防御使刘昌鲁所败。移兵攻容州，为宁远节度使庞巨拒，亦败走。”① 但是，兵荒马乱的局面，则是相同的。刘龑在六年后的秋八月于番禺（今广州番禺区）即皇帝位，国号大越。清吴任臣《十国春秋》卷五十八：“乾亨元年秋八月癸巳，王（南海王刘龑）即皇帝位于番禺，国号大越。”第二年，改国号大越为南汉。外部的动乱，促使雷州半岛“黎贼剽掠”的发生。

开平三年的“黎贼剽掠”，致使雷州府治和海康县治迁到擎雷江源，到开平四年（910），黎族起义正烽火燎原，雷州府治和县治被迫从擎雷江源迁到英榜山的平乐白院村。在开平三年时，局势还未稳定，还没有能力和机会把雷神庙从乌卵山迁出。到开平四年，局势有所好转，雷神庙便迁徙到英榜山，以便在战前祭祀雷神，以乞求雷神保佑。明万历《雷州府志》卷四：“白院村，在县西五里，古合州迁此。”其开始迁府的时间，在开平四年。但是，此时的雷神庙还是临时搭建的。正式的新修大庙，则需要等到第三年——后梁朱温乾化二年（912）。

4. 英榜山雷神庙的修建

乾化二年是雷州的大喜之年。这一年，雷州黎族起义终于被平定，孟喜、发符等五位黎族领袖被生擒。雷人认为，这是雷神的伟大功绩——“神收黎贼孟喜”。为了酬谢雷神，也为了庆祝平定黎族叛乱，于是在英榜山雷州府治前新修雷神大庙。《雷祖志》卷一：

> 传至后梁开平四年，黎贼发符、孟喜等倡乱，不输税粮，钦差都知司马陈襄，直发十二戈船□［征］黎，驻师于庙，屡战不胜。因是虔祷，出榜于庙招兵，故□英榜山。次日复战，襄远见雷祖与汉太尉将军李讳广旗号，协同助阴兵伐黎，遂获大胜。仍未获贼，至夜，襄梦见雷神曰：贼来降我，我收在庙，化为石人。黎明起视，果见石人五个，齐跪庙廷，一个被杀，头断落地。黎贼以平……乾化二年，增封雷祖为雷霆护国显应王。又封汉太尉李将军为阴兵护国显应侯。诰曰……②

① （清）梁廷枏．南汉书·卷一［M］．广州：广东人民出版社，1981.

② （明）庄元贞修，（清）刘世馨编纂．雷祖志·卷一［M］．清光绪十一年（1885）刻本，雷州雷祖祠藏．

《雷祖志》记叙后梁开平四年黎族的起义比较详细：起义发生后，官兵进行围剿，却无法取胜。于是求祷于雷神。雷祖遂与汉代大将军李广联手相助，发阴兵攻击黎人。雷祖还再次发威，收贼首六人，并杀其中一人，化其他五人为石。这个故事颇似达斡尔族神话《胡哈达的传说》，说的是在莫力达瓦达斡尔族自治旗哈达阳屯附近有座山崖，名胡哈达（意即“人崖”）。它在嫩江对岸，远远望去，有两石人屹立山上。相传，昔日有九仙女下凡，触犯天怒，为雷神追逼至此。七仙女触雷而死，二仙女化为人石，其中之一头已劈落[①]。不知雷州的石人背后，是否还有别的内容。这些神话不载于正史，陈襄、孟喜、发符等人事，也均不见于新、旧《五代史》和其他史传，故史实无从考证。但是，《雷祖志》所记后梁开平四年、乾化二年等，与《太平寰宇记》和《重建威德王庙碑》等的时间相符，雷神与李广显灵的内容详细，为他书所罕见，从而为雷州府治迁徙到白院、雷祖庙迁徙到英榜山，补充了招兵、屯兵英榜山，祭祀求助神灵等背景和细节，有一定的价值。

这些记载说明雷神庙新修于英榜山有它特殊的原因：雷州半岛发生动乱，黎族人大起义，攻下了在乌卵山西南的雷州府城，迫使政府官员四处逃窜。雷州政府束手无策，无论是剿，还是抚，均无力回天，于是只得借助雷神。雷神果然不负人望，大建奇勋，平定黎匪，于是有了大修府治和神庙的盛举。为配合在英榜山新修雷州府治和雷神庙，政府还举行了盛大的祭祀和酬谢雷神的活动。于是，雷州产生了五代时期的三件大事：一是祭祀仪式诛杀黎族领袖。在祭祀仪式上杀了孟喜或发符，以其头颅和鲜血祭祀英榜山的新雷神庙，并新封雷神为“雷霆护国显应王”。二是迁庙合理性的神话。为了配合迁庙，在文学上，还产生了飓风吹走乌卵山雷神庙正殿二大梁到英榜山的新神话，以神话的神奇性阐述迁庙的合法性和合理性。三是政权合理性的神话。在迁庙的合法性和合理性的神话中，核心内容是雷神保佑和支持了官军与官府，所以其实质是雷州政权的合法性和合理性。

这个祭祀仪式给英榜山雷神庙留下了两大文化成果：一是在庙前石栏下有了五位黎族领袖的擎旗跪像，成为雷州雷神显灵助阵平乱的实物凭证。五代时留下来的这五个石雕黎族人跪像，用整块石料雕刻而成，艺术风格古拙朴素，人像颧

① 中国各民族宗教与神话大词典编委会．中国各民族宗教与神话大词典［M］．北京：学苑出版社，1993. 73.

骨高耸，一脸野气，双手相握（以承旗杆），面容与今雷州半岛人大异，颇类猿猴，他们当是雷州半岛古越人或者说黎人民族形象的最后写照。这五个石人现存四个：两个还完整；另外两个在“文化大革命”中被“斩首”毁损，没了头颅。另外一个成果是，迁庙的神话传说，成为雷州雷神灵验的精神凭证。

5. 英榜山石人与“雷种”的消亡

其实，在“黎贼倡乱”和庙前五大石人的背后，还隐藏着雷州更大的秘密——雷州“雷种”的消失之谜。石人之后，雷州的古越人或黎族人的命运发生了重大转折。“黎贼”是谁呢？“黎贼”与雷祖神是什么关系呢？雷祖神话本是人类起源的神话，是雷州地区雷民们祖先起源的神话。那么，雷祖神便是当地土著民族的祖先，是自古以来在雷州大地上生活的人们，是“雷种”的后代。因此，雷州的“雷种”，便是雷州的当地土著。这些土著虽然后来被称为壮、苗、瑶、寮、黎等名目，但与海南一样，他们主要是“黎族”。这次平定的“黎贼”，就是雷州的“雷种”，也就是古越人。换言之，这些“黎贼”或雷州古越人，才是雷州真正的“雷种”后裔。

然而，在这次对黎族的大镇压后，雷州半岛的古越人逐渐消失，最后退出了雷州的历史舞台。在今天，雷州大地上还有不少黎族地名，如黎田岭、古乌黎圩、乌黎坑、黎岭、六黎仃、武黎、茂黎、黎庞、黎郭等，它们是古黎人在此生活的遗迹。但是现在还有没有古黎人留存？庙前的石人，以跨越时空的永恒形式，为雷州半岛的土著民族——古越人或黎人，留下了最后的遗照。

6. 雷神与崇拜主体的变异

在神话中，雷祖神在这次大屠杀中却反过来帮助官军，屠杀了自己的“雷种”，并使雷州的土著民族“黎人”从此逐渐消失。与此同时，“黎话”的风光不再，它们被一种新的语言——闽南语所代替。今天，雷州还有“黎人”及其语言“黎话”的概念，但是实际上它的内涵已经发生了根本的变化，变成了东人和闽南语。这一切的转折，据说还是雷祖神自己促成的，而其转折点就在五代和宋初。

如果了解了这一点，再来看五大石人，这段历史的特殊内涵就显现出来了。“黎贼倡乱”的结果是：一人被杀，五人永远地跪在雷神之前。这生擒的六大黎贼，当是雷州土著民族在五代时还存在的雷州六大部落首领。雷州的神犬初为十二耳，对应着雷州的雷神十二将，同时也对应着雷州的“雷种”十二族或十二部落。经过盛唐初镇压雷州土著的战争，雷州大首领被消灭，雷州神犬变为九耳，是否意味着雷州的雷神十二将变成九将了呢？五代梁乾化二年，官兵再次镇压了六大黎族部落领袖，此后雷州土著的雷神家族还剩多少呢？雷州神犬是否只应剩三耳，雷州的雷神十二将是否应变成三将呢？恰巧的是，在元代的海北海南地区，与雷州一海之隔的海南，黎族铜鼓上的确有三耳的神灵“黎金”。元代四大家之一的范椁在雷州乌石有诗《夜上乌岩》：“高悬铜鼓五兽缺，以手摩拂增深悲。”[①] 这五兽便是黎金。《崖州志》：“黎金，形似铜鼓而匾小，上有三耳黎人，击之以为号。”[②] 这三个耳朵的黎人，当是神话中人，故形如野兽。“黎金”上的神灵，便是“黎精”。黎人之精，即黎人之神。三耳的黎人之神，是海北海南地区黎族的保护神。事实上，三耳的神灵后来也消失了，雷州黎族人彻底地被外来的“东人”所代替。

但是，似乎被镇压的雷州六大部落领袖还活在人们心中。五代以后，雷州盛行“雷神傩”。雷神傩中的雷神，与雷祖神完全不同。雷神傩中的大首领，称作“雷首公”；其余五人，称作“五雷公将”。这六个雷神，与开平四年被镇压的六大雷州黎族领袖，在数量上和秩序结构上完全对应。当然，不能说雷神傩就是“雷种”们以傩戏的形式暗中纪念被镇压的六大黎族领袖。但是，这六大部族领袖与六大雷神的同构，也发人深思。

在五大石人跪立之后，雷州雷神与崇拜主体的雷民之间的关系，发生了根本的转变。在此之前，雷州雷神是当地土著民族“雷种”的保护神，其崇拜主体“雷种”是古越人或黎人，即当地少数民族。神灵是充满泥土味的民间之神，神灵与崇拜者同种同族，具有高度的一致性。但在此之后，雷州雷神的崇拜主体被偷梁换柱，雷神不再是土著黎人之神，而是镇压黎人的官府和官军之神。换言之，雷神与其崇拜主体产生了异化。雷神不再保护黎人，而是镇压“黎贼”，成为官府的帮凶，从而彻底背离了保护“雷种”的初衷。从此，《雷祖志》也发生质变，它从“雷种”的民神，变成了雷府的官神。

这些隐藏在五大石人背后的历史，随着“雷种”的消失和崇拜者的置换，渐渐地被遮蔽和遗忘了。

总观英榜山雷神庙修建的历史背景是：在开平三年，雷州地区发生了“黎贼”大起义，他们占领了乌卵山附近的雷州府城。因此，雷州府治和海康县治只

---

① （元）范椁著，葛邕编．范德机诗集·卷四［M］．上海：上海古籍出版社，1986.

② （光绪）崖州志·卷三［M］．广州：广东人民出版社，1962.

得从乌卵山、特侣塘一带迁到擎雷山下。开平四年，“黎贼剽掠”更甚，府治和县治一时不能重回旧地特侣塘，只能从擎雷山下再迁到英榜山白院村。原府治被起义军占领和破坏，于是只得在英榜山重新修建。于是“庙随州迁”（宋何庾《重建威德王庙碑》），或者说“城郭迁移，庙亦自徙”（宋蒋炳文《重修威德王庙记》），把府治附近的雷神庙也迁到新府治所在地的英榜山。两年后的“梁乾化二年壬申”，黎族起义被镇压，雷州在英榜山举行盛大的庆祝活动，在新修府治的同时，也新修英榜山雷祖庙。因开平三年的“黎贼剽掠”而发生开平四年的“庙随州迁”，因“黎贼”首领被杀而在乾化二年大建白院新府治和英榜山新神庙。虽然雷州府治在白院的时间并不太长，在随后的南汉时期，府治又迁回特侣塘，但是英榜山的雷神庙却从此兴盛起来。

由此可见，后梁朱温开平至乾化时期，既是雷州历史上天翻地覆的时期，也是雷州精神文化领域的大变化和雷神庙大迁移的时期。在这一时期，当孟喜领导的黎族大起义进军雷州时，雷州府衙由特侣塘迁到了擎雷江边或平乐白院村。在政治中心迁移的同时，雷州精神文化的象征——雷神庙也随同政府迁徙。这便是隐藏在雷神迁徙神话背后的真实原因，这才是乌卵山雷神庙迁到英榜山的真实历史背景和迁庙原因，也是白院村（英榜山）雷神庙起源的真正原因。

第四章　雷州雷神敕封之谜

雷州虽然地僻南天尽头，但是雷州雷神却多次被帝王敕封为王。在《雷祖志》有《历朝加诰封雷祖诰敕文》中的敕封：唐贞观十六年奉诏封雷祖为雷震王、乾化二年增封雷祖为雷霆护国显应王、大有十三年八月改封雷祖为灵震王、大宝十二年（宋开宝二年）增封雷祖为灵震显明昭德王、熙宁九年封雷祖为威德王、乾道二年增封雷祖为威德昭显王、庆元三年增封雷祖为威德昭显广佑王、淳祐十一年增改封雷祖为威德昭显普济王、德祐元年改封雷祖为威德英灵昭顺广佑普济王等，仅在宋代以前就有 9 次，其中有敕封的诰文 7 篇。高诚苗主编《雷祖文化活动纪实·资料集》载雷祖敕封有 14 次，它们是：

1. 唐贞观十六年太宗褒封为雷震王
2. 后梁乾化二年褒封为雷震护国显应王
3. 五代后晋天福五年褒封为灵震王
4. 北宋开宝二年（969）褒封为灵震显明昭德王
5. 北宋开宝三年（970）褒封为灵明昭德王
6. 北宋熙宁九年（1076）褒封为威德王
7. 南宋乾道三年（1167）褒封为威德昭显王
8. 南宋庆元三年（1197）褒封为威德昭显广佑王
9. 南宋淳祐十一年（1251）褒封为威德昭显普济王
10. 南宋德祐元年（1275）褒封为威德英灵昭顺广佑普济王
11. 元泰定二年（1325）褒封为神威刚应光化昭德王
12. 明洪武十八年（1385）褒封为雷司之神
13. 清乾隆十九年（1754）褒封为宣威布德之神，赐御匾“茂时育物”
14. 清乾隆六十年（1795）褒封为康济宣威布德之神[①]

---

① 高诚苗．雷祖文化活动纪实·资料集［M］．广州：南方人民出版社，2008. 327.

《雷祖文化活动纪实·资料集》与《雷祖志》二书相较，互有异同。除去雷同的以外，两书相加，雷祖神的敕封有15次之多，其中有封诰文本的在10次以上。

一、诰封的真伪之谜

皇帝对雷祖神的敕封达15次，不可谓不多。但是，这些敕封都是真的吗？

对于这些敕封，上述两书的说法不同，而且诰封的文本大多没有交代确切的出处，已经露出部分的破绽。

在这些敕封中，能在史书上找到根据的也不多。《宋会要辑稿》：雷州雷神庙，神宗熙宁九年九月封威德王，绍兴三十一年十二月赐庙额“显震”，孝宗乾道三年十一月加封威德显昭王，本庙石神土地封协应侯，所载有三次。清《续文献通考》“南宋宁宗庆元三年（1197）加封雷州雷神为广佑王”条下云：“庙在雷州英榜山。（北宋）神宗熙宁九年（1076）封威德王；孝宗乾道三年（1167）加昭显，至是封广佑王。理宗淳祐十一年（1251）再加普济，恭帝德祐元年（1275）加威德英灵。”① 所载共五次，在吴千仞《英山雷庙记》后面，万历《雷州府志》卷十一还附有宋戴尧仁、黄勋相继修庙之李永年《重修雷神庙记》，所记宋代敕封也是六次。这些自然不是完全的统计，但是雷州雷神既然列在淫祀之中，而不是正神，在明代有“此神之所以不惠而祀典日荒”的遭遇，在清代请封曾被朝廷拒绝，乾隆十九年（1754），分巡雷琼兵备道德明《敕封碑记》：“雍正三年，曾经前督臣孔毓珣题请褒封，经部议复：以姓氏事迹，正史不载，未邀准行。”② 既然如此，又哪能有多达15次的敕封呢？此说令人生疑。起码，笔者就可以断定，两书所载的第一次敕封就是假的。

《历朝加诰封雷祖诰敕文》第一篇是《唐贞观十六年奉诏封雷祖为雷震王诰》，诰曰：

> 生不受胎于人，没不降魄于地，养晦数十年，恶事非君。受职父母邦，德政郭明，为人不凡，为神必显。倘无庙祀，朕甚不忍，特封为雷

① （清）乾隆官修．续文献通考·卷七十九［M］．杭州：浙江古籍出版社，2000.

② 谭棣华，曹腾騑，冼剑民．广东碑刻集［M］．广州：广东高等教育出版社，2001. 527.

震王。并遣礼臣吴从殷祠祀之。奉敕如右，牒到奉行。

此诰系伪作，理由有四：

第一，历史上没有任何封雷祖为“雷震王”的记载。

第二，所有的史书上，唐代均无“吴从殷”其人。

第三，此诰违背历史。在上古，雷神地位不高，并未被列为国家祭典。在汉代，风伯、雨师、灵星、先农、社与稷，为“国之六神”。这种情况，在盛唐时才渐渐改变。《全唐文》卷二十九载唐玄宗《遣官祭五岳四渎风伯雨师诏》，有风雨之神，而不及雷神。

雷神受到中央王朝重视，是在唐玄宗天宝四年。在天宝四年（745）之前，祭祀风伯雨师为小祀，雷神连“小祀”的资格也没有。天宝四年时，将风伯雨师升级为中祭祀的对象，与此同时，雷神也被提升为与雨师、风伯同级的中祀。唐玄宗《增定祀典诏》说：“今雨师风伯，久列常祠，唯此震雷，未登群望。已后每祀雨师，宜以雷神同祭。”宋王溥《唐会要》卷二十二载《祀风师雨师雷师及寿星等敕》文同，时间是天宝五年四月十七日。而且，这个规定到中唐贞元时才得以在全国推行。例如祭雨师、雷师的乐章，降神奏《元和之舞》，此舞乐在贞元六年才为秘书监包佶所撰。元马端临《文献通考》卷一百四十二：“祭雨师、雷师，乐章五，降神奏《元和之舞》。贞元六年，秘书监包佶撰。”贞元为785—805年，元和为806—820年，均为中唐德宗的年号。故宋朱熹《鄂州社稷坛记》说：“至于雷神，则又唐制所与雨师同坛，共牲而祀者也。”雷神到中唐才如此，初唐哪有雷神的地位呢？而且这里有两个问题：一是这里说的是全国统一的雷师，而地方性的雷神不在此列。二是全国性的雷师提升后才为中祀，才为公侯级，地方上的雷神又怎么可能僭越为王呢？故《唐贞观十六年奉诏封雷祖为雷震王诰》，完全是凭空杜撰的。

第四，清代以前的雷州地方志，并不承认所谓唐代的敕封。明万历《雷州府志》卷十一宋吴千仞《英山雷庙记》载元代前封诰六次，而第一次“始封”是南汉大有庚子（940）：“始封为灵震王。”而无《唐贞观十六年奉诏封雷祖为雷震王诰》。清嘉庆《雷州府志》卷八雷祖庙载雷祖敕封 12 篇，也无此诰。他们不载唐代的敕封，定有其道理，大约已觉其伪。

另外，在《雷祖志》等书中，有的敕封是真，但是诰文却不可信。《雷祖志》卷二《历朝加诰封雷祖诰敕文》第四篇是《乾道二年增封雷祖为威德昭显王诰》。曰：

> 朕上接三神，下宾群祀，所凭在德。方致力于幽明，一视同仁，顾何殊于远迩？惟尔雷神，际天所覆，共昭奋豫之功，服岭以南，独鬯阳施之盛，纠阴兵以剪寇，沛时雨以利农。考观民言，灼见洪佑，兹跻登于显号，以发诩于灵威。尚迓休光，永承燕享，可特封威德昭显王。

此诰历史上倒曾真有，万历《雷州府志》卷十一作乾道二年《增封诰》。诰文是宋代著名的文学家洪迈所作。洪迈（1123—1202），字景庐，别号野处。饶州鄱阳（今鄱阳县）人。洪皓第三子，是南宋“文名满天下”的著名文学家，龙图阁学士，以端明殿学士致仕。著有《容斋随笔》《野处类稿》《史记法语》等数百卷。洪迈《夷坚志》卷九《熊雷州》：

> 予在西掖时，曾行雷神加封制：其庙曰：显灵，其神曰：威德昭显王。其石神、土地曰：协应侯。然则名载祀典，渠可忽哉。

《夷坚志》虽是小说，但此诰为洪迈亲笔，应真实可信。西掖，本指皇宫西侧，后代指皇帝拟诏书的中书省。故唐张九龄《酬周判官兼呈耿广州》：“既起南宫草，复掌西掖制。”在乾道二三年间，洪迈任起居郎、中书舍人兼侍读、直学士院，故在西掖草拟了《乾道二年增封雷祖为威德昭显王诰》。此诰原文的主要内容是：封雷州雷神庙为“显灵庙”，封雷州雷神为“威德昭显王”，封雷神同庙的石神和土地神为“协应侯”。但是，《雷祖志》中的《乾道二年增封雷祖为威德昭显王诰》中，仅有雷神被封为威德昭显王的内容，其他的内容则无影无踪。《雷祖志》中的这篇诰虽非子虚乌有，但文本却是向壁虚构。

二、雷州雷神的始封

雷州最早的雷神庙碑，是北宋吴千仞《英山雷庙记》所载。据吴文，雷州雷神最早的敕封是在南汉：“至伪汉大有庚子岁正月十五夜，庙门井中，忽音乐振作，入抵庙正殿。诘旦，庙人［令］陈延长以为申州。知州封尚书率官吏议庙，见有神龙迹，鳞爪印地，遗流涎沫，直上正殿，久而不散。尚书具由奏闻，就当年八月，命差内班薛誉，就州重修庙堂，增置两廊两门三［主］门，始封为灵震王。而石神封庙内土地。”吴千仞作《英山雷庙记》在大中祥符二年（1009），此时距大有庚子岁（940）仅69年，吴千仞明确说，大有庚子的敕封，是为“始封”，故所记当属实。雷州雷神庙的第二篇文字是丁谓《庙记》：“伪汉大有十二年庚子正月十五望夜，庙前井中，忽音乐振口［作］，直至庙座。庙令陈延长申州，州长□□……百僚吏，诘旦视之，有神龙行迹，鳞爪印地，直抵正座，流蘗满前，久之未散。是年八月，伪汉命内班薛誉增修庙宇，封灵震王。”①大有庚子，即大有十三年（940），丁文所说的“十二”当作“十三”，但是“庚子”是相同的。对于南汉的始封，《雷祖志》卷一说：

> 至南汉刘龑大有十三年，龑欲试雷神灵机，密差尚书阮希周伺察。于本年正月十五日夜宿庙中，庙前一井忽闻音乐，导至正殿，明旦有龙行迹，鳞爪印地，香气流涎，久而不散。司空奏闻。在年八月，命内官薛誉重建庙宇于正堂，后增置庙宇三间。

《雷祖志》还提供了生动的细节，出现了阮希周、薛誉等具体的人名，可补吴千仞、丁谓“庙记”。丁谓《庙记》也没有《雷祖志》所说的唐贞观十六年奉诏封雷祖为雷震王诰，没有后梁乾化二年增封雷祖为雷霆护国显应王诰两次敕封，而是把大有十三年封雷祖为灵震王作为雷州雷神的第一次敕封。《雷祖文化活动纪实·资料集》的14次敕封中，则没有大有十三年的这次。

大有敕封之后，南汉对雷州雷神还有封赏。吴千仞《英山雷庙记》：“至伪汉大宝乙巳，命重赐冠带牙笏衣帐，祭器若干件。”大宝，南汉刘鋹年号，为958—971年。但是，大宝无乙巳，当作己巳（969）。这里，此年只有封赏，没有敕封王号。但是，《雷祖志》卷一说：“传至龑之曾孙刘鋹嗣位，国号大宝，十二年己巳，即宋开宝二年，又遣平章事陈偓单骑复试。寄宿庙中，天将明，庙门忽开，即有车盖侍卫呼拥，直抵正殿，庙令陈延长惊惶，意谓刺史到庙，奔走迎迓，忽尔不见。是时偓回奏闻，即年增封雷祖为灵震显明昭德王，封石神为灵应公，赐银三百两，买祭田一庄，七百五十丘，园一区，七十二丘，税五顷零四亩六分，计租一百六十石。属海康县官和社沙圆村等处陈吴二姓人主之。又赐金

① （民国）海康续志·卷三十九［M］. 雷州：雷阳印书馆，1938.

冠三顶，银带三围……共银三百余两。”《雷祖志》提供了“陈偓单骑复试”和“陈延长惊惶”的故事，以及“赐银三百两”和“灵震显明昭德王”的赏赐与封号，这些细节具体而微，当是可信的。如此说来，雷州雷神在南汉就有两次王爵的敕封。

到南汉大有十三年才是“始封”，还可从雷州雷神的地方性神灵的特点得到印证。在天高皇帝远的偏僻极地，任何事迹为中央王朝所知，都有个过程。雷州雷神是地方性神灵，这个特点决定了它的始封不可能是唐代的中央王朝。最早封雷州雷神为王具有偶然性和特殊性，雷州雷神被发现和敕封，最初当是岭南地区的地方政权。首府在广州的南汉政权，恰恰具有最先发现雷神的地理和行政优势。

大有，是南汉高祖刘龑（本名刘陟）的年号。南汉为何要褒封雷州的雷神呢？北宋宣和三年（1121）蒋炳文《重修威德王庙记》说：“伪刘屡加宠锡，封神为灵顺明正昭德王，封石神为灵应公，以至冠服器皿毕备。夫僭伪之主，鲜克夤奉，非有卓异感动、大惠及人，则岂能若是……”① 此说甚是。南汉时期，的确发生了“卓异感动、大惠及人”的事件。刘龑虽然聪辩，但是残忍苛虐，多设炮烙、刳剔、截舌、灌鼻等酷刑，岭南人民，若据炉炭。《新五代史》：“龑性聪悟而苛酷，为刀锯、支解、刳剔之刑，每视杀人，则不胜其喜，不觉朵颐，垂涎呀呷，人以为真蛟蜃也。”② 南汉皇帝还大多穷奢极侈，荒淫无度，这样的人，自然特别信巫拜鬼。南汉王朝对雷州雷神的熟悉大约与南汉时雷州刺史吴存锷有关。1994 年《文物》第 8 期以《新发现的后梁吴存锷墓志考释》一文公布了新发现的《后梁吴存锷墓志》。该墓志为后梁何松所撰，碑原名《梁故岭南东道清海军随使元从都押衙金紫光禄大夫检校司空前使持节泷州刺史御史大夫上柱国吴公志墓铭并序》，简称《后梁吴存锷墓志》，碑藏广州博物馆。《后梁吴存锷墓志》云：“于是南海王（刘隐）重公有妙术，以雷州矿［旷］猂［悍］之俗，虽累仗刺举而罕归化，倏又委公临之，由是才及郡斋，宛然率服。”③ 吴存锷为雷州刺史在后梁开平年间（907—910）。后梁建立，吴存锷加康州司马，守勤州

① 雷州历史文化委员会．雷州碑刻［M］．广州：岭南艺术出版社，广东人民出版社，2013. 106.

② （宋）欧阳修．新五代史［M］．北京：中华书局，1974.

③ （清）吴兰修辑．陈鸿钧，黄兆辉补征．南汉金石志补征・卷二［M］．广州：广东人民出版社，2010.

刺史，又加兵部尚书，守泷州刺史。因治泷州政绩突出，得到南海王刘隐的器重，改任他为雷州刺史。在雷州任上，他政纪卓著。在雷州期间，他首先接触的便是有口皆碑的雷州雷神。南汉王朝又与雷有特殊的关系，刘龑死后，其墓竟然叫“雷藏”“雷洞”。《南汉丛录补征》之《刘王墓》云：“刘王墓，郡北七里有雷洞，亦刘王墓也。《南海百咏》：俗谓伪刘雷将军墓。又云：刘氏时所凿，谓之雷藏，欲以飨雷，事见《番禺杂志》。然其上因山为之，初不封树，近岁为风雨所圮，方洞见其中，识者亦疑为赵佗墓。”[①] 此即刘龑墓。南汉的宫殿常被雷击，《旧五代史 · 刘鋹传》：“鋹之寝室，屡为雷震，识者知其必亡。”[②] 此类事不仅仅发生在刘鋹身上，其他诸帝也时有之。清吴兰修《南汉纪》：“汉主寝室，屡为雷震。”南汉王朝，是岭南的第二个王朝；而雷州雷神，是岭南的第一大神。就这样，当南汉王宫屡遭雷击时，他们隆重地祭祀雷州雷神，并始封雷州雷神为王，便是十分自然的。

三、雷州在宋代的敕封

雷州雷神在宋代迎来了前所未有的新时代：雷州雷神不仅第一次得到中央王朝的承认，而且还有多达6次的敕封。雷州雷神为何在宋代这么幸运呢？其原因有二：

第一，既然南汉开了雷州雷神受封的先河，这就为后来的敕封铺平了道路。南汉地方政权祭祀雷州雷神，亦如中央政府祭祀全国最著名的大神。此例一开，到宋代就顺理成章了。

第二，最主要的是，宋王朝对于地方神灵特别开恩，有了可以敕封的特殊政策。

宋代的开基，受惠于陈桥兵变。这个枪杆子政权建立后，因害怕兵变，于是大兴文化，以文治国，旨在把人们的注意力从枪杆子引导到文化上。这带来宋代文化政策的两个巨大变化：一是大兴科举，优待读书人；二是大开地方神灵的敕封之风。《宋史 · 礼志八》之《诸神祠》云：“诸祠庙，自开宝、皇祐以来，凡天下名在地志，功及生民，宫观陵庙，名山大川能兴云雨者，并加崇饰，增入祀

---

① （清）梁廷枏辑．陈鸿钧，黄兆辉补征．南汉丛录补征［M］．广州：广东人民出版社，2010. 349.
② （宋）薛居正等．旧五代史 · 卷一百〇五［M］．北京：中华书局，1976.

典。熙宁复诏：应祠庙祈祷灵验，而未有爵号，并以名闻……故凡祠庙赐额、封号，多在熙宁、元祐、崇宁、宣和之时。”[①] 如果这个政策还说得不够明显的话，可看《钦定续通志》。其云：“宋制：孟夏雩祀昊天上帝，为大祀。初以四祖，迭配太宗。时以宣祖、太祖更配。真［宗］时，以太宗配。自宋初以来，凡旱潦、虫蝗、无雪，或亲祷诸寺观，甚则再幸。或撤乐减膳，进蔬馔；或分遣官告天地、太庙、社稷、岳镇、海渎；或望祭于南北郊；或五龙堂、城隍庙、九龙堂、浚沟诸祠。有如子夏、子张、信陵君、段干木等庙，亦祀之……旧制：不祈四海。至是，特命祭之。神宗熙宁元年（1068）正月，帝亲幸寺观祈雨。仍令在京差官分祷，各就本司，先致斋三日，然后行事。诸路择端诚修洁之士，分祷岳镇、海渎、名山、大川诸路神祠、灵迹、寺观。虽不系祀典，祈求有应者，并委州县，差官洁斋致祷。已而雨足，复幸太一宫报谢。元丰四年（1081），详定礼文。”[②] 在中央王朝广封地方神灵政策的指引下，雷州雷神大受其益。北宋神宗熙宁九年（1076）夏，广西、广东发生大旱，人们遂向雷州雷神请求降雨，雷神大显灵异，立时普降甘霖。于是，雷州知府将雷神灵验的事迹上报开封朝廷，请求加封雷神。这时，恰巧宋代的大科学家沈括在皇帝身边，他对雷州的雷神特别熟悉，对敕封大加称赞，于是宋神宗特封雷州雷神为威德王。宋王沆《桂林显震庙碑》：“本朝熙宁间，旱祷而雨，封威德王。”这是中国中央王朝第一次对雷州雷神封王，自此之后，雷州雷神大显威灵，在中国西南和岭南地区，无人不知威德王大名。熙宁封王，开启了雷州雷神在宋代大受封诰的黄金时代，此后又有多达5次的敕封。《雷祖志》卷一：熙宁九年封雷祖为威德王、乾道二年增封雷祖为威德昭显王、庆元三年增封雷祖为威德昭显广佑王、淳祐十一年增改封雷祖为威德昭显普济王、德祐元年改封雷祖为威德英灵昭顺广佑王普济王诰这五诰封，应该大体可信。宋代的敕封，当还有遗漏，例如绍兴年间，雷州雷神被封为“显震王”，却不在《雷祖志》的记载中。明万历《续道藏》之《搜神记》卷一：雷州雷神庙：“宋元累封王爵，庙号显震，德祐中更名威化。”这与宋王象之《舆地纪胜》卷一百一十八中的“威化雷公庙”和“显震庙”相互印证，应该可信。但上述宋代六封之中，德祐有封，封号却不是“威化”。

但是，即使如此，高诚苗《雷祖文化活动纪实·资料集》所说的“北宋开

① （元）脱脱等．宋史·卷一百〇五［M］．北京：中华书局，1985.

② （清）嵇璜等．钦定续通志·卷一百一十一［M］．杭州：浙江古籍出版社，1988.

宝二年（969）褒封为灵震显明昭德王”，其实即《雷祖志》所说的南汉大宝十二年（969）增封雷祖为灵震显明昭德王；而《雷祖文化活动纪实·资料集》“北宋开宝三年（970）褒封为灵明昭德王”的这次诰封，仍不足信。

四、雷神的最后一次封王

雷州雷神最后一次被敕封为王，在元代。

不仅雷州雷神的始封不是无缘无故的，其后任何一次敕封都有其特定的敕封理由和具体过程，这些敕封的内幕，一般难以知晓，但是，元泰定二年（1325）敕封海北海南道首府的雷州雷神为“神威刚应光化昭德王”，其内幕还有踪迹可寻。

元朝统治者原是长城以北的草原民族，雷州雷神是中国大陆最南端的神祇，元朝为何要封“南极”的雷神呢？这主要是因元诗四大家之一范椁在雷州的活动所促成。

范椁（1272—1330），字亨父，一字德机，人称文白先生，元代江西行省临江路清江县（今江西宜春樟树市）人。《元史·范椁传》：“范椁，字亨父，一字德机，清江人。”范椁诗歌散文兼擅，尤长于古体诗，自出机杼，开创有元一代诗风，成为著名的文学家，他与虞集、杨载、揭傒斯一起，被誉为“元诗四大家”，著作有《范德机诗集》《范文白诗集》等传世。雍正《广东通志》卷三十九《名宦志》：“范椁……天资颖异，诵辄不忘。初客京师，即有声。以荐为海北海南道廉访照磨，尝录囚琼州，巡历遐僻，不惮风波，瘴疠冤滞，多所雪理，称廉明焉。”他政绩突出，其中一例如在延祐元年（1314）冬他刚到雷州时，就立即在海北海南道肃政廉访司的首府雷州兴建学校。元张图南《重修雷州学记》：“延祐元年（1314）冬，宪［幕］照磨范公椁德机，始议改图。”其后，他遍访雷州风俗，与雷州雷神有不解之缘。

首先，范椁被雷州隆重盛大的雷神祭祀活动所震撼。《范德机诗集》卷七载他在至治元年（1321）正月初一写下的《辛酉岁元日》：

西山千仞郁崔巍，山下楼台紫翠开。
玉帛会同来万国，玑衡县运属三台。
尝闻海客谈金鼎，更见祠官进玉杯。
惭愧辞臣今白首，久无赋颂献蓬莱。

辛酉岁，即至治元年（1321）。这年，范梈在雷州已经七年，但是他仍在雷州的海北海南道肃政廉访司任照磨。他参加了雷州春节时祭祀雷神的盛大庆典，故作此诗。诗人说“久无赋颂献蓬莱”，其实本诗就是一首献给蓬莱仙界的雷神赋。它描写了雷州雷神庙的高大巍峨和祭祀场面的恢宏壮丽，以及祭祀礼仪的隆重华贵，再现了690多年前雷州祭祀雷神的壮丽辉煌场景，塑造了雷州雷神雄视天下、威震众生的高大形象，也为雷州留下了珍贵的历史剪影。

其次，范梈有感于多次向雷神求雨得雨的恩德，向皇帝上呈了请求敕封雷神的奏折。范梈到雷州后，多次率领官员到雷神庙祭祀雷神，向雷神祈求甘霖。《雷祖志》卷一：

> 延祐四年，岁次丁巳。春，海康旱，嘉议大夫海北海南肃政廉访使令琏，将仕佐郎照磨范梈，率僚属祈祷，而雨应。夏再旱，再祷，雨三日，岁乃大熟。

“令琏”，据张图南《重修雷州学记》“宪使余公琏”，当作“余琏”。延祐四年（1317），海北海南道首府的雷州地区春、夏均发生大旱，廉访司将仕佐郎照磨范梈，奉海北海南道肃政廉访使余琏之命，两次到海北海南道首府最大的雷神庙向雷神求雨，而且两次雷神均应声赐雨。延祐七年（1320），雷州又大旱。此时，廉访使已是卜达世礼，他令范梈再次向雷神祈雨，果又得大雨。向雷神求雨而多次灵验的亲身经历，令范梈无比惊异和感动。他向廉访使卜达世礼建议，以海北海南道肃政廉访司的名义，请求朝廷敕封雷州雷神。卜达世礼因范梈的故人多在京城翰林院，即命他起草《请敕封雷州雷神》的奏章上呈。《雷祖志》卷一：“有司以其绩请于上，将表章而褒锡之，至太［泰］定人体褒封焉。”今雷州地方志中不见此文，但有同类的事件和文章可以参照。

范梈在雷州时常驻在海南廉访分司。时海南琼州临高县发生大旱，他向高山毗耶神求雨，果降大雨。为了酬答高山毗耶神，范梈除了撰写《高山毗耶神祷雨有应记》歌颂神灵外，还撰写请敕封毗耶神的奏折。康熙《临高县志》卷二：“毗耶山，县城西二十里，一名高山。其神能捍贼。元至正间，有司请封显应侯。”这里的“元至正”，应为“元至治”。“有司”，实指范梈。高山毗耶神坛，为元代所新建。延祐元年春和延祐二年，海南大旱，县尹率领群僚建坛祈祷，甘霖应声而至。于是，范梈撰《请敕封广东临高县毗耶神呈文》：“有山彰灵几，惟神多感应之功；民受恩庥，则国有褒崇之典。窃见乾宁临高县去西二十里，有山名毗耶……如准所揭，转以上闻，易名锡封，加以显爵，则幽而为神且获上报之宠，明而为人，岂不知所劝乎？”[①] 呈文上报后，得到了皇帝批准——制曰：“可。”高山毗耶神被御封为“显应侯”。雷州雷神的历史更悠久，威名也更大，范梈在雷州驻足的时间也最长，他对雷神的了解和感情也更深。他在奏疏中充分陈述了雷州雷神对于元代平宋战争的巨大功劳，以及求雨得雨的诸多神奇的灵迹，请求中央敕封海北海南道首府的雷神为昭德王。

在《辛酉岁元日》之后四年，雷州的雷神得到皇帝的御封。这当是《辛酉岁元日》和敕封雷神的奏折上呈后，京城翰林院中范梈的同僚们积极赞许而使雷州雷神受到皇帝重视的结果。范梈到雷州任职前是翰林院编修，又是名闻天下的诗人，朋友遍天下，京城翰林院和皇帝身边就有他的一批同僚和朋友。有元一代诗人、作家主要有耶律楚材、赵孟頫、虞集、杨载、范梈、揭傒斯、傅与励、杨维桢等，其中大半是范梈的朋友。至治元年，诗人的朋友在中央任职的有：挚友张养浩任参议中书省事，朋友袁桷任翰林院侍讲学士，学生危素任宰相，朋友邓文原任国子祭酒兼翰林院侍讲。《范德机诗集》卷四《望瀛海一首，送危太朴之四明，兼简廉访邓使君、翰林袁侍讲》，涉及危素、邓使君（邓文原）和袁桷等几位朋友。此外，诗人的密友虞集（1272—1348）也在京城。虞集《题范德机书》：“范先生与集同岁生，又同在故平章董忠宣公馆中。”二人同年，在董士选家教私塾时就已共事，又同为“元诗四大家”。虞集《次韵云章丈欲访德机学士，故以末句相属冀以因行致之》：“故人范叔清秋鹤，谁共吟诗月满堂。”称范梈为“故人范叔清秋鹤”，虞集还有《送范德机》：“往岁从君直禁林，相于道义最情深。”两人交情最深，友情终生不渝。延祐六年（1319），虞集任翰林待制，兼国史院编修。泰定初，他为秘书少监并扈从泰定帝去上都。这些故友都在皇帝的周围，雷州的雷神能享誉京城，其中的重要原因当是《辛酉岁元日》在京城的广泛传诵，以及请求敕封雷神的奏折上呈后，得到京城故友如危太朴、翰林袁侍讲、邓侍讲和虞待制等人的赞许，从而打动了泰定帝。

由于范梈的诗歌和奏折，元泰定二年（1325），泰定皇帝孛儿只斤也孙铁木儿便派使者到雷州宣旨，敕封海北海南道首府的雷州雷神为“神威刚应光化昭德王”。这次敕封雷神为王的诏书叫作《大元宣封雷祖诏》，并刻石为碑。此碑在

---

① （康熙）临高县志·卷一［M］. 海口：海南出版社，2004. 84.

英榜山雷祖庙还完整地保存着，碑云：

上天奉命，皇帝圣旨［诏曰］：

海康远在南服，雷声恒化寰宇之间。惟尔有神，实当司之。比来守吏，削章上言：其在至元，导行潦以达战艘；迨于延祐，沛甘霖而稔农亩。考兹灵迹，宜易徽称。

于戏，启蛰收声，有赫上天之号令；不言善应，永孚下民之祷祠。雷神英烈昭惠广顺福济王，可易封：神威刚应光化昭德王。主者施行。

泰定二年十二月□日。[①]

雷神得到成吉思汗子孙的敕封，这在雷神崇拜史上也比较特殊。雷神原是一位以保境安民、赐福于人为特色的雷神。现在，元朝改封为“神威刚应光化昭德王”，既感谢雷神保佑元朝战舰的恩德，也突出了元朝推崇武功的特点。与此同时，还随同宣封了雷祖庙的石神，《大元宣封石神诏》云：

上天奉命，皇帝圣旨［诏曰］：天施雄断震励者雷，地统元丹坚刚惟石。尔将正令，远暨遐陬。雷州路海康县显震庙石神土地，正顺协应孚济昭佑侯，厥土攸司，有相治道龙骧航海，居多排戛之功，狼戾粒民，潜弥焚尪之患，载稽古制，宜畀新封，尚左右于尔神，庶对扬于朕命。可易封：奋灵锡应侯。主者施行。

宜令明远通妙法师郑琨玉，提点焚修斋执，准此。

泰定二年十二月□日。

首府在雷州海康县的海北海南道，是当时全国22道之一，其范围和地位与今天的省相近。元朝敕封雷州的雷神，使雷神成为省级神灵，雷州雷神的威名也达到一个新的高度。

《大元宣封雷祖诏》中的“导行潦以达战艘”，指南宋崖山行朝覆灭中的战事。宋祥兴二年（1279）二月，元军控制了两广，蒙古汉军都元帅张弘范部，攻破孤悬海边的崖山宋军铁索连接的战船阵，陆秀夫抱少帝赵昺赴水殉节，一时跳

① （嘉庆）雷州府志・卷八［M］. 上海：上海书店，2003.

海而死者数以十万计；大臣张世杰夺船而走，但是不久遭遇飓风，在阳江船破人亡，元军将此归于雷州雷神的保佑。延祐沛甘霖，指延祐四年、延祐七年等雷州的多次大旱。这两道圣旨，当出自翰林院待制、范椁的好友虞集之手，范椁撰写的奏章终于得到批复。穷海尽头的雷州雷神得到皇帝的圣眷，当是因为范椁对雷神的歌颂以及请求敕封的奏折，加之他在京城的同僚和朋友如虞集等人的赞誉。这是范椁为官雷州时对雷州人民的一大善举，如果雷神有灵，当记得范椁在雷州对于宗教和文化的巨大功劳。

元代的这次封王，是雷州雷神的最后一次褒封了。

到明代，洪武十八年（1385）称雷州雷神为雷司之神。这与其说是“褒封”，不如说是被贬谪。“雷司之神”是什么？不就是个“雷神”吗？清代也拒绝给雷州雷神王位。从此，它的辉煌时代结束，雷州雷神被贬下王位，只能做一个神界的平民。

第五章　粤东伯虑古国之谜

需要说明的是，这里的“粤东”，和第六章的“粤西”，用今义。“粤”的古今义区别较大。秦汉时期，江、浙、闽、粤一带，总称百粤。明清时期，粤则指两广，因其古为百粤之地，故合称两粤。粤东指广东，粤西指广西。今天，粤又成为广东省的别称。故粤东指广东东部，粤西指广东西部。“粤”又作“越”，在“百越”的意义上，与“百粤”相同。百越区域的古国，既有建都会稽（今浙江绍兴）、春秋时兴起的越国（越国灭亡后，越又代称浙江或浙东地区），也有赵佗建都于番禺（今广州）的南越国。故越与粤一样，在汉代以后，越也代指岭南，或指广东、广西，概念的外延和内涵均越来越小。李白《古风》：“越客采明珠，提携出南隅。”王琦注：“越，南越也，今广东是。”虽然本书没有越东、越西的词汇，但是文中的骆越，指南越国东部的骆人；瓯越，指南越国西部的瓯人。在实际上，骆人即粤东古人，瓯人即粤西古人。

《雷祖志》载“雷种”陈文玉是唐代贞观时期的雷州刺史时，已隐含着雷州的历史，哪怕是以神话和传说为特点的史前史，也只能从唐代算起。这显然是错误的。但这似乎又有一定的合理性，因为，唐代以前的雷州史料的确十分稀少。所以，说雷州最早的历史在唐代，实在有几分不得已。

在理论上说，唐代以前雷州半岛肯定有自己的历史。合浦郡设立于西汉，西汉合浦郡的首府就在徐闻县（今雷州）。徐闻县是有 2 000 多年历史的古县，怎么能说雷州的历史始于唐代呢？但是，理论上说是如此。实际上，唐代以前的雷州历史，真是谜中之谜。要研究它，谈何容易？

虽然如此，既然有谜，也得去破解。

先秦时期，在今广东的大地上有两大古国，一个在番禺（今广州）以西的雷州半岛地区，一个在番禺以东的古南海地区。所以，要研究先秦时番禺以西的雷州古国，有必要弄清番禺之东的古国。

历史上关于瓯、骆的古越人，争论不休。《史记·南越传》：“佗因此以兵威边，财物赂遗闽越、西瓯、骆，役属焉。”《史记索隐》引刘氏云：“今珠崖、儋耳谓之瓯人，是有瓯越。”《史记正义》按：“属南越，故言瓯越也。”《舆地志》云：“交趾，周时为骆越，秦时曰西瓯，文身断发避龙”。《史记集解》引《汉书音义》曰：“骆越也。”《索隐》引邹氏云：“又有骆越。”姚氏案：《广州记》云：“交趾有骆田，仰潮水上下，人食其田，名为‘骆人’。有骆王、骆侯。诸县自名为‘骆将’，铜印青绶，即今之令长也。”纵然细心阅读，虔心揣摩，但是越读，越是坠入五里云烟，这真是一个大谜团。其实，这个大谜团所关联的，就是粤东和粤西的两大古国。本书认为，在先秦时期，番禺之东的古国名伯虑。伯虑，即今广东东部的博罗。粤东古国的伯虑人或者博罗人，即骆越。粤西古国的輆沭人，即西瓯人。但是，真是这样的吗？

伯虑古国虽已消失，但伯虑人在博罗及其南越大地上留下了众多的历史足迹，本章对此试作探索。

一、伯虑与博罗

1. 伯虑国名

先秦的伯虑国见于《山海经·海内南经》：“伯虑国、离耳国、雕题国、北朐国，皆在郁水南。郁水出湘陵南海。一曰相虑。”离，古读“罗”。离耳国，即儋耳国，在今海南的儋州。

对于伯虑古国，由于文献资料的缺乏，人们对它知之甚少。即使学识博学的晋人郭璞，对于《山海经》中的“伯虑国……一曰相虑”，也不无遗憾地说：“未详。”清毕沅：“相字，当为柏字，伯虑，一作柏虑也。”他指出“相虑”乃文字之误，当作“柏虑”，也是一大功劳。

古国伯虑，在汉字的书写上，又多异写。伯虑，又作缚娄。《吕氏春秋·恃君》：“扬汉之南，百越之际，敝凯诸、夫风、余靡之地，缚娄、阳禺、驩兜之国，多无君。”[1]《中国历史地图集》即把古伯虑改名为缚娄国，但笔者认为还是以伯虑为好。清李汝珍《绘图镜花缘》第27回，林之洋说：“海外都说：杞人忧天，伯虑愁眠。”即作伯虑国。伯虑又作傅罗。《宋书·州郡志》：“博罗，男相，汉旧县。《二汉》皆作‘傅’字，《晋太康地志》作‘博’。”[2]《二汉》，指

① （战国）吕不韦著，（汉）高诱注．吕氏春秋·卷二十［M］．上海：上海书店，1986.

② （梁）沈约．宋书·卷三十八［M］．北京：中华书局，1974.

《汉书》和《后汉书》，今二书均作“博罗”，当是后人所改，魏晋时仍是“傅罗”。伯虑，又作扶娄。晋王嘉《拾遗记》卷二：“周成王七年，南陲之南，有扶娄之国。”伯虑，又作婆猴，或婆侯等。《初学记》卷十五有“扶娄伎”。《拾遗记》：“俗谓之婆猴伎，则扶娄之音，讹替至今。”宋朱胜非《绀珠集》卷六：“婆侯伎，周时西域贡幻伎，能兴云喷火，或为狮子、巨象、龙蛇之状，中国顿效之。其国本名扶娄，语讹为婆侯伎尔。”可见，伯虑、柏虑、符娄、扶娄、缚娄、傅罗、博罗、婆侯等，是“伯虑”一词在不同的时代、不同的地区所产生的不同的读音，而实际上均指同一古国伯虑。伯虑，其实并不生疏，即今之博罗。

伯虑国至少在春秋时已见于《管子》。不过，“伯虑”字作“不庾”。《管子·小匡》齐桓公说：“（吾）西虞南至吴、越、巴、牂牁、㳅、不庾、雕题、黑齿。”唐房玄龄注：“皆南夷之国号也。”伯虑作符娄，已见于《逸周书》。《逸周书·王会解》附商初伊尹《四方之令》云：“正东，符娄、仇州、伊虑、沤深、十蛮、越沤，剪发文身。”如此说，伯虑更早，似乎在春秋或商代初年已见知于中原。

这些异名的产生，是因语言的古今音变。这些异名可分两类：一是伯虑、柏虑、不庾、婆猴、博罗类，古音声母为帮母、非母类。《广韵》：伯，博陌切。这些读音，今仍比较相近。换言之，伯虑国，即博罗国。二是符娄、扶娄、缚娄、傅罗类。符，《广韵》：防无切。虞韵，奉母，属“非”组字，上古为“端”组，古音均读如伯、博等。缚娄类与博罗类，在上古语音相同，在中古为一音之转。

2. 伯虑的都城所在

古伯虑国在今广东博罗县北。《大清一统志》惠州府：“傅罗故城，今博罗县治……《元和志》：循州，博罗县东南至州三十里，本汉旧县，属南海郡，隋开皇十年改属循州。《寰宇记》：在祯州西北四十五里，东接龙川，西接增城界。”① 今《中国历史地图集》战国地图中“缚娄”，在博罗县北，辖今博罗、增城、惠州、河源、龙川等地。龙川古有“博罗东乡”之称，当为原伯虑国的据点。2000 年在广东博罗县横岭山清理先秦古墓 300 多座，总面积 8 000 多平方米，在先秦古墓地出土了大量精美的陶器、青铜器和玉器，还有水晶手镯、铜甬钟和青铜鼎，它们显示出王者气象，当是先秦伯虑国王的遗物。秦龙川令赵佗驻扎龙川，当为赵所夺取的古博罗国的重要据点。《汉书·地理志》南海郡龙川

① （清）穆彰阿，潘锡恩等．大清一统志·卷三百四十三［M］．上海：上海古籍出版社，2008.

县，颜师古注引晋裴渊《广州记》："本博罗县之东乡也。有龙穿地而出，即穴流泉，因以为号。"2003 年在博罗横岭山出土先秦古墓群，2006 年在龙川县城东南 20 公里处出土古墓群，它们与古伯虑国有关。罗浮山支山牛鼻山之西，有夫卢山①；四会县东，有扶卢山②。虽传扶卢山因六祖隐居于此得名。其实，夫卢、扶卢与缚娄，音近，当与古伯虑国有关。伯虑国范围可能更广，1985 年在揭阳中夏村战国墓出土铜剑、铜矛各一，矛上铸"王"字。在广东西江流域的德庆、肇庆、四会、广宁、罗定等地发现了有"王"字的戈、斧、篾刀、彩绘尊等。饶宗颐《从浮滨遗物论其周遭史地与南海国的问题》认为，这些古物"似乎表示浮滨在殷周之际曾是属于越的一个王国"③。这个古国，当即伯虑国。它们为古伯虑国的存在，提供了考古学的基础和支持。

3. 伯虑含义

博罗、苻娄类词，在汉语中是联绵词。《尔雅》："瘣木，苻娄。"注："谓木病，尪伛瘿肿，无枝条。"苻娄指树疙瘩。据清程瑶田《果裸转语记》和王国维《尔雅草木虫鱼鸟兽名释例下》，果蓏又作符娄、果羸、蜾蠃、果蠃、蠮螉、蒲卢、蛸蠃、符离（音罗）、栝楼、葫芦、符离、蒲卢、蛸蠃、蜓蝓、欂栌、芦蜰、蠦蜰等，涉及动植物近 20 种，是个庞大的联绵词家族，含义指圆形。但是伯虑、缚娄是古越语，它与汉语的关系，还有待考证。《后汉书》卷一百一十六盘瓠诸子："衣裳斑兰，语言侏离。"唐李贤注："侏离蛮夷语声也。"侏离，古读"都罗"，与"伯虑"近似。汉语的"伯虑"，或从古越语的语音"bolü""boluo"等直译而来，其古越语的含义还不可知。

二、罗浮与伯虑国的历史

罗浮山在博罗西北，横跨博罗、龙川、增城，绵延数百里，高 1 296 米，有麻姑、玉女等 432 峰，朱砂洞等 72 洞，溪涧瀑布 989 处。四周雄山环列，东北象头山，东麓白水山，西麓白云山，既是广东镇山，又是天下名山、道教第七洞天。它自西汉陆贾盛赞而知名，自晋葛洪而名传天下。谢灵运《初发石首城》：

---

① （宋）乐史．太平寰宇记·卷一百六十［M］．北京：中华书局，2007.

② （宋）祝穆．方舆胜览·卷三十四［M］．北京：中华书局，2003.

③ 饶宗颐著，黄挺编．饶宗颐潮汕地方史论集［M］．汕头：汕头大学出版社，1996. 77.

"游当罗浮行，息必庐霍期。"把它与庐山、霍山相提并论。宋苏轼《游罗浮山一首示儿子过》称赞它"人间有此白玉京"，并创罗浮春美酒。罗浮是二山合称，晋袁宏《罗浮山记》："罗浮者，盖总称焉。罗，罗山也；浮，浮山也。二山合体，谓之罗浮。"神话认为，浮山原为蓬莱一岛。博罗县建自秦代，元马端临《文献通考·舆地考九》："博罗，秦县。有罗浮山、罗浮水。"唐《元和郡县图志》："罗浮山，在县（博罗）西北二十八里，罗山之西有浮山，盖蓬莱之一阜，浮海而至，与罗山并体，故曰罗浮。"① 罗浮山又名博罗山，博罗县因此得名。《后汉书·郡国志》梁刘昭注："博罗县，有罗浮山。自会稽浮往博罗山，故置博罗县。"罗浮山，本名博罗山。《南越志》："博罗县，去浮山接境于罗山，故曰博罗。"② 罗浮与博罗，博罗与伯虑，皆音近。罗浮山所在的博罗、龙川、增城等，正是古伯虑国的核心地带。在罗浮山和博罗中，隐藏着伯虑国的历史秘密。这主要表现在：

1. 罗浮山原名伯虑山

《太平御览》卷四十九晋裴渊《广州记》："东莞县有虑山，其侧有杨梅、山桃，只得于山中饱食，不得取下；如下，则辄迷路。"虑山又作卢山，《大清一统志》卷三百三十九引此即作"卢山"。《太平御览》卷九百七十二晋裴渊《广州记》："卢山顶有湖，杨梅绕其际。人登者，止得于山饱食，不得持下。"卢山，又作庐山。裴渊《广州记》："庐山顶有湖，广数顷，有杨梅山桃，止得于上饱啖，不得持去。"③ 三者一事，三山本一山。东莞上古属博罗县，虑山、庐山、卢山，其实均指罗浮山。由《山海经》"伯虑国"可知，罗浮山初名"伯虑山"，读为"博罗山"，又字作"缚娄山"，再为"浮罗山"，最后才定格为"罗浮山"。

2. 广西罗浮山

广西也有罗浮山，《隋书·地理志下》钦州"有罗浮山"。《元和郡县图志》卷三十七"钦州安京县"："罗浮山，在县北十里，俗传似循州罗浮山，因名之。"广西罗浮山也有葛洪遗迹。《方舆胜览》卷四十二"容州"："相传：葛仙尝修炼于此。"罗浮山在钦州安京县、容州普宁和北流等县均有记载，内容比广东还丰富。钦州产炼丹的丹砂，明李时珍《本草纲目》卷九："《仙经》亦用越

---

① （唐）李吉甫．元和郡县图志·卷三十五［M］．北京：中华书局，1983.
② （宋）乐史．太平寰宇记·卷一百六十［M］．北京：中华书局，2007.
③ （唐）欧阳询．艺文类聚·卷九［M］．上海：上海古籍出版社，1965.

砂，即出广州临漳者。”广州的临漳，指今广西的钦州。

其实，在江浙川湖等地也有罗浮山。《太平寰宇记》卷九十九“温州”：“罗浮山，在州北十八里，高三十丈。《永嘉记》云：此山秦时从海中浮来。”与广东一样，也是“海中浮来”。明李贤《大明一统志》卷十二“扬州府”：“罗浮山，在泰州西北五里泽薮中，不为水所没，遥望如罗浮。”温州、扬州在古越人区，有罗浮山并不奇怪。《太平寰宇记》卷一百二十“四川涪州”：“东北二十里罗浮山。”《大明一统志》卷六十三“长沙府”：“罗浮山，在攸县东一百四十里。”此外，《八闽通志》卷十二“福宁州”：“罗浮山在海滨。旧传此山浮海而来。”故南朝陈徐陵《奉和山地》：“罗浮无定所，郁岛屡迁移。”他说罗浮、郁岛四处漂移，是对这些四处皆有的地名，提出了“迁移”的解释。

罗浮山的得名一直无确解。《文选》卷二十六注引《罗浮山记》：“旧说：浮山从会稽来，博于罗山，故称博罗。”浮山之说，是秦始皇海中神山蓬莱神话的余波。“博于罗山”，当作“傅于罗山”，因博罗秦汉时又名傅罗。清顾祖禹《读史方舆纪要》：“俗传：尧时浮山自会稽浮海而至，傅于罗山云。”[①] 屈大均《广东新语》：“言博罗而浮之，奇可知矣，故不言浮。然浮博于罗，其事荒诞，而始皇信之，至以名县，亦可谓好怪者矣。”但他又说：“有浮而罗，山益其博厚，县曰博罗。博者，博厚之谓也。”[②] 屈大均乃一代名士，也不明罗浮与博罗的真实含义。罗浮，即两山的合名，那么，它可名罗浮山，也可名浮罗山。“浮罗”，不就是“缚娄”，也即“傅罗”“博罗”吗？此地先有浮罗山，再有缚娄国，又作伯虑国，再有博罗县，这才是博罗一带的山、国、县关系的历史真相。两广和中国多处有罗浮山，当与伯虑国人的迁徙有关。陈朝徐陵的“迁移”说，算是说对了。

3. 伯虑类地名

广东还有伯虑类地名。伯虑类地名，指与伯虑、博罗音近或有关的地名。广东高要古有博林，廉州东北有博雷县，河源有罗阳，化州古称罗州，有陵罗、罗辩、罗肥等县。《大明一统志》卷八十一：“废罗州，在吴川县西北一百一十里。刘宋元嘉初，镇南将军檀道济于陵罗江口筑此城，因置罗州。”陵罗江、陵罗县和罗辩县在化州。雷州古有罗阿县，阳春有罗水县，阳江海陵山有罗州县。《大

---

① （清）顾祖禹．读史方舆纪要·卷一百［M］．北京：中华书局，1955.

② （清）屈大均．广东新语·卷三［M］．北京：中华书局，1985.

清一统志》卷三百四十六“肇庆府”：“罗水废县，在阳春县西南。《唐书·地理志》：春州南陵郡罗水县，天宝后置。”又：“罗州废县，在阳江县西南。宋置，属高凉郡；齐因之，后废。今县南海陵山，本名罗州，疑县置于此。”合浦郡曾名禄州，吴川曾名零绿县，吴川还有梅录镇等，这些均与“伯虑”有关。廉州的博电、东罗，隐含着“博罗”二字。特别是海南的“富罗”，与“缚娄”音尤近。另外，在广州黄埔区庙头村有菠萝庙，供奉“菠萝神”，神诞日是农历二月十一，在菠萝神庙周边的十五个村庄还分别供奉菠萝神的五个儿子（大案、元案、始案、长案、祖案），每三个村子供奉同一个。在地名上，广州天河区和萝岗区有五座菠萝山、菠萝岗，深圳市的盐田区、宝安区、罗湖区各有一座菠萝山，惠州市区有两座菠萝山，海丰、陆丰各有一座菠萝山，江门台山市和开平市均有菠萝山，茂名市茂港区有菠萝山，茂名市化州有婆罗村，广东清远市英德有波罗镇，湛江徐闻县有菠萝山，另外还有菠萝垌、菠萝塘、菠萝窝、菠萝岗、菠萝根等地名。

伯虑类地名还表现在罗浮橘中。《太平御览》卷九百七十一《广州记》：“荔枝、壶橘，南珍之上。”壶橘，即今广东金橘，但其历史几近湮没。《太平御览》卷九百六十六裴渊《广州记》：“罗浮山有橘，夏熟，实大如李。”可知壶橘，即罗浮橘。壶橘，又作卢橘。裴渊《广州记》：“卢橘……土人呼为壶橘。”① 卢橘已见《史记·司马相如列传》，卢，又作“栌”。《吕氏春秋·本味》：“果之美者……箕山之东，青凫之所，有甘栌焉。”《说文解字》同，《吕氏春秋·本味》语出《伊尹书》。壶、卢、娄音近，壶橘即卢橘，本为“娄橘”，即伯虑橘、罗浮橘。故南宋梁克家《淳熙三山志》卷四十一作“罗浮柑”。宋苏轼《赠惠山僧惠表》《端午帖子词》等诗写到卢橘近十次，留下了“魏花非老伴，卢橘是乡人”等诗。其《食荔支》二：“罗浮山下四时春，卢橘杨梅次第新。日啖荔枝三百颗，不辞长作岭南人。”天下知名。卢橘是罗浮山下之橘，不容置疑。“娄橘”作“卢橘”，与“伯虑山”作“虑山”一样，真相已渐被遮蔽；当它作“壶橘”时，与伯虑的关系，更是隐晦难明。

广西伯虑类地名也有很多。唐李吉甫《元和郡县图志》卷三十八，广西与博、罗有关的县名有十多个，如笼州的罗笼、扶南，环州的福零，白州的博白、周罗，绣州的罗绣，党州的扶文、古符，禺州的罗辩、扶莱，汤州的罗韶，峦州

① （后魏）贾思勰，缪启愉校释. 齐民要术校释·卷十［M］. 北京：农业出版社，1982. 579.

的武罗，藤州的罗风等。《太平寰宇记》卷一百六十七，恩州有履博、罗遵。县以下地名，钦州有罗浮水、罗山、罗望江，博白有绿罗山，郁林有大楼山（大娄山）。《广西八大骆越古城遗址：一直被骆越后裔遗忘》载，广西武鸣县的大明山被尊为骆越祖山，山上有骆越人的雷神祭祀坛，山下的座岜虽城，也叫八树城，或可滤城，被认为是骆越国最早的都城，山下还有骆越祖庙骆王庙和罗波庙，城内发现了古骆越文化遗址[①]。岜虽、八树、可滤，与伯虑音近。广西北海有菠萝山，南宁市有菠萝岭，柳州融安县、博白县，梧州市蒙山县，南宁马山县，均有波罗山。这些地名可分为两类：第一，“伯虑”类：如“福零”县当即“伯虑”县，“扶莱”当即“扶娄”，梧州等的“博劳”“波罗”即“博罗”。第二，“伯虑”被分开使用。“岜虽”“八树”“可滤”，均为“伯虑”的分用。白州的博白和周罗县，笼州的罗笼和扶南县，党州的扶文和古符县，恩州的履博和罗遵县，均为博、罗或者缚、娄的析分。另广西有博白县，江州东北还有罗白县。罗浮即是罗、浮二山，那么这些地名被析分的关系就十分明显了。

越南也有伯虑类地名。《汉书・地理志》交趾郡有羸娄、苟扇县。羸娄，苟扇，与缚娄音近。《太平寰宇记》卷一百七十“交州南定县”有“不虑山、浮山”。元黎萴《安南志原》卷一“交趾”：“可卢山、恾山、锡山，俱在土县，产金。……可兰山……在美良县，产金。”同书卷一：“越王城，俗名可缕城。古安阳所筑也……故址犹存。”不虑，可缕、可卢、可兰，与《山海经》“伯虑”和《管子》“不庾”音近，越南的不虑、可卢、可兰，即伯虑读音的译写。王世贞《安南传》卷二作“可雷山”，与可卢、可兰音近。可缕城，又名螺城。《安南志原》卷一：“交趾有雒王，筑文郎城；安阳王筑螺城，皆其都城。”可缕城、螺城，即安南首都羸娄城。雒王，读音“罗王”，当即骆越之王。越南也有浮山神话，宋乐史《太平寰宇记》卷一百七十引《交州记》：“浮山，海中有浮石山，峙而高数十丈，永平营百余里，浮在水上。”交州不虑山、浮山及神话，虽与博罗有差异，但其联系仍十分明显。

“伯虑”类地名见于今两广和越南，即覆盖了古代的整个岭南地区。它们既不是印度的婆罗门，也不是菠萝蜜，而是先秦时期粤东地区的古伯虑国人四处迁徙的遗迹。

---

① 何绪莉．广西八大骆越古城遗址：一直被骆越后裔遗忘［EB/OL］．（2012/04/26）http：//news.nfdsw.com/a/20120426/10530850.htm.

三、伯虑与勾漏

1. 罗浮与勾漏

与伯虑有关的还有勾漏（又名“句漏”）。历史上勾漏因葛洪而出名，勾漏在何处？《晋书·葛洪传》：“欲练丹以祈遐寿，闻交趾出丹，求为句漏令……至广州，刺史邓岳留不听去，洪乃止罗浮山炼丹。”交趾确有勾漏县。《汉书·地理志》交趾十县，其三为“苟屚”。颜师古注：“屚，与漏同。”《汉书考证》：“苟屚……此县即后世所谓勾漏也。”苟屚即勾漏。《大明一统志》卷九十“交州府”：“勾漏山，在石室县。相传古勾漏县在其下。”葛洪本在罗浮山炼丹，而未去交趾勾漏，但是为何勾漏仍然与葛洪结缘？罗浮山有勾漏。《南越志》：“罗浮山，此山本名蓬莱山，一峰在海中，与罗山合，因名焉。山有洞，通句曲。”① 此“句曲”，即勾漏。《广东新语》罗浮山：“玉笥之山有八窍，南窍为罗浮，而勾漏句曲洞天，亦南通罗浮。”又阳春县：“峰峰峭削，岩岩勾漏，凡百余里不穷。”② 不仅罗浮，阳春也有勾漏。葛洪求勾漏，本为在罗浮山炼丹，是因罗浮山有勾漏，有朱砂洞。《晋书》说勾漏只在交趾，贻误千古。

2. 广西的勾漏

广西也有勾漏山、勾漏县。勾漏山是广西名山，《大清一统志》卷三百四十五：“（广西）其名山则有勾漏山，其大川则有漓江。”宋王存《元丰九域志》卷九“陆州”：“勾漏山，洞天之一也。”勾漏山为道教第22洞天，广西多个州县均有它的记载。祝穆《方舆胜览》卷四十二“容州”：“勾漏山，在普宁县，其岩穴多勾曲而穿漏，故名。平川中石峰千百，皆矗立特起，周回三十里。相传：葛仙常修炼于此。”明邝露《赤雅》卷中：“都峤，太上宝元洞天。白石，秀落长真洞天。勾漏，玉阙宝圭洞天。”宝圭洞为勾漏正洞，中有葛洪石像，勾漏为容州三洞天之一。《大明一统志》卷八十四：“勾漏山，在北流县东北一十五里。”北流还有勾漏县、勾漏洞、勾漏塘等。《广西通志》卷四十五“北流”：“勾漏县，在县治东北十五里勾漏山前，晋置。葛洪求为令，即此。”勾漏洞在今北流县东3 000米勾漏山下，距容县25千米，故容县古有勾漏书院。《大明一

① （宋）李昉等．太平御览·卷四十一［M］．北京：中华书局，1994.
② （清）屈大均．广东新语·卷三［M］．北京：中华书局，1985.

统志》卷八十四："勾漏书院，在容县，旧州学，宋建。"勾漏山有葛洪遗迹："葛洪井，在勾漏山。相传葛洪于此洗药。久废，石磐石柱存。"南宋李纲《梁溪集》卷二十四《过北流县八里游勾漏观留五绝句》二："葛翁求令为丹砂，今我来从海上槎。"李纲认为北流县的勾漏山是葛洪炼丹处。罗浮山、缚娄和勾漏等主要在广西北流、容县、博白、安京等县。它们都在郁林府辖区，郁林还有"勾漏砂"，故郁林有"古勾漏地"之称。勾漏、缚娄音近，当从缚娄派生。广西北流县北有勾漏山，南有扶莱山，东有产硃砂的铜石山。"扶莱"当即"缚娄"。加上罗浮山、勾漏洞、朱砂，炼丹要件完全齐备。苏轼《与王定国书》："葛稚川求勾漏令，竟化于廉州，不可不留意也。"① 葛洪在广西罗浮、勾漏山修道事，并非全是虚构的。

是什么原因造成岭南地区众多的缚娄、博罗、勾漏和罗浮等相同或相近的地名呢？山形相似说显然捉襟见肘，其实这些地名隐藏着一个古国的败落和逃亡历史，它们是古伯虑人迁徙的历史足迹在南越大地上的投影。

四、伯虑和骆越的语言：蒌语

骆越问题一直聚讼不已。问题的关键是，学界只知汉以后的骆越而不知先秦的骆越。除《吕氏春秋·本味》"越骆之菌"外，瓯骆始见《史记》的《南越列传》的"西瓯骆"和《建元以来侯者年表》"瓯骆兵""故瓯骆左将"等，均指南越或番禺以西的南越国人。这里，瓯与骆已混而为一，两汉后瓯、骆更难以区别。其实，瓯与骆，是越族中的两支，蒙文通《越史丛考》认为，西瓯与骆越有所不同②。那么先秦瓯骆如何，骆越源头在哪？这是骆越问题的关键所在。

1. 骆越起源于伯虑国

由上面三节可知，伯虑与骆越密切相关：第一，由伯虑、博罗和罗浮山三者联系可知，番禺之东的博罗在先秦时是伯虑国的中心，罗浮山是伯虑的大本营。第二，"娄""罗"与"骆"，音近。"骆越"，在读音上即"罗越"，在历史渊源上亦即"娄越"。因此，骆越的起源便显露出来：在地理上，骆越起源于博罗县的罗浮山；在种族上，骆越起源于先秦时期的伯虑国。换言之，博罗的罗浮山地

① （宋）苏轼．苏东坡全集·卷七十五［M］．北京：中国书店，1986.

② 蒙文通．古族甄微［M］．成都：巴蜀书社，1993. 317～322.

区是骆越或“罗越”的发源地，先秦的伯虑人是骆越（罗越）民族的原始先民。

2. 伯虑人的失败

娄越在番禺东，当称“东娄”，为何变成“西骆”呢？这是因为秦始皇的战争引发伯虑民族的大迁徙。秦攻击南越时的主要敌人是伯虑。这场战争始见于《史记·秦始皇本纪》：“三十三年，发诸尝逋亡人、赘婿、贾人，略取陆梁地，为桂林、象郡、南海，以适遣戍。”粗略记载了战争时间、军队构成和结果。《平津侯主父列传》：“又使尉屠睢将楼船之士南攻百越，使监禄凿渠运粮，深入越，越人遁逃。旷日持久，粮食绝乏，越人击之，秦兵大败。秦乃使尉佗将卒以戍越。”有了细节，但仍简略。最详细的是《淮南子·人间》：“（秦）乃使尉屠睢发卒五十万，为五军，一军塞镡城之岭，一军守九疑之塞，一军处番禺之都，一军守南野之界，一军结余干之水。三年不解甲驰弩，使监禄无以转饷。又以卒凿渠而通粮道，以与越人战，杀西呕君译吁宋。而越人皆入丛薄中，与禽兽处，莫肯为秦虏。相置桀骏以为将，而夜攻秦人，大破之。杀尉屠睢，伏尸流血数十万。乃发谪戍以备之。”从五军的战略部署可知其攻击重点：五路大军一塞镡城岭，一守九疑塞，一驻番禺，一守南野，一集余干。镡城属汉武陵郡，九疑在今湖南，南野、余干在江西，番禺在今广州。四军均集结在岭南边境，任务是“守五岭”。主攻只有番禺一军，军锋所向指谁？指的是番禺之东的伯虑国。伯虑虽无坚城深池，君主也被杀，但他们有保家卫国的雄心，有罗浮的深山天险，有林木荆棘掩护。所谓：“闻广中都无城郭，其处种竻木为城，枝节生刺，刀火不能破。”① 在此基础上，他们发动夜袭，杀死统帅屠睢，秦军大败。后来，秦军在赵佗指挥下才击败伯虑国。

3. 伯虑、骆越的西迁

随后，秦军的战略防御目标仍是伯虑国。战后秦兵的防御部署是：南海尉任嚣坐镇番禺，大将赵佗驻扎龙川。其战略格局是：对博罗形成合围之势，以防伯虑人东山再起。由于君主被杀，主力被歼，镡城岭和江西又有秦军把守，落败的伯虑人只能向番禺之西的合浦、郁林、越南逃亡。他们进入粤西后，或开辟新地，或与当地越人杂居。伯虑、骆越西迁是骆越民族史的大转折，它使岭南民族发生重大历史改变：第一，使粤东的“罗越”地区形成了无骆越的历史怪现象。伯虑人逃离后，南海郡再无骆越，他们在自己的故乡销声匿迹了。第二，强健的

---

① （宋）黎靖德．朱子语类·卷一百〇六［M］．北京：中华书局，1994.

伯虑军人逃得最远，到达人烟稀少的新地后聚族而居，形成了独立的骆越区，如交趾和广西宣化（今南宁）。第三，羸弱的伯虑人进入番禺之西的瓯越区，与瓯越人混居，形成了“西瓯骆”，如茂名、郁平和广西其他地区。第四，由于骆、瓯杂居，在广西大部分地区，骆越与瓯越在地理上的区别逐渐消失。

4. 伯虑和骆越的语言

有学者认为，《方言》未及骆越的语言。不确。扬雄《方言》卷一：“（信）西瓯、毒屋、黄石野之间，曰穆。”晋郭璞注：“西瓯，骆越别种也，音呕。其余皆未详所在。”略有涉及。蒙文通《古族甄微》据宋周去非《岭外代答》卷四“余又尝令译者以《礼部韵》按交趾语，字字有异，唯‘花’字不须译”，认为骆语不可具知。其实，在《岭外代答》中，骆语还依稀可见：

> 钦民有五种：一曰土人，自昔骆越种类也。居于村落，容貌鄙野，以唇舌杂为音声，殊不可晓，谓之蒌语。二曰北人，语言平易，而杂以南音。本西北流民，自五代之乱，占籍于钦者也。三曰俚人，史称俚獠者是也。此种自蛮峒出居，专事妖怪，若禽兽然，语音尤不可晓。四曰射耕人，本福建人，射地而耕也。子孙尽闽音。五曰蜑人，以舟为室，浮海而生，语似福、广，杂以广东、西之音。蜑别有记。①

钦州“五民”列外国门下，排在大秦国、大食国后。周去非乾道八年（1172）任广西钦州府教授，再任静江府（今桂林）属县尉，淳熙年间再任钦州教授，在广西六年居钦州最久，对钦州民俗最熟悉。在中国历史上，了解“蒌语”的二人，周是其一；关于“蒌语”的资料，他是唯一记载下来的人，这在语言学和民族学上都十分珍贵。

第一，《岭外代答》记载了骆语的名称。“蒌”本指草，指民族或语言不伦不类；写成“蒌”，当是由于宋时的读音。《大明一统志》卷八十四“梧州”：“蒌藤，亦名扶留藤。”扶留藤见晋嵇含《南方草木状》，其义已难明。明李时珍《本草纲目》：“（土荜茇）其蔓叶名扶留藤。一作扶檑，一作浮留。莫解其义。蒌，则留字之讹也。”②“蒌”地名今仍可见，广东台山县有冲蒌镇，越南有布蒌

---

① （宋）周去非．岭外代答·卷三［M］．上海：上海远东出版社，1996. 76.
② （明）李时珍．本草纲目·卷十四［M］．上海：上海古籍出版社，1993.

族。“布萎”与“博罗”音近，布萎当即伯虑。萎，又名扶檑、浮留、扶留，与缚娄音近，当即缚娄。《方舆胜览》卷四十二“雷州”：“土产，浮留藤。左太冲《蜀都赋》云：蒟酱流味于番禺之乡。本章蒟酱注：蔓生叶，似王瓜而厚大，实似桑椹，皮黑肉白，其苗为浮留藤，合槟榔食之，辛香。又呼蒌藤。”蒌藤，即浮留藤。蒌，即浮留，也即缚娄。可见，雷州钦州一带的确是伯虑人的居住区。“蒌语”，又作“娄语”。宋黄仲元精通娄语，其《林于高三子字祝辞引》：“前进士、年家子林于高之子：伯肖祖，仲肩祖，叔肯祖，幼而知学娄语。”① 黄仲元，字善甫，福建莆田人，南宋咸淳进士，陆秀夫荐他充益王府撰述、闽广宣抚司机宜等。《四库》收其《四书讲稿》《四如集》等著②。他精于音韵学，时与人讨论希见方言“娄语”，并以此授徒。“娄语”即周之“蒌语”。由于蒌语即骆越语，伯虑人即骆越人，因此可以断定：蒌语、娄语即伯虑语，也即博罗人语，或者说骆越语。古人不明此，才有文字的歧义。为表达方便，以下称“蒌语”为骆语。

第二，骆语折射出骆越在宋代的民族地位和生存状况。从西汉到南宋已越千载，骆越的情况已发生很大变化。钦州土人、北人、俚人、闽人和蜑人五民中，骆越作为“土人”出现，但区别于俚獠。俚獠居深山蛮峒，如同禽兽。骆越则居村落，语言和文化比俚獠要文明。可见，俚獠才是真正的土著，骆越则不同，他们进入广西已年深月久，不像北人和闽人那样还有外来人痕迹，虽为土人却又异于真正的土著。其他三民中，蜑语杂乱，故语言上难以独立成类；北人和闽人均是外来汉族：一是北方方言，一是闽南方言。骆越与当地俚獠的差异，表明他们并非真正的土著，折射出他们身为伯虑国遗民的信息。

第三，《岭外代答》对骆语有简单描述。该书卷四“方言”：

> 方言，古人有之。乃若广西之蒌语，如称官为沟主，母为米囊，外祖母为低，仆使曰斋捽，吃饭为报崖。若此之类，当待译而后通。

骆语的特征是：其一，它是民族语言，必须翻译后才能懂；其二，骆语已受到汉语影响。所举五例中，“称官为沟主”，称官为主，是汉语；称官为沟，是骆语。“沟主”是汉语与骆语、表意与表音的杂合。“母为米囊”，元周达观《真

① （宋）黄仲元．四如集·卷三［M］．上海：上海古籍出版社，1987.
② （明）凌迪知．万姓统谱·卷四十七［M］．上海：上海古籍出版社，1987.

腊风土记》说柬埔寨人“呼母为米”，亦有相似之处。“米囊”，反切为“娘”，娘即母，近于汉语。这些语言与今布依语和壮语相近，故有人认为，骆语即壮语和布依语的前身。

五、结论

（1）博罗古国的地域。先秦时期，在“番禺之东”，即今广州东部有个博罗古国，他们以罗浮山为地理屏障，以博罗、龙川为政治经济中心，范围东至古揭阳，西至四会，建立起一个强大的古国。

（2）博罗国的名称。博罗是古越语，它被不同时期不同的汉语方言记载时，有了伯虑、不庾、婆猴、博罗、符娄、扶娄、缚娄、傅罗等名称。简称时则为罗越，字则作娄越、雒越、骆越，其语言本称“罗语”，字则写作“骆语”或者“蒌语”。

（3）博罗古国的命运转折。在秦始皇五十万大军的南征中，博罗国的命运发生转折，他们虽重创秦军，但是最终失败后不得不向番禺以西撤退，其子孙散播在今广东西部、广西、海南和越南的土地上。

（4）伯虑族或古骆越人并未消失，他们在广西等地成为今壮族或布依族等南方少数民族的祖先。壮族创世史诗《布洛陀》中的主角是壮族男始祖布洛陀。布洛陀，壮文为：（公甫）洛陀俌仙，意即神仙布洛陀。布洛陀，又译布禄陀、布禄托、陆驮公公、包老铎等，《布洛陀经诗译注》作黼洛陀，壮族文献《陆驮公公》又改为《保洛陀》等。其实，不管怎么翻译，这些名字与“布洛”一样，均与“伯虑”音近；布洛陀，或即古伯虑族的祖先或首领。

（5）先秦时期广东东部的博罗（伯虑）国，在秦汉之交发生天翻地覆的历史转折。这种转折对番禺以西的古国发生重大影响：第一，博罗国的命运，其实也是番禺之西的瓯人的命运的缩影。在番禺之东的博罗国覆灭之时，番禺之西的古国也即将覆灭。第二，番禺之东古国灭亡时，一部分骆越（罗越）人逃到番禺之西的瓯越区，骆越与瓯越开始混居，他们的历史彼此发生关联，并进而混杂起来，形成历史上纠缠不清的“西瓯骆”之谜。

（6）由于伯虑古国的文献资料太少，本章对它的探寻也十分有限。对于它的真实历史、国君世系、国家兴亡的准确年代和细节，本书概无作为，只能等待更多的考古资料出土，另待高人研究。

第六章　粤西雷州古国之谜

前面说到先秦时期，今广东大地上有两大古国：一个在番禺以东的古博罗地区，另一个在番禺以西的雷州半岛地区。本章即探讨在粤西的雷州古国。

粤西古国是笔者提出的。《墨子》说越东有“輆沭之国”，它在哪？历来无人下结论。笔者经过考证认为，輆沭即西汉时的瓯人，地在合浦，也即东汉时的乌浒，西汉合浦郡治在雷州，因此輆沭之国，即瓯人国、合浦国、乌浒国。是这样的吗？这是一个两千年来无人破解的谜团。

“合浦”是什么意思？经笔者考证，合浦不是汉语的两河交汇之浦。合浦是古越语的汉字记音，即壮族的蛤咘，意即蛙父。《雷祖志》说，陈文玉是“雷种”，意即雷州人、雷州人之父。其实，蛤咘，即铜鼓上的青蛙，它是雷神之子，又是合浦（古雷州）人之父，蛤咘才是真正的“雷种”。但是，是这样的吗？

《雷祖志》说，雷州的历史和文化始于唐代贞观年间的陈文玉。但是，笔者认为，贯穿先秦輆沭，西汉瓯、合浦，东汉乌浒和蛤咘的，就是雷神崇拜。雷州可以考证的文化，始于先秦。但是，是这样的吗？

粤西古国和雷州的上古史，真是一串串的谜！

一、輆沭与合浦

第五章说到粤西的瓯人，其实，瓯人是西汉时的概念。在先秦，粤西古国叫作輆沭国。

輆沭之名首先见于《墨子·节葬下》：“昔者越之东，有輆沭之国者。其长子生，则解而食之，谓之‘宜弟’；其大父死，负其大母而弃之，曰‘鬼妻不可与居处’。此上以为政，下以为俗，为而不已，操而不择，则此岂实仁义之道哉？”[①] 墨子的弟子大多来自下层，故对于下层民间“便其习而义其俗”形成的

---

① （战国）墨翟．墨子·卷六［M］．上海：上海古籍出版社，1989.

奇风异俗和异国传说比较熟悉。輆沭国的风俗就这样进入了墨子的视野。他们为了“宜弟”而吃长子，因为惧怕“鬼妻”而弃祖母。仅就这两事而言，其风俗之骇人听闻，其喜巫惧鬼的宗教之严酷，已令人匪夷所思。可见，在断发文身的南国人中，輆沭人文化的原始和野蛮，也非他国能比。

有关輆沭国的记载，先秦仅见于《墨子》和《列子》中。在秦汉之间，輆沭之国的地点和文化扑朔迷离。輆沭，除了作“辄木”以外，还有多种写法。晋张华《博物志》卷二作“骇沐之国”。金韩道昭《五音集韵》卷十：“輆汰，国名，在越东。”《太平广记》卷四百八十作“輆沐之国”。这些异文，当是字形相近而产生的误字。但是，它也意味着：輆沭风俗令人惊悚，人们对它十分有隔膜，如雾里看花，以致鲁鱼亥豕。

在《墨子》之后，文献中没有多少有关輆沭的新信息。輆沭之国在哪里，《墨子》和《列子》均说在“越之东”，宋丁度《集韵》卷七、清《康熙字典》均云：“輆沐，国名，在越东。”但是，“越东”很笼统。具体而言，它又在越东之何处？

笔者认为，如果从方位和语音上看，先秦的輆沭，就是西汉的合浦。合浦郡的郡治在今雷州，那么，輆沭国的中心应在雷州。先秦的輆沭国，也即合浦国，或古雷州国。理由如下：

（1）輆沭国即“南极”的雕题国。《山海经》中没有“輆沭国”三字，但是有“雕题国”。《山海经·海内南经》：“伯虑国、离耳国、雕题国、北朐国，皆在郁水南。”伯虑国、离耳国，两者之说已见前。北朐国，《山海经》郝懿行注云：“疑即北户也。尔雅疏引此经作北煦，户、煦声之转。尔雅释地四荒有北户，郭注云：北户在南。”雕题，指文额头。晋郭璞注“雕题”云：“点涅其面，画体为鳞采，即鲛人也。”雕，指文身，题指额头。雕题国，已见于楚辞。《招魂》：“雕题黑齿，得人肉以祀，以其骨为醢些。”汉王逸《楚辞章句》注：“雕，画也。题，额也。醢，酱也。言南极之人，雕画其额，齿牙尽黑，常食蠃蜯，得人之肉，用祭祀先祖，复以其骨为醢酱也。”雕题国，与粤东的伯虑国、海南的离耳国、交趾的北朐国为邻，又是“南极”之国。雷州在中国大陆的最南端，称为“南极”，十分恰当。故雕题国，指雷州古国无疑。宋范成大《桂海虞衡志》之《志蛮》云：“黎，海南四郡邬上蛮也。邬直雷州、由徐闲渡，半日至……妇人加铜环耳坠垂肩，女及笄，即黥颊，为细花纹，谓之绣面。女既黥，集亲客相庆贺。惟婢获则不绣面。”在宋代，与雷州一海峡之隔的海南，有身份的女子，仍然雕题绣面。合浦、海南等，均在郁水之南。《水经注》："郁水，又东径高要县，牢水注之。水南出交州合浦郡，治合浦县，汉武帝元鼎六年平越所置也。"① 雷州乃黎人区，古有此俗，在情理之中。

《吕氏春秋》也说到岭南古国，其《恃君》说："扬、汉之南，百越之际，敝凯诸、夫风、余靡之地，缚娄、阳禺、欢兜之国，多无君。"汉高诱注："皆南越之夷，无君者。"② 这里的"缚娄"，即粤东的博罗古国，阳禺、欢兜，所指不详。但无粤西古国輆沐。其"余靡"，音颇近汉代的"乌浒"，但《恃君》说是地名，故存疑。

（2）从语音上看，輆沐即合浦。輆沐国是先秦的记载，汉代无輆沐，而有合浦。"輆沐"与"合浦"，一音之转。輆，《广韵》：苦亥切；读若凯。但"輆沐"并非本字："輆旧作軩，不成字。"③ 故采自《太平广记》卷四百八十。輆，声符亥，与"核"的声符相同。核，又读如 gāi，《集韵》：核，柯开切。故核通"荄"，指草根。《汉书·五行志中之上》："［雷］入地则孕毓根核，保藏蛰虫。"唐颜师古注："核，亦荄字也。草根曰荄。"輆的读音，与"核"相近。而且，如果"輆沐"写作"核沐"，它与"合浦"的音近关系就更明显了。因此，先秦的輆沐，即汉代的合浦。合浦郡始自西汉，辖徐闻、高凉、合浦、临允、朱卢五县，地在今广东西部和广西的西南部。"輆沐"的产生，是因他们没有文字，当以汉字对越语拟音时，加之时代不同，故有了"輆沐""合浦"等区别。

輆沐即合浦，在壮语中更清楚。輆沐、合浦是古越语，苏辙在雷州有"所至言语不通"之叹。这些汉字记音的地名，离古越语本身有一定距离。例如豆蔻，李时珍《本草纲目》卷十四："《南方异物志》作'漏蔻'，盖南人字无正音也。"汉语方言尚且"无正音"，何况南人所记古越语读音呢？輆沐，在壮语地名中作"咘咳"。明《宾州志·兵防志》上林县南州卫有"咘咳前营、咘咳右营"，即《明史》中的河池、咘咳北诸猺。壮语地名一般"咘"在前，如广西茗盈土州的咘壤水、凭祥土州的咘陇村，也有在后的，如万承州的北咘水，田州土州的剥布沟、剥布山、剥布砦等。因此，"咘咳"也可作"咳咘"。咳咘与輆沐，读音相近，结构相同，故"輆沐"当即壮语的"咳咘"。

---

① （北魏）郦道元．水经注·卷三十六［M］．上海：上海古籍出版社，1993.
② （战国）吕不韦著，（汉）高诱注．吕氏春秋·卷二十［M］．上海：上海书店，1986.
③ （清）孙诒让．墨子闲诂·卷六［M］．北京：中华书局，1986.

再说合浦。合浦，在壮语中又作“蛤咘”“咳咘”。蛤，即岭南雷神崇拜中的雷蛙，又称蛙蛤。唐高州刺史房千里《投荒杂录》云：“南方又有水族，状如蛙，其形尤恶。土人呼为蛤。食之，味美如鹧鸪。及治男子劳虚。”[①] 雷蛙，即岭南圣物铜鼓上面所铸的蛙。在壮族神话中，它是雷神的长子。蛤类地名，今广西还可见。广西上林县有龙蛤寨，《宾州志》有“龙蛤左营、龙蛤后营”。龙蛤又作“龙咳”[②]，《明史》卷三百一十七“广西土司”作“龙哈”，清顾祖禹辑著《读史方舆纪要》称“龙哈獞”。龙哈与咘咳，属广西十寨。《广西通志》卷九十五：“十寨，旧称八寨：曰思吉、周安、古卯、古蓬、古钵、都者、罗墨、剥丁；后益以龙哈，咘咳，为十。其地东接柳州，西连东兰。”《忻城土司志》载，明万历七年（1579）莫氏土司的首领莫镇威率忻城士兵千余协剿八寨，冲入“龙哈寨”，杀害龙哈首领樊公宾等。可见，龙蛤即龙哈，也即龙咳。“合”古音与蛤、哈同，今雷州话仍读“合”为“哈”。雷州的徐闻，当地语“渣浦”，仍与“合浦”音近。因此，“合浦”当即古越语或壮语的“蛤咘”“咳咘”或“渣浦”。輆沭、合浦，读音均即咳咘。换言之，先秦的輆沭即汉代的合浦，也即古越语或壮语的咳咘。

（3）合浦古国的国宝铜鼓。岭南古国的国王，其实即部落酋长。《吕氏春秋·恃君》说：“扬、汉之南，百越之际，敝凯诸、夫风、余靡之地，缚娄、阳禺、驩兜之国，多无君。”说岭南无君，也是对的，因为它没有北方那样的中央王国。但是，《史记·西南夷列传》：“西南夷君长以什数，夜郎最大；其西靡莫之属以什数，滇最大；自滇以北君长以什数，邛都最大。”《汉书》也说“西南夷君长以百数”，少数民族的君长就是部落酋长。部落酋长式的君长，合浦古国定然有之。合浦古国的王者之器，与南方少数民族酋长一样，就是铜鼓。《晋书·食货志》云：“广州夷人宝贵铜鼓。”他们如何珍视铜鼓，晋裴渊《广州记》载：“俚獠贵铜鼓，惟高大为贵，面阔丈余，方以为奇。初成，县于庭，克晨置酒，招致同类，来者盈门。其中豪富子女，以金银为大叉，执以叩鼓，竟留遗主人，名为铜鼓钗。风俗好杀，多构仇怨。欲相攻击，鸣此鼓集众，到者如云。其所铸鼓，惟豪强称最，号为都老鼓。庙中铜鼓，盖诸峒獠所遗也。”[③] “都老”，

---

① （宋）李昉等·太平广记·卷四百七十九［M］．北京：中华书局，1961.

② （万历）宾州志·卷十［M］．北京：书目文献出版社，1990.

③ （宋）李昉等．太平御览·卷七百八十六［M］．北京：中华书局，1994.

即大老，南越王赵佗即自称“蛮夷大长老”。岭南不产铜，铸造铜鼓多化铜钱为之，没有王者之富是难以铸造大铜鼓的。一旦有了铜鼓，战时用以召集军队，行军打仗；平时用于祭祀神灵，故铜鼓成为镇国之宝，王者之器。《明史·刘显传》：明代叙州戎县都掌蛮阿大被擒，他所有的国宝铜鼓九十三，铜铁锅各一尽入刘显之手。都掌蛮阿大痛心地哭泣：“鼓声宏者为上，可易千牛，次者七八百。得鼓二三，便可僭号称王。鼓山颠，群蛮毕集，今已矣。”如果得到两三个铜鼓，就可以僭号称王，这充分描写了少数民族酋长以铜鼓成王的机制。《陈书·欧阳頠传》：“欧阳頠，字靖世，长沙临湘人也……时頠弟盛为交州刺史，次弟邃为衡州刺史，合门显贵，名振南土。又多致铜鼓、生口，献奉珍异，前后委积，颇有助于军国焉。”陈代在岭南得两三铜鼓，即等于灭了一个岭南古国。所以，对合浦古国不应过分夸张。

（4）合浦古国的遗迹。南朝时合浦郡还有古国传说。晋刘欣期《交州记》：“合浦东二百里有一杉树，叶落入风，入洛阳城内。汉时善相者云：‘此休征，当出王者。’故遣千人伐树，役夫多死。”[①] 隋江总《遇长安使寄裴尚书诗》：“传闻合浦叶，远向洛阳飞。”即咏合浦国的王气。梁庾肩吾《咏风诗》：“苍梧洞犹在，合浦树应疏。阳乌一转翅，千里定非虚。”[②]“阳乌”指时间，故“千里”当作“千载”，庾认为，合浦王气当是实事。崇拜神树，是人类早期比较普遍的宗教文化。英弗雷泽《金枝：巫术与宗教之研究》载：崇拜橡树或橡树之神似乎是欧洲所有雅利安族人的习俗，希腊人、意大利人把橡树同他们最高的神——宙斯或朱庇特（天神、雨神和雷神）联系在一起……认为天帝住在那玄妙深邃的橡树林中[③]。合浦的王气未必威胁到汉朝，但它表明合浦可产生这样的帝王，合浦地区早有称王的习惯。在这样的历史背景下，出现鯨沭国就不奇怪了。《太平御览》卷八百五十六刘欣期《交州记》：“合浦海口有糠头山。传云：越王舂米于此，积糠而成。”《舆地广记》卷三十七和《大明一统志》卷八十二误说越王是赵佗。“越王”指合浦地区上古的君王，当是鯨沭王。合浦地区还有类似的“越王”遗迹。唐刘崇远《新开宴石山记》：“宴石山者，在白州博白县之西乡，与马门滩伏波公之祠邻近。《图经》云：昔有神人称陈越王，今有古宫基址，见

---

① （宋）李昉等．太平御览·卷九百五十七［M］．北京：中华书局，1994.

② （唐）欧阳询．艺文类聚·卷一［M］．上海：上海古籍出版社，1965.

③ ［英］弗雷泽．金枝：巫术与宗教之研究·上册［M］．徐育新等译．北京：中国民间文艺出版社，1987. 240.

在廉州合浦。（□□□）曾宴于此山，故以为名焉。”[①]《图经》当即宋代《廉州图经》，陈越王绝非赵佗。岭南东有符娄国，海南有儋耳国，还有北户国，南极有輆沭国，是完全可能的。

（5）合浦古国遗风。汉以后合浦是岭南一郡，但仍不脱酋邦遗风。《后汉书》称合浦为“合浦蛮夷”，合浦事《南史》载入《夷貊·海南诸国传》，《梁书》入《诸夷·海南诸国传》。南朝初年，进贡中国者仅十余国。梁武帝时外国使者数量超过前代，合浦也在进贡者中，因其相貌、服饰被作为“蕃客”，绘入《职贡图》。梁元帝萧绎（508—555）作《职贡图序》：“夷歌成章，胡人遥集……瞻其容貌，讯其风俗。如有来朝京辇，不涉汉南，别加访采，以广闻见，名为‘贡职图’云尔。”《职贡图》的民族，《玉海》说有百国，宋李廌《德隅斋画品》说有35国，《通志》卷七十二称《梁元帝二十八国职贡图》。大陆所藏残卷原有25国，今存波斯、龟兹等12国，合浦图已佚。但《艺文类聚》卷七十四有萧绎《职贡图赞》：“北通玄兔，南渐朱鸢，交河悠远，合浦回邅。”据此，《职贡图》可补朝鲜、交趾、合浦、车师前国等国。“回邅”，形容合浦环境险恶。宋李纲《梁溪集》卷二十四《次雷州》：“《华夷图》上看雷州，万里孤城据海陬。”南宋时雷州还是《华夷图》上的蛮夷，雷州为海边的万里孤城，南朝时的合浦更是一片蛮荒，輆沭的遗风仍在。

（6）輆沭即合浦，最重要的证据是輆沭风俗即合浦乌浒人遗俗。

輆沭的首都在雷州。合浦的郡治，学界目前公认的说法是《汉语大词典》：“合浦，古郡名。汉置，郡治在今广西壮族自治区合浦县东北。县东南有珍珠城，又名白龙城，以产珍珠著名。”但是，其说不确。因为，此说只适合东汉时的情形。西汉时期，合浦的郡治在徐闻县（今雷州），南北朝时，合州的郡治也在雷州。今雷州《洋田歌》云：“洋田丰，雷州足。洋田歉，合浦饥。”雷州有东西洋田，它是雷州的粮仓。《洋田歌》把“雷州”与“合浦”对文，还保留了雷州是合浦郡治的遗迹。《职贡图》中的合浦人，当即从雷州派出，他们代表了以雷州为中心的中国“南极”的少数民族的风情。

总之，雷州是秦汉粤西政治经济文化中心，輆沭国首都，当在今雷州市。

---

① （清）董诰等．全唐文·卷八百六十一［M］．上海：上海古籍出版社，1990.

二、輆沭与乌浒

中国民族史上有个怪现象：秦以后无輆沭，东汉以前无乌浒。难道輆沭腾空而去，乌浒又从天而来？輆沭与乌浒之间，必有联系。

东汉时期乌浒作为岭南活跃的民族而载入史册。乌浒首见记载是《太平御览》卷三百七十四吴万震《南州异物志》："乌浒人得髑髅，破之以饮酒。"西晋左思《三都赋》："乌浒狼腨，夫南西屠。"东晋裴渊《广州记》："晋兴有乌浒人，以鼻饮水，口中进啖如故。"南朝宋范晔《后汉书·南蛮传》立《乌浒传》，《安帝本纪》和《灵帝本纪》也有记载，乌浒从此进入中国正史。乌浒难道真是从天而降的新人类？《异物志》："乌浒，南夷别名也，其落在深山之中。"[①] 乌浒的奥秘是：乌浒是别名，故给人从天而降的错觉。乌浒的本名是輆沭。理由有四：

1. 乌浒、輆沭音近

"乌浒"既是别名，它与原名必有联系。少数民族国家别名的产生常常是因不同时代对同一名称使用了不同的文字记音，其异名之间必有声音相近的关系。《史记·五帝本纪》黄帝"北逐荤粥，合符釜山"。《史记·匈奴列传》："唐虞以上有山戎、猃狁、荤粥，居于北蛮。"《史记索隐》："匈奴别名也。唐虞已上曰山戎，亦曰熏粥，夏曰淳维，殷曰鬼方，周曰猃狁，汉曰匈奴。"山戎、荤粥、熏粥、猃狁都是匈奴别名。王国维《鬼方昆夷猃狁考》认为，少数民族或无文字，或有而不与中国同，中国对其称谓"随世异名，因地殊号"。故："鬼方、昆夷、熏育、猃狁，自系一语之变。亦即一族之称，自音韵学上证之有余矣。"[②] 乌浒也是这样，"輆沭"是先秦北方人记音，"合浦"是汉人记音，乌浒是魏晋民间的读音。"乌浒"与"輆沭""合浦"音近，三者一音之转。"乌浒"又名"乌浦"。《后汉书》"乌浒蛮"在宋徐天麟《东汉会要》卷三十九作"乌浦蛮"。《读史方舆纪要》："乌浒山，州（横州）东六十里。昔乌浒蛮所居之地，亦曰乌浦。后汉建兴三年，郁林太守谷永招降乌浦人十余万，开置七县。熹平末，合浦、交趾乌浦蛮反。"[③] 乌浒与乌浦，古音相同，乌浦即乌浒。合浦还有类似地

---

① （梁）萧统．昭明文选·卷五［M］．北京：中华书局，1977.

② 王国维．观堂集林·卷十三［M］．北京：中华书局，1959.

③ （清）顾祖禹．读史方舆纪要·卷一百［M］．北京：中华书局，1955.

名，徐闻又名徐浦："《汉志》云：'自合浦徐浦南入海，略以为儋耳、珠崖郡。'即此县。"[①] 徐闻，汉代作徐浦。海南也有徐浦。《广东通志》卷十三："徐浦江，在城（儋州）南二十里，发源黎峒，流合新昌江入海。"另合浦有乌木江，与乌浒音近。当"乌浒"作"乌浦"时，它与"合浦"的关系就格外明显。在今壮族地区还有类似的地名，明《宾州志》卷十"兵防"有"啼咳前营"。啼咳与輆沭，仅顺序不同，读音何其相似。

2. 乌浒、輆沭地域相同

《太平御览》卷七百八十六引万震《南州异物志》："交、广之界，民曰乌浒，东界在广州之南、交州之北。"交广之间即合浦。岭南初名含贬义的"交趾"，汉顺帝永和九年，交趾太守周敞请改"交州"，不准。于是折中，改为"交趾"。建安八年（203），才改成"交州"。吴黄武五年（226），交州一分为二，以南海、苍梧、郁林三郡立广州，交趾、日南、九真、合浦四郡为交州。万震亲历了交、广二州的建立，所记为当下事件，可信。交广之间即合浦郡，乌浒人即合浦人。合浦是先秦輆沭的区域，东汉又是乌浒地。可见，乌浒即輆沭。

3. 輆沭、乌浒风俗相同

说輆沭国是乌浒最重要的证据，便是"食首子"这一习俗。《后汉书·南蛮西南夷列传》："其西有噉人国，生首子辄解而食之，谓之'宜弟'……今乌浒人是也。"《墨子》輆沭风俗就是乌浒风俗。《墨子》认为，輆沭在"越东"，《后汉书》认为，乌浒在交趾西。輆沭、乌浒以传说进入文本，方位未必准确。其实，輆沭和乌浒均在合浦，輆沭即合浦的乌浒。

4. 乌浒王的历史遗迹

在今雷州半岛，还留下了乌浒生活的遗迹。这首先表现在"乌"地名上。明万历《雷州府志》卷三："（雷州）城北五里曰英灵冈，即府治主山……其地在陈太建二年（570）出雷英灵，故名，即乌卵山也。"乌卵山，《雷祖志》作"乌仑山"，是乌浒民族起源之卵。雷州还有乌石、乌秋、邬港、乌蛇岭等地名。雍正《广东通志》卷十三："乌蛇岭，在城东三十里，高五丈许，蜿蜒如蛇。"雷州是红土地区，蜿蜒如蛇为何不叫"红蛇岭"呢？它与乌浒民族的神话邬王有关。雷州还有乌黎村，因为雷州古越族又名乌黎。徐闻还有邬王庙，宣统《徐闻县志》卷六："邬王庙，城内县署。"邬王庙在徐闻县城内，故载入地方志，

---

① （宋）乐史．太平寰宇记·卷一百六十九［M］．北京：中华书局，2007.

成为中国载入史册的唯一一座邬王庙。在雷州和今湛江市均有邬王庙，有些地方又写作“乌王”。如，古雷州的遂溪县、徐闻和海康县均有乌王庙。北宋寇准贬雷州时曾拜访海康县苦竹村边的乌王古庙，其系马石后改称寇老石。今湛江市艺苗幼儿园附近有乌王庙，湛江东海岛上有座乌王庙，湛江市赤坎区的谢氏宗祠即古乌王庙，湛江市赤坎区康顺路的百姓村有乌王庙。邬王，即乌王，也即乌浒王或乌黎王。乌王庙，在钦州又叫乌雷庙。在这里，雷州神话中的乌卵，雷州自然宗教中的雷神和乌王神，以及民族史的乌浒，彼此关联起来。雷州的乌卵、乌王当即乌雷王，它是上古乌浒或近古乌黎族的祖源所在。

乌浒与軗沭的关联，对于雷州民系的上古渊源和岭南少数民族的起源，以及岭南史的研究，都有重要意义：第一，可以重新认识这两个民族——軗沭古国并未消失，它的历史可以续写；同时，乌浒不是无本之木，乌浒起源于軗沭，軗沭就是乌浒的历史渊源。第二，由于乌浒是壮族先人，軗沭对于拓展壮族史研究以及深化岭南民族史研究有重要的现实意义。

三、軗沭、乌浒的含义

1. 有关含义的争论

軗沭、合浦与乌浒的含义是什么呢？对合浦含义历来多从“浦”字求解。《旧唐书·地理志》：“唐置廉州……州界有瘴江，名合浦江也。”宋欧阳忞《舆地广记》卷三十七：“有廉江、瘴江，一名合浦。”认为廉江原名合浦江。《大清一统志》卷三百四十八：“廉江，在合浦县东南。《旧唐志》谓之合浦江。”认为合浦因合浦江而得名，是受汉语“浦”字义的影响。有人认为，乌浒的乌，与壮族尚黑有关；浒为“水边”，而“水边”体现乌浒人的居住特点①。这些说法不得要领，因为上述词语是古越语，而学者们在汉语中寻找，难免南辕北辙。

2. 乌浒是民族名称

东汉谷永安置乌浒于郁林地区，因此在郁林及周边地区可发现这些词语的含义。明广西土司多有含“咘”字地名，如镇安府的咘来泉、咘桑泉，都康州的咘滩山、咘滩潭，信伦土州的咘局村、咘弄村、咘陇山、咘沙村、咘透村、咘村，归顺州的咘透村。明代万承土州、养利州、江州土州、凭祥土州等，均有咘

① 覃晓航．“乌浒”新探［J］．中央民族学院学报，1992（5）：21～22.

村。“咘”在汉化地区几乎消失，只存在于土司州县；在较原始的土司文献中则更多，如《太平府志》卷三思同土州南乡村有咘独、咘贵、咘吗等村。左州土官河流有：咘幸、咘照、咘秃、咘北、咘陇等，20余条河非“咘”的仅2条；还有伶村咘、崖麓咘、云崖咘等，11个村落全部称“咘”[①]。咘又作渧，如田州土州的剥渧溪；又作布，如思恩府武缘县的布雍泉，恩城土州的布德桥，结伦土州的布吝泉和布吝山，永康州西南的布泡泉、布马泉、布泊泉等。在今广西壮族中，民族多称为 $pou^4tsu:g^6$，汉字记音为“布壮”；广西北部、西北部和云南省文山壮族苗族自治州北部则自称 pu^4 jai^4，汉字为“布衣”，与布依族自称相同；广西凤山壮族自称 pou^4lau^2，汉字为“布老”。这些称谓中的 pou^4 或 pu^4，有的释为指人的量词[②]。它本指老人，壮语称祖母为 pu^2，老人为 pou^4lau^4。“布”本指老人，在壮族史诗《布洛陀》中，布洛陀是壮族神话中创世神的名字，其中“布”指老人，“洛”是知道，“陀”是多。合而言之，“布洛陀”指无所不知的老人，“布”指老人由来很古。《隋书·地理志》“有鼓者（铜鼓）号为都老，群情推服”。都老即“布老”。布，由老人引申为部族首领。明邝露《赤雅》卷上广西：“土目称其酋曰布伯。”族长为“布伯”，伯是汉语，布是壮语（笔者按，布为壮语音译，又译“卜”）。壮族称寨主为 pou^4lau^2（布老），与老人称谓相同。可见，明代广西土司区的“咘”或“布”，即今壮族的“布”。它本指老人，再引申为寨主、部落或地名。壮语属汉藏语系壮侗语族壮傣语支，与布依、傣语同一个语支，上源是古越语。越人自称于越、无余或布越，与壮族“布壮”结构相同。輆沭、合浦、乌浒、乌浦也当如此，它由老人称谓引申为民族和民族领地的称谓。可见，輆沭、合浦和乌浒，也即“咳咘”“哈咘”或“乌布”，均是粤西地区古越族的民族名称。

再说合浦。合浦多指地，但也指人。“合”，除在今雷州话中读“哈”外，今越南语也仍读“哈”；越，《广韵》：王伐切；古读“瓦”。上古“越”“合”音近。故《朱子语类》：“却是广中人说得声音尚好，盖彼中地尚中正，自洛中脊来。只是太边南去，故有些热。”[③] 中古时期，越，《广韵》：户括切；读如“霍”。“越”与“合”仍音近。《隋书·地理志》：“合浦郡……旧置越州，大业

---

① （明）甘东阳，蔡迎恩．太平府志·卷三［M］．北京：书目文献出版社，1990.

② 韦庆稳，覃国生．壮语简志［M］．北京：民族出版社，1980. 1.

③ （宋）黎靖德．朱子语类·卷一百三十八［M］．北京：中华书局，1994.

初改为禄州，寻改为合州。”越州为西江督护陈伯绍刘宋明帝泰始七年（471）建立，在岭南形成交、广、越三州并立的局面。越州在南越国之后再次打出“越”旗，欲传承南越文化。齐永明三年（485），越州人网得海中铜兽，铭文“作宝鼎，齐臣万年子孙承宝”，献给皇帝。永明七年（489）越州献三寸大的呈思惟佛状的珍珠，皇上特建禅灵寺供奉，越州得到中央重视。合浦为何改为越州？这是因合、越音近。合浦，即越浦，也即越布（族），合浦人即越族人。

“浦”指民族古已有之。《史记·周本纪》提到“庸、蜀、羌、髳、微、纑、彭、濮人”等民族，《论语集解》收录孔安国言：“八国皆蛮夷戎狄……濮在江汉之南。”濮、浦音近，“浦”指民族无疑。学者认为，巴濮是乌浒的别称，乌浒即广西壮族的别称①。𨐨沭、合浦、乌浒与巴濮，构词相同。

四、乌浒与西瓯

乌浒是𨐨沭在东汉时的别名，此说中含有一个历史缺环：先秦的𨐨沭在东汉时称乌浒，那么它在西汉时是什么呢？答案是：𨐨沭西汉时叫瓯，因它在番禺以西，故称“西瓯”。

1. 西瓯的争论

西瓯是历史研究中的难题，《汉语大词典》：“西瓯，我国古代少数民族名。越人的一支。秦汉时分布于岭南一带，与今壮族有渊源关系。”内容比较空泛，当是为了回避争论。《山海经·海内南经》：“瓯居海中，闽在海中。”晋郭璞注：“瓯，今临海永宁县，即东瓯，在岐海中也；音呕。闽越即西瓯，今建安郡是也，亦在岐海中。”明杨慎《升庵文集》卷七十七《南梦北梦》也主此说。扬雄《方言》卷一：“（信）西瓯、毒屋、黄石野之间，曰穆。”郭璞注：“西瓯……未详所在。”与前说矛盾。《汉书·两粤传》唐颜师古注：“西瓯，即骆越也。”把西瓯与骆越等同。宋乐史《太平寰宇记》卷九十九引《郡国志》：“永嘉为东瓯，郁林为西瓯。”清全祖望《经史问答》卷十：“苍梧以西，号曰西瓯，别有国族。”② 这只适合汉以后，而非全部历史。要弄清西瓯，应从源头说起。

① 黄现璠．壮族别称乌浒人之探讨［A］．谢启晃等．岭外壮族汇考［C］．南宁：广西民族出版社，1989. 123.

② （清）全祖望．鲒埼亭集外编·卷四十九［M］．上海：上海古籍出版社，2000.

西瓯始见西汉。《史记·南越列传》两见：一是南越王《上汉文帝书》："蛮夷中间，其东闽越千人众号称王，其西瓯、骆裸国亦称王。"一是司马迁叙述："佗因此以兵威边，财物赂遗闽越、西瓯、骆，役属焉。"后者依据前者，故赵佗语是根本。班固《汉书·两粤传》作"蛮夷中西有西瓯，其众半羸，南面称王；东有闽粤，其众数千人，亦称王"，意思更明确："东闽"与"西瓯"对举，番禺以东的叫东闽，又叫东瓯；番禺以西的叫西瓯。西瓯是赵佗以番禺为视点的对举性描述：西指方位，是汉语；瓯指民族，是越语；两种语言合成西瓯一词。因此，西瓯是个临时性概念，对中国历史研究造成了混乱。《淮南子·人间训》："（秦将屠睢）又以卒凿渠而通粮道，以与越人战，杀西呕君译吁宋。而越人皆入丛薄中，与禽首处，莫肯为秦虏。相置桀骏以为将，而夜攻秦人，大破之。杀尉屠睢，伏尸流血数十万。"[①] 这里的"西呕君译吁宋"，似指粤西古国的君主。但是，这场战争的地点在粤东，而不及粤西。故"西呕君译吁宋"，并非粤西古国人。在中国历史上，西呕一词使用不广，《史记》外，正史仅《汉书》和《旧唐书》使用。西呕是南越人的别名，它应回到历史系统中才有意义。

2. 瓯是"輆沭"的别名

理由如下：

第一，瓯是"輆沭""乌浒"的另读。"瓯"与"沭""于越""乌浒"，古音相近。越人自称"于越"，音"乌余"。《左传·定公五年》："于越入吴。"《左传·定公十四年》："五月，于越败吴于槜李。"晋杜预注："于，发声也。"唐孔颖达注："《公羊传》云：'于越者何？越者何？于越者，未能以其名通也。越者，能以其名通也。'其意言：越与于越，立文不同，事有褒贬。《左氏》无此义。越是南夷，夷言有此发声。史官或正其名，或从其俗。越与于越，史异辞，无义例。"认为"于"是语气词，此说流行，但不准确。越族自名"乌余"："越之前君无余者，夏禹之末封也。"[②] 越人始祖无余，又作于越。《史记·越王勾践世家》注引贺循《会稽记》："少康，其少子号曰于越，越国之称始此。"于越即无余，为姓又作芋越，读如乌余。《世本》："越为芋姓。"芋，《广韵》："王遇切"，读若乌。芋、于、余，音近。无余即芋余，即于越。于越得名无余，是越族自称，其后子孙也多以无、余为名。《史记·越世家》："勾践卒，子王鼫与

---

① （汉）刘安等著，（汉）高诱注．淮南子注·卷十八［M］．上海：上海书店，1986.

② （汉）赵晔．吴越春秋·卷六［M］．北京：中华书局，1985.

立；王鼫与卒，子王不寿立。”《史记索隐》引《竹书纪年》：“不寿立十年见杀，是为盲姑。次朱句立。”鼫与，读如石余；盲姑，读如盲诸；朱句，又作州勾。《竹书纪年》有“越王朱句”，金文有“越王州勾自作用矛”和“越王州勾自作用剑”等。州勾即朱句，朱句孙有名“无余”的，与始祖同名。朱句，读如乌句。《汉书·地理志》交趾郡“朱鸢”县，《越史略》作“乌鸢”县。越祖无余，或于越、芋越，与乌浒音近。乌浒，当来源于越。

第二，越族从“乌余”“于越”中，衍生出“瓯越”族。罗泌《路史》：“越人之祖无余……其次子蹄守欧余之阳，为欧氏、讴氏、余氏、乌氏、乌余氏、瓯氏、欧侯氏、欧阳氏、欧羊氏。”① 越族的这些别称，均从于越、芋越来，它们大体为乌、欧、余三类，古无撮口呼，均读如“乌”。在汉字上，余氏、乌氏衍为乌浒、乌余，欧氏、瓯氏等衍为东瓯、瓯越等。上古“瓯”与“乌”音同。中古，瓯，《广韵》：乌侯切。瓯、乌音略异，但“乌侯”与“乌浒”一音之转，“西瓯”读如“西乌”。瓯、乌同族，且音近。故西瓯并非新人类，而是番禺之西的畛沭人或乌浒人。

因此，乌浒即于越、芋越、瓯越；西瓯即西乌。西瓯，是畛沭西汉时的别名。由于西瓯流行不广，东汉民间才有乌浒之名。从先秦畛沭到西汉的西瓯，再到东汉的乌浒，形成了合浦越人的族名演变史。畛沭、西瓯、乌浒，并非三个民族，而是在不同时期的不同读音，也是外部世界认识他们时的三个代称。名号虽有三，其实为一。

3. 乌浒的位置

关于乌浒的所在，三国时万震《南州异物志》说：“交、广之界，民曰乌浒，东界在广州之南、交州之北。”② 广州之南、交州之北，即古合浦、郁林一带。唐杜佑《通典》南蛮下之《岭南蛮獠》：“极南之人，雕题交趾。其俗男女同川而浴……乌浒地在今南海郡之西南，安南府之北，朗宁郡管。”③ 这里再加上朗宁郡（南宁），其是指唐代的乌浒。其实，乌浒在南海郡的西南，安南府的北面，也即古合浦。在灵帝建宁三年（170），郁林太守谷永以恩信招降乌浒人十余万内属，在郁林、南宁一带开七县安置，乌浒便到了郁林南宁一带。

---

① （宋）罗泌．路史·卷二十三［M］．光绪甲午年（1894）刻本．

② （宋）李昉等．太平御览·卷七百八十六［M］．北京：中华书局，1994.

③ （唐）杜佑．通典·卷一百八十八［M］．杭州：浙江古籍出版社，2000.

4. 遗留的问题

乌浒与于越自称的联系表明，軨沭、西瓯、乌浒与东越确有联系。百越渊源有两说：一是同祖说。《史记·越王勾践世家》："越王勾践，其先禹之苗裔，而夏后帝少康之庶子也，封于会稽，以奉守禹之祀。"《史记·东越列传》："闽越王无诸及越东海王摇者，其先皆越王勾践之后也，姓驺氏。"一是异祖说。《汉书·地理志》注引臣瓒："自交趾至会稽七八千里，百越杂处，各有种姓，不得尽云少康之后也。"今人多从后说。但越族名称显示，乌浒与东越还是有某种联系的。

五、东汉乌浒的迁徙

合浦史上有个怪现象：合浦郡治西汉时在雷州，齐梁时又迁回雷州，但东汉却在合浦县，这是什么原因呢？

1. 这是因合浦郡与交趾的地理联系

合浦郡在地理上，处在岭南三郡边缘。秦始皇开岭南，以其地为桂林、南海、象等三郡，奠定了广东、广西、越南三地的基本疆域。其时，合浦因南海航运便利的关系，"与交趾比境，常通商贩"而属象郡（今越南）。到汉代，汉武帝平南越设七郡，但是基本的岭南三地的变化并不大①，以"南海、象郡之余壤"为合浦郡。东吴时分岭南为交、广二州，合浦郡与交趾、九真、日南归交州，直到南朝。隋唐前，合浦多属交趾，与越南三郡一起构成一个完整的环北部湾地区，故合浦郡与交趾的关系密切。

东汉行政实践也体现这个特点。东汉时合浦郡治从雷州迁到合浦县，以便于交趾直接控制合浦。《三国志·士燮传》，士燮任交趾太守，其弟士壹任合浦太守，次弟任徐闻令，合浦成为交趾最倚重的地区。《后汉书·桓荣传》："初平中……（桓曳）遂浮海客交趾，越人化其节，至闾里不争讼。为凶人所诬，遂死于合浦狱。"桓曳居住在交趾，却死在合浦的监狱中，合浦成为交趾关押最重要的犯人的地方，这说明它是交趾最得力的国家机器。《后汉书·贾琮传》："中平元年（184），交趾屯兵反，执刺史及合浦太守。"交趾兵变，首先逮捕的是交

① 南海郡仍旧（今广东），秦桂林分为郁林、苍梧二郡（今广西）；秦象郡分为交趾、九真、日南三郡（今越南），岭南三地的格局变化不大。

趾刺史和合浦太守，合浦似乎成为交趾的直辖市。《后汉书・南蛮传》："建武十六年（40），交趾女子徵侧及其妹徵贰反，攻郡……于是九真、日南、合浦蛮里皆应之，凡略六十五城，自立为王。"交趾造反，合浦立即响应，因而合浦人被称为交州人。梁慧皎《高僧传》卷十三："晋咸安元年（371），交州合浦县采珠人董宗之，于海底得一佛光。"交州合浦县董宗之，臧荣绪等《晋书》作"交州合浦人董宗之"。语言习惯上，人们已把合浦人当作交州人。

2. 乌浒起义与安置郁林

东汉是历史上最腐朽糜烂的王朝之一，政府对合浦剥削加重。权贵喜爱合浦的珍珠、翠羽、犀象、玳瑁、异香，官吏为贿赂权贵而肆意压榨百姓，交趾太守张恢贪赃达千金。《晋书・陶璜传》："合浦郡土地硗确，无有田农，百姓唯以采珠为业。"谢承《后汉书》："（合浦）郡境旧采珠，以易米食。先时二千石贪秽，使民采珠，积以自入。珠忽徙去，合浦无珠，饿死者盈路。"[①] 合浦因为盛产珍珠，而成为统治阶级剥削的直接受害者。三国时，吴安远将军交趾太守士燮，每年向孙权贡奉杂香、细葛以千数，明珠、大贝、琉璃、翡翠、玳瑁、犀角、象牙，奇珍异宝无数；合浦太守士壹一年贡马竟达数百匹[②]。乌浒是岭南越人中强大的一支，应劭《风俗通义・氏姓》："汉有合浦太守虎旗，其先八元伯虎之后。"[③] 虎旗反映了合浦人民的尚武精神。乌浒人不堪掠夺和迫害，遂揭竿而起，举起虎旗造反。宋王钦若《册府元龟》卷一百五十五："元初三年（116）春正月，苍梧、郁林、合浦蛮夷叛。"本年三郡数千人攻苍梧郡，直到冬月。建宁元年（168），合浦蛮反叛。乌浒的发祥地是合浦郡，但随着反抗战争的失败，故乡被毁，他们被迫逃亡他乡。宋黄庭坚《和谢公定征南谣》："合浦谯门腥血沸，晋兴城下白骨荒。"东汉时合浦血腥更严重，这促使乌浒人离乡背井。《后汉书・灵帝纪》建宁三年（170）："郁林乌浒民相率内属。"乌浒战败以后，十余万人接受了郁林太守谷永的招降。为切断他们与故乡合浦的联系，谷永把他们分散安置在郁林山区七县中，郁林遂成为乌浒人的新家。唐杜佑《通典》说："乌浒，地在今南海郡之西南，安南府之北，朗宁郡管。"[④] 朗宁郡治宣化县（今南宁南、郁江南岸）、郁林及周边就这样成为乌浒人汉代以后的区域。广西横州

---

① （唐）欧阳询．艺文类聚・卷八十四［M］．上海：上海古籍出版社，1965.

② （宋）王钦若．册府元龟・卷一百九十七［M］．北京：中华书局，1960.

③ （清）严可均．全后汉文・卷三十九［M］．北京：中华书局，1958.

④ （唐）杜佑．通典・卷一百八十八［M］．杭州：浙江古籍出版社，2000.

（今横县）的乌浒山、乌浦山、乌浦滩等都是他们留下的遗迹。乌浒起义失败后的遣散安置，是乌浒人从合浦走向郁林深山的历史原因。

3. 乌浒起义与定居越南

乌浒的起义并未停止，《后汉书·灵帝纪》：“（光和四年）交趾刺史朱俊讨交趾合浦乌浒蛮，破之。”乌浒这次造反是在光和元年（178），乌浒与以梁龙为代表的九真、日南数万人一起攻郡夺县。《越史略》：“灵帝光和四年夏四月，乌浒蛮为乱，州人梁龙等因之以反，有众数万人。帝命俊击破之。以俊为刺史。”起义遭镇压后，次年再反。《后汉书·灵帝纪》：“光和五年（182）春正月，合浦交趾乌浒蛮叛。”东汉时合浦乌浒人与今广西、越南人一道反抗，乌浒人到郁、桂、交等地作战，最后在这些地区定居。故乌浒又称合浦交趾乌浒蛮，或交趾合浦乌浒蛮。战争突破疆界，乌浒人离乡背井，到交趾作战并定居，在今越南留下乌浒踪迹。沈怀远《南越志》：“越王城……或以为此即安阳城，与交州府平道县接界。隋仁寿二年，交州俚帅李佛子作乱，据越王故城，遣其兄子大权据龙编城，其别帅李普鼎据乌延城，刘方讨平之。乌延城，或曰旧在府北境，盖近乌浒之地。”乌延城在越南首都河内之北，后改为乌路省。乌延即乌蜑，即乌浒人。越南《越史略》阮朝太宗天成三年（1030）：“冬十月，王幸乌路省敛。”[①] 乌延城、乌路省即乌浒聚居之地。东汉时期，合浦被绑在交趾的战车上：合浦成为交趾向东的桥头堡，交趾成为合浦向西退却的大后方，这就是今越南有乌浒的历史原因。

4. 西瓯的地域

西瓯既是乌浒的别名，因此西瓯的地域与乌浒基本重合。《史记·赵世家》：“夫翦发文身，错臂左衽，瓯越之民也。”《史记索隐》引刘氏：“今珠崖、儋耳谓之瓯人，是有瓯越。”海南瓯人即西瓯。海南与雷州隔海相望，曾属合浦郡管辖，故海南岛是乌浒，也是西瓯区域。西瓯集中于唐代邕管十州中：“郁平，汉广郁县地，属郁林郡。古西瓯、骆越所居。后汉谷永为郁林太守，降乌浒人十万，开七县，即此也。”[②] 又：“党州下，古西瓯所居。秦置桂林郡，汉为郁林郡，唐置党州。”又：“茂名，州所治。古西瓯、骆越地，秦属桂林郡，汉为合浦郡之地。”郁平、党州、茂名是西瓯区，但同时又是合浦乌浒区域。《山海

---

① （越）佚名．越史略·中卷［M］．北京：中华书局，1985.
② （后晋）刘昫等．旧唐书·卷四十一［M］．北京：中华书局，1975.

经·海内南经》："瓯居海中。"袁珂《山海经校注》："瓯即东瓯，即今浙江省旧温州府地。又有西瓯，即今广西壮族自治区贵县地。"广西贵县（今贵港市）东汉后是乌浒区，但又是西瓯区。《元和郡县图志》卷三十八"贵州"："本西欧、骆越之地。"民国《桂平县志》卷一："广西诸蛮，最古者为乌浒、蛮里。"贵州、桂平为桂管15州，与郁林相邻。由上可知，西瓯与乌浒基本同一区域，二者名二而实一。

合浦乌浒人对岭南民族史有重大影响：其一，乌浒造反成为岭南历史的主要动力，其迁徙奠定了岭南民族分布的基本格局；其二，合浦是軬沭、乌浒的发祥地，但除茂名等少数地方外，东汉后乌浒几从合浦消失，这与博罗本是骆越发源地而它却从博罗消失一样，构成瓯、骆本源不清的历史之谜；其三，合浦因乌浒而闻名，也因乌浒衰落被析分出高、雷、廉、琼四州，使合浦和乌浒的历史渐被湮没。

第七章　雷州古国的宗教

雷州之名虽然始于中古唐代，但是雷州的雷神崇拜等宗教文化却并非始于此时。雷州古国的宗教历史可以追溯到八千年前，雷州古国的宗教是广东最古老的文化，也是岭南古越人特色最鲜明的文化。

唐代诗人严维《送少微上人东南游》："瘴海空山热，雷州白日昏。"古雷州是个令人望而生畏的地方，地偏海远，荒岛乱渚，海雾横飞，台风骤雨，山雷狂电，加之瘴气毒疠，自古以来，非贬谪迁流之士，鲜有至此者。但是，这样的地方，恰恰有其自成体系的独特宗教。《史记·孝武本纪》："越人勇之乃言：'越人俗信鬼，而其祠皆见鬼，数有效。'"广东古越人的宗教今已不可得而见，或许可在古雷州人中见之。

一、雷州宗教的起源

雷州古国的宗教起源很早，可以追溯到新石器时代。雷州的古越人后裔，当即今天所说的壮族。广东的民族，自古以来大略为瑶族、壮族两种。《岭蛮志》："（广东民族）有猺有獞，猺乃蛮荆，獞则旧越人也……獞性质粗悍，露顶跣足，花衣短裙，鸟言鹄面。自耕而食，又谓之山人。"[①] 瑶族为外来人，壮族则为本地古人类——越人的后裔。岭南的土著民族，又称獠人。《岭蛮志》有《峒獠》："峒獠者，岭表溪峒之民，古称山越。唐宋以来，开拓寖繁，自邕以东，广以西，皆推其雄长为首领，籍其民为壮丁，其不可羁縻者，则依山林而居，无队长版籍，年甲姓名，群业射生，凡蠕动之物，皆取食，谓之山獠。"其实，古雷州人，既可称壮族，也可称獠人，因近海南黎族，又可称黎人，但以称古越人为宜。

古越人自古信神，先秦有"楚人鬼而越人禨"[②] 之说，但还在自然宗教水

---

① （雍正）广西通志·卷五十七［M］. 上海：上海古籍出版社，1986.

② （周）列御寇著，（晋）张湛注. 列子·卷八［M］. 上海：上海书店，1986.

平。唐韩愈在湖南耒阳县北鳌口寺题下的《题木居士》："偶然题作木居士，便有无穷求福人。"自然宗教常常把古树、巨石、树疙瘩等，当作神灵叩头礼拜，古雷州的越人的宗教最初也是如此。

古雷州的越人，即在考古学上的鲤鱼墩人。1983 年，在今湛江市遂溪县江洪镇东边角村边的田垌之中，发现鲤鱼墩贝丘遗址。遗址由贝壳堆积而成，形似鲤鱼，故名。遗址面积约 1 200 平方米，2002 年正式发掘，已发掘近 629 平方米，出土了人类骨骼、陪葬品、陶片、骨器、石器和项链等文物。其中，遗址出土墓葬 8 座，人骨保存较好的 7 座；共 6 男 1 女，他们中年龄最大的男性约 45 岁，平均死亡年龄不足 32 岁。鲤鱼墩遗址最早的年代距今 8 000 年以上，属新石器时代的古人类。第一期的陶片类似红砂岩，胎体厚薄不均，外表涂深红色陶衣，为贴筑法制作。在广东省内，这种类型的陶器还是第一次发现，它也是迄今为止雷州半岛发现最早的陶片①。

通过对鲤鱼墩人头骨的形态学分析得知：其种族特征一致，属蒙古大人种范畴，为"古华南类型"群体。把鲤鱼墩人放在中国 18 组古人类群中分析，鲤鱼墩人列在第五组，且仅鲤鱼墩人独立为一组。因此，山顶洞人和鲤鱼墩组，均是各自独立，并远离其他人群的文化②。鲤鱼墩人之后，在雷州半岛的吴川县梧山岭、廉江县丰背村、徐闻县华丰岭、海康县英楼岭等遗址，出土了距今五六千年的新石器文化，他们均是鲤鱼墩人的后裔。这些考古发现说明：在雷州半岛大地上，在距今八千年前，已有古人类在活动，而且他们已经拥有了自己的文化。

1. *殉葬与灵魂观念*

在鲤鱼墩人的墓葬中已经出现陪葬品，鲤鱼墩遗址编号为 M8 的墓葬中是一位年龄在 35 ~ 40 岁之间的男性，他随葬有少量贝壳和陶片，骨架保存完好，仰身屈肢，上身平直，下身向右屈收，左腿压右腿，头向正北。值得注意的是，随葬品中还有 1 个油螺，扣于墓主的头部，显然是特殊安置的殉葬品。陶器是陪葬器物，他们把生前物品和食品带进坟墓。油螺则更为特殊，传达出特殊的灵魂观念和对于死后灵魂安置的方法。可见，他们的死亡宗教观念和仪式已经比较复杂。

---

① 黎飞艳，陈红冰等．广东遂溪鲤鱼墩新石器时代贝丘遗址发掘简报［J］．文物，2015（7）：4 ~ 18.

② 李法军，王明辉等．鲤鱼墩新石器时代居民头骨的形态学分析［J］．人类学学报，2013（3）：302 ~ 318.

2. 殉葬与审美观念

在鲤鱼墩遗址东部的第二期文化包括第四、第五层及其叠压的遗存中，还发现鱼骨项链1件，它由25枚海鱼脊椎骨磨掉棘突后制成，直径最大者2.2厘米，最小者1.2厘米，在大小搭配中，形成了精致的风格，当是那位M7墓中20岁的年轻女性胸前的饰物。鲤鱼墩人裸体，但他们似乎并不野蛮，他们在年轻女性美丽的胴体和饱满的乳房上，再配以精致的项链，使这位鲤鱼墩女子美如皇后。他们不仅有了灵魂观念，而且还附有审美观念，值得赞叹。

鲤鱼墩人葬品和项链，是鲤鱼墩人文化的代表。在岭南大地上，鲤鱼墩人与广西柳江人和甑皮岩人相呼应，他们虽然各自独立，但是共同开创了古越人文化。鲤鱼墩人的陪葬品及其灵魂观念，既是古雷州人的宗教和文化的起源，也是岭南古越人的宗教和文化的起源。

3. 雷州古国的宗教文化

在鲤鱼墩人之后，大约在春秋初年，与在粤东伯虑国范围内揭阳、德庆、肇庆、四会、广宁、罗定等地出土的青铜剑、铜矛上出现"王"字相呼应，雷州半岛也出现了粤西古国。他们最初被人叫作軗沭国，西汉时叫作合浦人，东汉时叫作乌浒人。雷州古王国大约从春秋（前770年）开始，到唐代武则天圣历二年（699）结束，历时1 400多年。《隋书》卷三十一《地理志下》："自岭以南二十余郡，大率土地下湿，皆多瘴厉，人尤夭折……其人性并轻悍，易兴逆节，椎结踑踞，乃其旧风。"这种"旧风"自然适用于古雷州，但是其说较笼统。其实，古雷州人在鲤鱼墩人灵魂观念的指引下，形成了具有古国特色的宗教文化。

二、裸体

在古雷州文化中，有著名的裸体习俗，故古雷州国又称"雕题国"。雕题，又称断发文身。《礼记·王制》："东方曰夷，被发文身，有不火食者矣。"唐孔颖达疏："越俗断发文身，以辟（避）蛟龙之害。故刻其肌，以丹青涅之。"断发文身，首先是对付灾难的生存技术。《淮南子·原道训》："九疑之南，陆事寡而水事众，于是民人被发文身，以像鳞虫；短绻不绔，以便涉游；短袂攘卷，以便刺舟；因之也……故禹之裸国，解衣而入。"① 断发，是为了生产"以辟（避）

---

① （汉）刘安等著，（汉）高诱注．淮南子·卷一［M］．上海：上海古籍出版社，1986.

蛟龙之害”。海南黎族：“在琼崖儋、万之中，椎髻跣足，文身以花，细者为贵。”雷州的文身，大抵相近。文身，客观上美化了身体。这样的民族必然善于雕刻、刺绣和文身，与美学和文学有了关系。德国人类学家格罗塞在《艺术的起源》第五章“人体装饰”说：“当达尔文把一段红布赠给一个翡及安的土人，发现那土人并不用布段作为衣着而是与他的同伴一起将布段撕扯成细条缠绕在冻僵的肢体上作为装饰品，他感到非常的奇怪，可事实上这种行为并非翡及安女人所独有的。达尔文若在卡拉哈利沙漠里或者在澳洲森林里做相同的事，将会看见和荷恩（Horn）海角同样的情形。除了那些没有周全的衣着便无法生存的北极部落外，所有的狩猎民族的装饰总是较穿着更为重视，更丰富多彩。‘他们宁愿裸体，却祈盼美观’，这本是库克（Cook）针对翡及安人说的话，但这话对于澳洲人、明克彼人、布须曼人和菩托库多人来说，也是完全适用的。”① 这也适用于古雷州人。虽然裸体表现为审美，但是裸体的深层原因却是灵魂观念——“以辟（避）蛟龙之害”。他们认为，避免蛟龙危害的最好方法，是变成它们害怕的鬼怪神灵。以巫术的方法来伪装自己，以震慑魔鬼和保护自己，这样的裸体是一种宗教行为，而非刺激人们的淫欲，或者纯粹的审美，它是古人对自然法则的神圣理解。

这种以断发、文身装饰自己裸体的风俗，是中国南方古越人共有的习俗，不独生活在热带、衣服反成累赘的雷州半岛的古人有此习俗，古代吴、越人均是如此。《史记·越王勾践世家》：“夏后帝少康之庶子也，封于会稽，以奉守禹之祀。文身断发，披草莱而邑焉。”《墨子·公孟》说：“昔者越王勾践，剪发文身，以治其国，其国治。”《史记·周本纪》：“长子太伯、虞仲，知古公欲立季历以传昌，乃二人亡如荆蛮，文身断发，以让季历。”《史记集解》引应劭曰：“常在水中，故断其发，文其身，以像龙子，故不见伤害。”岭南民族更是这样，《战国策·赵策》说：“披发文身，错臂左衽，瓯越之民也。”《正义》按：“属南越，故言瓯越也。”《舆地志》云：“交趾，周时为骆越，秦时曰西瓯，文身断发避龙。”傣族等民族也继承了百越族文化，有干栏建筑、文身习俗，他们都是不重衣着而重装饰的民族。

不过，值得一提的是，支撑古雷州人的“雕题”和断发文身的灵魂观念，是远古鲤鱼墩人灵魂观念的发展。

---

① ［德］格罗塞．艺术的起源［M］．蔡慕晖译．北京：商务印书馆，1984. 42.

三、石神崇拜

在新石器时期，雷州已有木石崇拜。明王临亨《粤剑编》卷二：“岭东人生子，多过继与大树，名之曰木生。”不过，这方面的资料不多。

古雷州人的石神崇拜则比较有名。在海康县有石神井神庙：“石神井，县东北十里那良村后，洪武间浚。灌田顷余。旁有神庙石像。”清宣统《徐闻县志》卷一有《石神岭》：“石神岭，县东三十里，高四丈。”徐闻县有两个雷打石村，一个在县东 14 千米处，一个在县东 17.5 千米处。还有石狗井村，在县东 14 千米处。徐闻县还有石马井：“石马井，在县东五里，相传：有马食田禾，追之，入井中。但见有石如马，遂号石马井，一村借以溉田。”① 廉江县，原名石城县。雷州的石神，最有名的是古遂溪县的石牛庙。明万历《雷州府志》卷四：“英灵村，县（遂溪县）南一百八十里，三都。陈时有客驱牛过此，悉化为石，因立石牛庙。又陈氏猎此，获雷卵，即今雷庙是也。”石牛，原名石矻立，明吴朝阳有《石牛庙记》。同书卷十一《石牛庙》：“石牛庙，在第三都英灵村地，名石矻立。远望若牛，因以名庙。弘治间，太监付伦、陈瑢相继修建，置田十三亩，以供祭祀。教授吴朝阳记。”石牛，是石神与牛神的结合，湖光岩的形成还有“白牛神话”。古雷州的石神崇拜产生于雷神和牛神崇拜之前，故雷州的雷神庙最初是依附于石牛庙的。古雷州的石神崇拜与雷神崇拜还有内在联系，唐房千里《陈义》：“又时有雷火发于野中，每雨霁，得黑石，或圆或方，号雷公墨。”雷公墨，或者雷斧，本为黑色的火山石，通过它，便把雷州的石神与雷神崇拜作了巧妙的过渡。后来，无论是英山雷神庙，还是白院雷神庙，都与石牛庙同庙。英山雷神庙中，还有十二个石雕，至今仍有部分石雕遗存。石牛是雷州石神崇拜早期的代表，唐代以后雷州最著名的便是石狗崇拜。此外，还有石人、石鲸、石燕、石麟、石羊、石井等崇拜。

石神观念是万物有灵的灵魂观念的具体体现，它的源头当在新石器时代晚期。在遂溪县鲤鱼墩贝丘遗址，已发现磨制石斧、石锛 6 件。在海康县新石器时代的山岗遗址已发现 9 处，石器 300 多件。其中，英楼岭山岗遗址位于海康县浦田区英楼村之北，距海 3 华里，海拔 40 米，已发现石斧、石锛、石凿、石环等

---

① （清）穆彰阿，潘锡恩等．大清一统志·卷三百四十九［M］．上海：上海古籍出版社，2008.

石器工具 190 余件，其中还发现一块刻有云雷纹的卵石饰品，已显示出原始宗教与石器的结合路径。在徐闻县发现的汉墓群中，有个别是砖石合构的珊瑚石室墓，元代雷州还盛行石棺葬。古雷州的石神崇拜，与远古鲤鱼墩人的灵魂观念遥相呼应，从石器到石神，是从物质到精神的飞跃，它标志着古雷州人的灵魂观念发展到一个新的时期。

世上没有无用之物，古雷州人为什么要崇拜石神？这缘于求雨等实用功利。晋顾微《广州记》："郁林郡北有大山，其高隐天，上有池，有石牛在池下，民常祀之。岁旱，百姓杀牛祈雨，以牛血和泥，厚泥石牛背，祠毕，天雨洪注，洗石牛背泥尽而后晴。"[①] 明王临亨《粤剑编》卷二："潮之金城山上有二石，土人呼为石公、石母。无子者祷之，辄应。"李鳌《贵县北山庙碑》："贵治之北，距百步许，曰北山三侯庙。盖古昔相传：周穆王时，有金牛星降，与北山之神物战，化为石，一坠山之阳，一坠山之阴，一坠于潭。邦人惊异之，立庙以事，曰石牛庙。凡遇疾疫、寇盗、旱涝，祷之皆获感应。"[②] 这些石神十分灵验，历代歌咏不绝。孙迪《郁林即事》："仙归勾漏丹应熟，鬼泣天关骨已空。灵望石牛祈暑雨，威瞻铜鼓振秋风。"即咏其事。雷州的石神，也是土地神，它兼有土地神的职能。明王临亨《粤剑编》卷二："粤中立社，多置一石，以为神之所栖。或依巨木奉祀，亦必立石，不塑神像，宛然有古人风焉。不谓夷方见之。"这在广东比较常见。

古雷州的石神崇拜虽然起源于新石器时代，但在铜器时代，它在宗教上还"铜石并用"，且有新的发展。在雷州府衙门前，立有十二个石人，它们高举着牙旗，分立在府衙两旁，以壮声威。后来，雷州府前的石人还成了精。石人赌博的故事翻越千山万水，传到中国北方。石人赌博的故事说："雷州治前立石人十二，执牙旗两旁，即今卫治是也。忽一夜守宿军丁闻人赌博吵声，趋而视之，乃石人也，地上遗钱数千。次早闻于郡守，阅视库藏，锁钥如故，而所失钱如所得数。郡守将石人分置城隍、东岳两庙，其怪遂止。"[③] 雷州府衙门前立的石人，就像监守自盗的贪官一样，偷盗雷州府官家钱库的铜钱赌博。雷州知府只得把它们遣散，分配到城隍庙和东岳庙去值班后，它们才停止偷钱赌博。雷州石人的故

---

① （唐）欧阳询．艺文类聚·卷八［M］．上海：上海古籍出版社，1965.
② （清）汪森．粤西文载·卷三十九［M］．台北：台湾商务印书馆，1986.
③ （清）袁枚．续子不语·卷四［M］．上海：上海古籍出版社，1986.

事，也是对中国贪官的一大讽刺。

岭南地区的石神崇拜比较普遍。罗浮山有金牛传说，粤东著名的三山国王神，原本是山石神。唐代韩愈《祭界石神文》即祭祀三山国王，文曰："维年月日，潮州刺史韩愈，谨遣耆寿成寓，以上清酌少牢之奠，告于界石神之灵曰：……"宋代封明山、独山、巾山为王，故有"三山国王"之称。元刘希孟《潮州路炣三山国王庙记》："元统一四海，怀柔百神。累降德音。五岳四渎，名山大川，所在官司，岁时致祭，明有敬也……"粤东的三山国王神，成为广东东部第一大神。

四、人祭风俗

在古雷州有吃人的风俗，故此地又称輆沭国，或者"噉人国"，已见诸《墨子》。輆沭国，还见于《列子·汤问》：

> 南国之人祝发而裸；北国之人鞨巾而裘；中国之人冠冕而裳。九土所资，或农或商，或田或渔，如冬裘夏葛，水舟陆车，默而得之，性而成之。越之东有辄沐之国，其长子生，则鲜而食之，谓之宜弟。其大父死，负其大母而弃之，曰："鬼妻不可以同居处。"①

在《列子》中，輆沭国，已作"辄沐之国"，是形近而误，当作輆沭国为是。《后汉书》叫它作"啖人国"，与"噉人国"是异体字。不过地点上，说是在"交趾西"。《后汉书·南蛮西南夷列传》：

> 《礼记》称"南方曰蛮，雕题交趾"。其俗男女同川而浴，故曰交趾。其西有啖人国，生首子辄解而食之，谓之宜弟。味旨，则以遗其君，君喜而赏其父。取妻美，则让其兄。今乌浒人是也。

先秦的輆沭国，就是汉代的"乌浒人"。乌浒人，也即汉代的合浦人和唐代的雷州人。《后汉书》李贤注引万震《南州异物志》："乌浒……恒出道闲，伺候

① （周）列御寇著，（晋）张湛注．列子·卷五［M］．上海：上海书店，1986.

行旅，辄出击之。利得人食之，不贪其财货，并以其肉为肴菹，又取其髑髅破之以饮酒。以人掌趾为珍异，以食长老。”他们杀人而不越货，似乎只是为了吃人。一时吃不了的人肉，制成腌肉。还把人掌当熊掌，以人髑髅做成酒杯。《太平御览》卷七百八十六引《南州异物志》说：“乌浒……族类同姓，有为人所杀，则居处伺杀主，不问是与非，遇人便杀，以为肉食也。”他们的吃人文化还花样繁多，例如先要敬君长、父老等，内容比较复杂，形成了一定体系。

雷州古国人为何要吃人呢？其实，这是宗教文化的一部分。雷州古文化中最臭名昭著的便是吃人，虽有吃人是“利得人食之，不贪其财货”，即以人肉为粮之说，但是《墨子》和《列子》都说，軨沭人吃长子并不是为了充饥，而是有更远大、更神圣的目的——“宜弟”。换言之，吃人并不是为了现在的“吃”，而是为了未来的“宜”。而且，他们把人类珍贵难得的第一个儿子，首先献给自己崇敬的生育女神，以孝敬她、赢得她的欢欣，她才能赐给祭祀者更多的儿子。在祭祀神灵赢得神灵的赞许之后，他们自己也吃这个婴儿。但是，他们所吃的婴儿，已经不是自己的长子，而是分享神灵吃过的圣餐。只有这样，他们才能获得神“宜弟”的许可，在以后的生育中才具有“宜弟”的能力。英国人类学家弗雷泽说：“波尼人的酋长吞食苏族女孩的心，马里莫人和康德人吃下人牲的肉。假如像我们所想那样，人牲被视为神灵，那么神灵的敬奉者就会认为吃人牲的肉就是吃神的身躯。”[①] 吃人的活动，本是伟大严肃的宗教祭献。在它的背后有一种神圣的宗教，为了部落的兴旺，而举行的神圣的献身活动。当然，在“科学技术”层面说，它又是促使“人口丰产”的巫术。

《南州异物志》还说，乌浒人：“其伺候行人小有失辈，出射之，若人无救者，便止以火燔燎食之；若人有伴相救，不容得食，力不能尽相担去者，便断取手足以去。尤以人手足掌为珍异，以饴长老。出得人归家，合聚邻里，悬死人中当，四面向坐，击铜鼓歌舞饮酒，稍就割食之。春月方田，尤好出索人，贪得之，以祭田神也。”[②] 这明确地说，他们杀人乃是为了祭祀田神。佤族神话《司里冈》：“神说，如果我（佤族）砍头，就不让洪水涨。如果不砍头，就五年涨一次洪水。”雷州古人的杀人，与佤族人何其相似。

---

① ［英］弗雷泽．金枝：巫术与宗教之研究·下册［M］．徐育新等译．北京：中国民间文艺出版社，1987.633.

② （宋）李昉等．太平御览·卷七百八十六［M］．北京：中华书局，1994.

实际上，这是古代少数民族的“猎头”风俗：猎取他人的人头，以祭祀神灵。

与古雷州人吃人相联系的，还有古越人的人殉。广西东南部郁江边上的贵县（今贵港市），是古代岭南西瓯民族的聚居地。贵县是秦汉时期桂林郡和郁林郡郡治布山的所在，城内城外保存着一大批古墓，被称为贵港汉墓群。1976年6月在贵县罗泊湾大坡岭出土一座西汉初年的大型土坑木椁殉人墓，墓椁室长达12.5米，被隔成前、中、后三室和十二个椁箱，里面放置三具髹漆木棺，当是夫妻、亲子合葬。椁底之下葬着七个殉葬者，他们分别置于七个长方竖穴土坑内，都有棺木，骸骨保存完好，头均向北，仰身直肢葬。据广西医学院人体解剖教研组鉴定，他们为1男6女，年龄在15～20岁。殉葬棺盖上刻着“胡偃”“苏偃”等字，当是他们的名字①。

古越人也有猎头习俗。罗泊湾西汉前期墓还出土了漆绘铜器绘画，其中一件铜盆上绘有四组人物图像，内容主要是墓主生前生活的情况。画中的人物皆短发无冠，跣足无履，上身着圆领短袖衣或裸露，下身着短裤，为古越人的装束。第4组7人，画面正中，盘腿端坐1人，目光正视右前方，手下方有圆点物，此人当是首领。在其左前方有一赤膊力士，肩上扛着一个与其装束相似的小人。正向中坐者走去。右前方有3人并排而立，皆执带钩的长柄兵器，每人腰后悬挂一圆形物，似人首抑或面具②。结合人殉风俗，所谓“似人首抑或面具”，其实，人首就是猎头祭。古代少数民族的猎头祭并不罕见，如台湾高山族泰雅人盛行猎头祭。他们在祭祖祀神、祈求丰收、赢得爱情或决断诉讼等方面，均要猎人头以祭祀。部落在获取人头后，割下一绺头发，人头则装入袋里。于是，临村鸣枪报捷，村民盛装出迎。猎首者家属备酒祭祀：轮番往人头口里馈赠美食及粟酒。祭毕，人头放在木臼上，大家挽手成圈，环绕人头歌舞。第二天，人头移至部落“达达格”人头架上，头目率先祷告：“召唤你的父母兄弟和亲友来吧！”然后，再往人头嘴里喂食灌酒，母亲带着男孩子，排队接取从人头脖子里溢流出来的“血酒”欢饮，以为这样就可以汲取死者的勇气胆力，长大后会成为无敌勇士。

有猎头习俗的民族很多。弗雷泽《金枝：巫术与宗教之研究》第四十七章“里提尔西斯”第三节“以活人祭祀谷物”记载，在菲律宾群岛中有个棉兰老

---

① 蒋廷瑜，邱钟崙等．广西贵县罗泊湾一号墓发掘简报［J］．文物，1978（9）：25～42.

② 蒋廷瑜．罗泊湾铜器漆画解读［J］．中国历史文物，2009（4）：20～26.

岛，岛上的巴哥波人在播种稻子前要向谷神奉献活人为祭品。菲律宾群岛吕宋岛内地邦都的土人，也热衷于猎取人头，其时间是栽种和收割米稻的时候。为了使庄稼长得好，每块地在移植时至少要猎取一个人头，播种时又猎取一个人头。猎取人头者结伴三三两两地走出去，埋伏着等待牺牲者，不管来的是男人或是妇女，均砍下他或她的头、手、脚，赶紧带回村去，大家以欢呼迎接他们。首先，把人头挂在村前空地上的两三棵枯树上，然后人们围着树跳舞唱歌、举行宴会，直到大醉。待人头上的肉烂尽了之后，猎头者就把头颅带回家去，作为珍品保存起来；猎头者的伙伴则把那些手和脚，带回家珍藏①。对于猎头祭的起源，佤族神话有一种说法是，从前天地之间离得很近，人们无法种粮食。一次，天神梅吉对人说：只有杀一个人，用他的人头祭神，才可以种出粮食。于是，有人将自己的养子杀了，砍下头祭神，果然获得丰收。另一说是，雷神劝兄妹俩结婚，兄妹婚后谷子长得不好，因此产生了猎头祭祀。兄妹还怪罪雷神，雷神被抄家和驱逐，最后只得住到天上。佤族的人头祭包括：猎头、接头、祭头和送头等内容。西盟及沧源一带的佤族山区，在1958年以前，还存留着原始的猎头祭祀习俗②。在猎头祭中，吃人喝血只是表象，深层内涵是为了祭祀神灵和祈求幸福。在佤族人的人类起源神话中，也有卵生、雷神、猎头等内容，不过比雷州神话更完整。

以髑髅饮酒，也属神圣的宗教行为。在高山族布农人的猎头祭中，以饮髑髅酒为荣。他们猎取人头后，架薪燃火，往陶锅中盛水，放入碎姜等佐料，以煮人头。人头有先行剥皮、剔肉、去脑浆，投入锅里蒸煮片刻，取出刮净。全村在猎头祭中狂欢6天，每天宴飨歌舞，举行“嗔洛厄”祭。是时，环绕人头，男女混杂，挽手顿足，载歌载舞，通宵达旦。酋长率勇士，以人头当酒杯，轮番饮“髑髅酒”，以示勇敢和吉祥。梦占吉兆的姑娘，同她的勇士一起，搭肩共饮人头酒，认为是象征着好运与爱情，从而将祭典推向高潮。猎头者则被誉为“米那那克”（英雄），赐戴饰两道红布圈的皮帽，穿前襟及袖口均缀红布的上衣，挂红黑两色的项链，以为褒奖。猎头祭后，人头慢火熏干，待翌年移存人头架上。人头上取下的毛发、皮肉、脑浆等，以鹿皮或山羊皮包好，贮于一木桶；其他污物另贮一木桶，朝日落方向，悬挂于部落中心外约15丈处的“禁忌树”上，以示亡灵

---

① ［英］弗雷泽．金枝：巫术与宗教之研究·下册［M］．徐育新等译．北京：中国民间文艺出版社，1987：626～627.

② 左永平．解读佤族“猎头祭鬼”习俗［J］．思茅师范高等专科学校学报，2008（2）：1～5.

西去。可见，以髑髅为酒杯具有神圣的性质。

雷州的人祭一直延续到清代。清屈大均《广东新语》："每当盛夏，海翻飓作，西北风挟雨大至，海水溢溢十余丈，漂没人畜屋庐，莫可胜计，盖海神怒二郡民之弗虔也。故以生人餉蛟鱼，蛟鱼食之而弗餍。又为之嘘噏咸雨，放为咸潮，使水卤积于洋田，逆流万顷，禾苗朽烂，数年而不可复耕，以病二郡之民也。噫嘻。民之生长于雷、琼，其不幸若是。"到清代，雷、琼"二郡之民"仍以活人祭神。这看似残酷，其实他们是被飓风、海神、蛟龙、咸潮等自然灾害所逼迫，不得不以牺牲活人来祈求安宁和福祉。他们为什么要举行猎头祭，饮髑髅酒呢？在这里也可以找到部分答案。

其实，雷州的人祭风俗源远流长，可以追溯到八千年前。在遂溪鲤鱼墩新石器时代第二期文化遗存中，编号为 M7 的墓葬，是一个椭圆形土坑竖穴，墓圹长 0.7 米，宽 0.49 米，灰褐色填土，夹杂少量贝壳和陶片，骨架保存基本完好。墓主女性，约 20 岁。人呈蹲葬姿势，身体与肱骨约呈 90 度，胫骨收屈，压于肱骨下方，其中左胫骨紧贴左肱骨，右胫骨与右肱骨约呈 30 度。值得注意的是，她的颅骨已脱落，处在骨架中间，显系在埋葬前就已被割下[①]。她是鲤鱼墩遗址中唯一的女性，20 岁正是青春美丽、容光焕发的年龄，她却被斩首。死后，她的尸体又被认真地装饰，佩戴上她喜爱的珍贵的项链，按照本部落传统，也是岭南所共同的蹲葬姿势加以埋葬。显然，她不是部族的敌人，而是部族最年轻、最漂亮、最珍贵、最能接近神灵的人，称她为鲤鱼墩皇后，一点儿也不为过。她的死，当是为了崇高的目的。当她为了部族的幸福而庄严地走向祭坛的时候，她就犹如阿伽门农那位眼睛闪亮的女儿一样，成为神坛最纯洁的羊羔和最伟大的祭品。

雷州古文化中的人祭，主要是祭祀雷神。雷州人祭风俗中所祭祀的神灵固然很多，例如海神、鱼神等，但是最重要的神灵是雷神。五代时跪在雷祖庙前的五大石人，原为六大黎族领袖，其中一人已被雷神杀头。这位领袖之所以被杀头，应该是用于人祭，是为了酬答雷神而献出的祭品。这个偶然的记载，透露出雷州以活人祭祀雷神的宗教文化。雷神是雷州最主要的神灵，雷州的人祭主要是用于祭祀雷神。可以说，古雷州的吃人文化，其实是雷神崇拜的一部分。雷祖庙前被杀的孟喜，与前面的鲤鱼墩皇后，和后面清代仍存续的活人祭祀，相互呼应，跨越千载，既映照出雷州古文化的原始和古老，又显示出它的威严和残酷。

---

① 黎飞艳，陈红冰等．广东遂溪鲤鱼墩新石器时代贝丘遗址发掘简报［J］．文物，2015（7）：8.

五、共妻

古雷州的“让妻”习俗，见于《后汉书·南蛮西南夷列传》，其曰：“其西有啖人国，生首子辄解而食之，谓之宜弟……取妻美，则让其兄。今乌浒人是也。”[①] 这便是让妻风俗的出处，似乎它在全国是一枝独秀。

乌浒人的“让妻”，实质是共夫共妻制。让妻于兄，实际上是两夫共一妻，这与男女同浴的风俗是彼此联系的。明王临亨《粤剑编》卷二：“端州深山中，妇人悉裸体浴溪中，见人仅掩其乳，了不为异。”到了明代尚且如此，古雷州人的男女同川而浴，便十分自然了。在裸体文化中，男女对异性的身体已司空见惯。男女裸体相对了，美感和性的冲击力早已降低，彼此已经没有太多的冲动和忌讳了，男女同川而浴已没有什么惊诧了，所以不必回避。爱情是人类精神发展到一定程度的产物，原始人是没有多少爱情的，即达到《后汉书·东夷列传》所谓的“女人不淫不妒”的程度。男女既可同浴，性关系也就比较随意，这便是兄弟共妻或者姊妹共夫婚制的基础。野蛮人的共妻制，西方人叫作“普那路亚”的家庭形式。“普那路亚”（Punalua）意为“亲爱的伙伴”。这种婚姻排除最亲密的血亲婚配关系，即排除同胞兄妹之间的性关系，它是人类文明史上的又一大进步。恩格斯说：“一列兄弟——同胞的或血统较远的——则跟若干数目的女子（只要不是自己的姊妹）共同结婚，这些女子也互称普那路亚。”[②] 人类历史上，伙婚制十分普遍。古希腊希罗多德《历史》说：玛撒该伊男子每人都有一个妻子，但是，他们的妻子却是彼此与共的；纳撒涅司人也如此，他们想与别人的妻子性交时，只要把一根棍子放在门前作标记就可以了；金达涅司人也是如此，他们的女人共了别的男人后，就带上一个皮踝环作纪念，女人所共的男人越多踝环就越多，她本人也就越有名气。[③] 在雷州鲤鱼墩人中，有6男1女，虽然他们未必处在同一时代，这位唯一的女子与多个男子的关系也不得而知，但是，雷州先民有共妻、让妻的婚制，却是可信的。宋秦观《雷阳书事》三：“旧传日南郡，野女出成群。此去尚应远，东门已如云。蚩氓托丝布，相就通殷勤。”野

① （宋）范晔著，（唐）李贤等注．后汉书·卷九十六［M］．北京：中华书局，1965.

② ［德］恩格斯．家庭、私有制和国家的起源［A］．［德］马克思，［德］恩格斯．马克思恩格斯选集·第四卷上［C］．北京：人民出版社，1972，34～35.

③ ［古希腊］希罗多德．历史［M］．王以铸译．北京：商务印书馆，1997. 106，333～334.

女，见《后汉书》卷三十三《郡国志》之交州日南郡比景县，《注》引《博物记》："日南出野女，群行不见夫，其状皛且白，裸袒无衣襦。"在地理上，雷州距日南尚远。但在风俗上则很近似。秦观《海康书事十首》五："粤女市无常，所至辄成区。一日三四迁，处处售虾鱼。青裙脚不袜，臭味猿与狙。孰云风土恶，白州生绿珠。"仍然颇有野女气息。宋周密《齐东野语》卷七《野婆》："邕宜以西，南丹诸蛮，皆居穷崖绝谷间。有兽名野婆。黄发椎髻，跣足裸形，俨然一媪也。上下山谷，如飞猱。自腰以下有皮，累垂盖膝若犊鼻，力敌数壮夫，喜盗人子女……其群皆雌，无匹偶，每遇男子，必负去求合。"这是兽，还是蛮人？清李调元《南越笔记》卷一《粤俗好歌》瑶族男女倚歌自配："女及笄，纵之山野，少年从者且数十，以次而歌，视女歌意所答，而一人留。彼此相遗。"仍有其遗意。共妻，在文明人看来是十分野蛮的。其实，它对于原始血缘婚制还是一种进步。美国人类学家摩尔根《古代社会》第三编第三章即"伙婚制家族"，他认为，这是"人类制度中三种最重要的、最广泛的制度"①。共产共妻，是人类在低级阶段的原始野蛮，古雷州人有共妻制，并不足为怪。

六、雷神崇拜

古雷州的第一大宗教，便是雷神崇拜。道教传说，雷州雷神庙的历史始于汉代。《道法会元》卷七十三《天书雷篆上》："昔汉明帝时，曾进雷鼓、锤钻之属于庙。一夕风雨大作，为神物摄去，可知其灵感矣。"此说姑妄听之。就史料而言，陈朝时雷州已经有了雷神庙，晚唐咸通（860—874）年间，雷州雷神庙已很有气派。自唐始，雷州知府上任，或岁时节日，都必须到雷神庙祭祀。宋建炎中，丞相李纲被贬海南路过雷州，住在天宁寺。其《次雷州》说："华夷图上看雷州，万里孤城据海陬。"② 来到蛮夷之邦的雷州，李纲还必须去拜祭雷神。在斋戒沐浴之后，这位曾经的大宋宰相恭敬地来到英榜山，"啪"的一声拜倒在雷神庙之前，面向威德公，嘴里喃喃有词地祈祷着。李纲《梁溪集》卷一百六十四《祭雷庙文》："年月日具位，李纲谨以牲酒、香币之奠，致享于威德公之神。惟神鼓动万物，宣畅天威，宅于海陬，一方蒙泽。而纲负罪远谪，久留此邦，只

① ［美］摩尔根．古代社会［M］．杨东莼等译．北京：商务印书馆，1977. 426.

② （宋）李纲著，王瑞明点校．李纲全集·卷二十四［M］．长沙：岳麓书社，2004.

荷上恩，许还中土，道里辽邈，山川阻修，冲冒瘴氛，大惧殒越。敢以牲醪，躬荐祠下，正直是与，冀终相之，尚飨。”李纲（1083—1140），北宋末、南宋初抗金名臣。字伯纪，福建邵武人，政和二年（1112）进士，官至宰相，有《梁溪集》180 卷。这是中国现存最早的一篇祭祀雷州雷神威德公的祭文，他跪在雷神庙前，呈上牛羊美酒和粢盛纸币，虔诚地向雷神威德公祈求，显示了雷州雷神的强大精神统治力。雷州的雷神崇拜是雷州文化的核心，它贯穿了整个雷州文化。

1. 雷神崇拜的源头

《雷祖志》说，雷州的雷神文化起源于唐代贞观年间。其实，这是错误的。雷州的雷神崇拜支撑了古越人的人类起源神话，它起源于先秦。除了雷州的《宇宙起源》神话外，一个最重要的证据就是古雷州的轸沭、合浦的得名。

关于合浦的得名，不见与正史，今流行于广西北海市合浦县的说法是：“合浦，意为江河汇集于海之地。”这是把“合浦”当作汉语词汇解释，故有合浦即两河交汇之浦的说法。此说属望文生义。考察今合浦县的河流，广西的南流江发源于容县的大榕山，向西南而流，故名南流江。它在合浦境内叫西门江，又称合浦水，因南流江的一条支流在廉州城西流过，故有此名。西门江有合浦母亲河的美誉，但在廉州并无两河交汇之地。

合浦郡得名的研究，应注意两个问题：第一，在地域上，西汉合浦郡首府在徐闻县，所以应在徐闻县找答案。第二，在语言上，合浦是古越人区，故应在古越语中找答案。《史记》中并无合浦一词，可见合浦在公元前 2 世纪时，北方中央政府并不知道它的名字。在东汉班固《汉书》中，合浦出现 24 次，其中泛指合浦郡的 21 次；以“合浦徐闻”“徐闻合浦”合称出现各一次，它指今雷州；指今广西合浦县的仅一次。由此可知，在西汉时期，“合浦”基本上指合浦郡首府徐闻。因此，合浦的得名是因徐闻，而非今广西合浦县。

徐闻县的得名，也有同样的问题，即把徐闻仅当作汉语词汇解释。故方志附会为“徐徐而闻”。清康熙《徐闻县志》：“谓其地迫海，涛声震荡，曰是安得其徐徐而闻乎？此徐闻所由名也。”明万历《雷州府志》和清洪泮洙纂《雷州府志》，也持此说。清洪泮洙纂修时在《雷州府志》之《沿革志》的“小序”中说：“徐闻迫海，涛声震荡，曰：‘是安得其徐徐而闻乎！’”此外，还有人说，是路伏波置县时，以其地僻处天涯海角，汉之德威，徐徐始及，故名“徐闻”。两说虽有异，但“徐徐而闻”则同。此属望文生义，误。这是因为徐闻古名徐浦。《太平寰宇记》卷一百六十九引班固《汉书》即作“徐浦”，今天当地人仍称徐闻为“渣浦”。在徐闻县徐城镇东8公里的龙兴，古名蛤姆，也与徐闻县的古名相近。徐闻的古名“渣浦”，其意即“蛤布”。合浦的“合”字，古音读为“蛤”。《资治通鉴》：“（王）章竟死狱中，妻子徙合浦。”胡三省《音注》云：“合，音蛤。”① 合，《广韵》：“古沓切。”故“合”通“蛤”。在今天的雷州方言中，“合”仍读如“蛤”。可知，“合”，当指动物“蛤”，而非两江合流的“合”。古合浦的得名是因徐闻古名“渣浦”。“渣浦”“合浦”即古越语“蛤布”。

如前所述，雷州古国为什么有軨沭、瓯、合浦、乌浒等名称呢？其实，这是因为雷神是最伟大的神灵。在希腊和意大利，最高神灵宙斯或朱庇特，既是天帝，又是雷神，故有“雷神宙斯”之称。古希腊荷马史诗《伊利亚特》中称呼宙斯是“奥林匹斯山上炸响雷的宙斯”，或者“辽阔的天界沉雷远播的宙斯”；荷马史诗《奥德赛》称他为“炸雷高天的宙斯”，或“沉雷远播的宙斯”“喜好雷霆的宙斯”等。在《圣经》中，耶和华是天帝，也是雷神，他用雷电攻击敌人。在古巴比伦文献《七块创世泥版》中，阿达德（Adad）是巴比伦和亚述的风雷之神，雷鸣是其声音，在《吉尔伽美什》中他用洪水淹没了大地。在古印度神话中，因陀罗（Indra）是雷神、战神，也是天神，又是佛教中最高的神“帝释天”，是黎俱吠陀中的最高神。其父为天神第亚，他从母亲身侧而生，腹大而圆，充满了须摩，躯干奇伟，手持铁质雷杵，乘金色战车，风神华由为之驾车。在意大利神话中，天帝约夫是第一个天神，也是雷雨之神。既然雷电是天帝或天帝的长子，那谁敢冒犯天威呢？谁能抗拒他万钧的雷霆呢？雷州的雷神，本叫天神，相当于后来小说中的“玉皇大帝”。其次，他又是人类的祖先神。雷州最初的名称，其实就是他的字。古雷州的軨沭、瓯、合浦、乌浒等名称的含义，就是指雷神。軨沭、瓯、合浦、乌浒等的含义，就是“蛤咘”。蛤咘（蛤布）即雷神，它是雷州古国文化的最大特色，所以它成为古雷州的地名、族名。蛤咘的含义，即古越人的后裔壮族神话《布洛陀》的“布”，它指父亲或有威望的老人，已见前。古雷州的“咘”，与《布洛陀》的“布”同源也同义。因此，“蛤咘”也可写作“蛤布”。“蛤布”，即蛙父，也即雷神。雷州的雷神崇拜，是鲤鱼墩人灵魂观念在商、周时期的一个新的发展，它贯穿在雷州的一系列的古地名

---

①（宋）司马光撰，（元）胡三省注．资治通鉴·卷三十［M］．北京：中华书局，1976.

中。它是雷州文化的内在精髓，也贯穿在雷州的其他文化中。

2. 从雷神到蛤布

那么，“蛤布”或“蛙父”为什么是雷神呢？这是因为雷神既是威严之神，同时又是亲爱之神。古印度《大林间奥义书》说：“此雷，一切众生之蜜也。一切众生，于雷为蜜。”① 在雷州文化中，蛙蛤具有两重属性：第一，对于天界而言，他是天界雷神的儿子。第二，对于人间而言，他又是古越人之父，故雷州古人称他为蛤父。

因此，蛤布与雷州的两大文化遗产关联起来。

第一，蛤布与“雷种”的关系。“雷种”已见于唐代文献，此前人们说，“雷种”是陈文玉。其实，“雷种”即“蛤布”，也即雷神。因蛤神是天上雷神在人间的代表，他本人便是雷神之子，是雷神在人间的具体化身。蛤是卵生的，故雷州人的祖先“雷种”也为雷卵所生。在血缘上，他是雷州古越人之父。因此“蛤布”又即蛙神父亲。

巧合的是，在佤族神话中，青蛙就是人类之祖。佤族有《铜鼓的创世纪》的故事，传说在西盟北面的山中有一个湖泊，名“弄球龙潭”。龙潭里有一对青蛙精，雄的叫牙探，雌的叫牙台。青蛙精没有后代，一天牙探捉到一个人，与牙台一起吃了，把吃剩的头颅骨挂起来。奇怪的是，牙台从此怀孕，生下九男九女，这便是人类的由来。牙探和牙台因此十分崇拜人头，把它放在竹篮里，挂在村子中央的木桩上。九男九女长大成人，自行婚配，生男育女，他们分别住在九条山箐里。佤族人为了纪念他们的祖先青蛙精牙探和牙台，就用青铜铸成铜鼓，鼓面铸出蛙的形象，所以佤族的铜鼓也叫蛙鼓。② 这个故事与雷州人的青蛙崇拜十分类似，它形象地解释了人类为何称青蛙为“蛤父”，也是古雷州人吃人和饮髑髅酒习俗的旁证。

由于青蛙是雷神和人类祖先之间的中介环节，于是蛤布在人间社会享有崇高的地位：蛤布在家族中是蛤父、蛤老人，在部落中是蛤首领、蛤王，在宗教中则是雷神之子。由于青蛙生出了雷州古人类，于是它成为雷州雷神崇拜的“雷种”，这便是雷州“雷种”的真实含义。

第二，从雷神到铜鼓。岭南古越人以铜鼓为贵。晋裴渊《广州记》：“俚獠

---

① ［古印度］五十奥义书［M］. 徐梵澄译. 北京：中国社会科学出版社，1995. 577.

② 王大道. 云南铜鼓［M］. 昆明：云南教育出版社，1986，126～127.

贵铜鼓，惟高大为贵。面阔丈余，方以为奇。”① 古人认为，雷即天鼓。《史记·天官书》：“天鼓，有音如雷非雷，音在地而下及地。”② 晋葛洪《抱朴子》：“雷曰天鼓，雷神曰雷公。”（此文今本《抱朴子》无，见《云仙杂记》卷九引）明田艺蘅《留青日札·天鼓鸣》：“嘉靖四十四年十二月二十八日未申时，天鼓震西北，俗云干雷响。”铜鼓之所以可贵，是因为它模拟了雷神的声音。《论衡·雷虚》：“且说雷之家，谓雷，天怒吁也；图雷之家，谓之雷公怒引连鼓也。”③古人认为，打雷是天神发怒；在形象上，它是雷公愤怒地连续击鼓。民间有“闻雷霆而觉布鼓之陋”之说，但是人们还是以铜鼓来模拟打雷，故古人有雷鼓、雷鼗。《周礼·鼓人》：“教为鼓而辨其声用：以雷鼓鼓神祀。”④ 因而，岭南铜鼓上必铸雷神之子蛙蛤的形象，以便在求雨时能打动天上的雷神。宋周去非《岭外代答》：“广西土中铜鼓，耕者屡得之。其制；正圆而平其面，曲其腰，状如烘篮，又类宣座。面有五蟾，分据其上，蟾皆累蹲，一大一小相负也。周围款识，其圆纹为古钱，其方纹如织簟，或为人形，或如琰璧，或尖如浮屠，如玉林，或斜如豕牙，如鹿耳，各以其环成章。合其众纹，大类细画圆阵之形，工巧微密，可以玩好。铜鼓大者阔七尺，小者三尺，所在神祠佛寺皆有之，州县用以为更点。”⑤铜鼓上的蛙，有一个、四个、五个、六个的。雷州榜山雷神庙的铜鼓鼓面大，鼓上青蛙的数目因雌雄而有异。它们雌雄相配，在道教中是十分珍贵的灵物。道教经典《道法会元》卷七十三：“盖雷州多雷，乃雷霆所管之分野也。又曰：地近蓬莱司，故多雷，号曰雷州。州之有祠，官民甚畏其威灵也。昔汉明帝时，曾进雷鼓槌钻之属于庙。一夕风雨大作，为神物摄去。可知其灵感矣。”传说，榜山雷神庙的铜鼓格外有灵，它能自行飞走，故有全国到雷州换鼓之俗。

对于铜鼓上的青蛙的意义，有人说这是源于对青蛙的崇拜。在古代南方的少数民族中，蛙是被人们尊为神的。这首先和雨水有关。纵使在铁器使用之后，生产力大有提高，但人们仍不能摆脱自然旱涝的影响，蛙离不开水，雨后蛙鸣，因而他们把蛙神形象具体化，把蛙神崇拜偶像化，意为求雨⑥。此说空泛，不得

① （宋）李昉等. 太平御览·卷七百八十五［M］. 北京：中华书局，1994.
② （汉）司马迁. 史记·卷一百二十七［M］. 北京：中华书局，1959.
③ （汉）王充. 论衡·卷五［M］. 上海：上海书店，1986.
④ 周礼·天官冢宰第一［M］.（清）阮元校刻十三经注疏本. 北京：中华书局，1980.
⑤ （宋）周去非. 岭外代答·卷七［M］. 上海：上海远东出版社，1996.
⑥ 阮宇冰. 粤系（粤西）古代铜鼓文化［M］. 湛江文史第二十四辑，2005：338.

要领。

其实，铜鼓上面铸青蛙，是因雷神的观念。在古雷州，人们认为青蛙是雷神的儿子。以蛙鼓求雨，即利用雷神的儿子打动雷神，才能得到天上雷神的眷顾。唐刘恂《岭表录异》："唐林蔼为高州太守。有乡野小儿牧牛，闻田中有蛤鸣，牧童遂捕之。蛤跃入一穴中，遂掘之，乃蛮酋冢也。得一铜鼓，其色翠绿，土蚀数处损缺，其上隐砌狞玺多铸蛙黾之状。疑其鸣蛙即铜鼓精也。"原注云："蛤，即大虾蟆。"此事发生在唐代林蔼为高州太守时期，因蛤蟆的引导而找到古高州国王的坟墓，并掘出了珍贵的铜鼓，此鼓今存南海庙。这是因为蛤蟆是雷神的儿子，所以它又成为铜鼓之精。在今湛江博物馆中，馆藏有雷州半岛自1950年以来新出土的铜鼓60多面。这些铜鼓有确凿的出土地点，表现了高雷地区汉唐越人的青铜铸造技艺和宗教观念。无论是北流型铜鼓，还是灵山型铜鼓，鼓面必铸青蛙。除了单体蛙以外，还有"累蹲蛙"，即大蛙背上驮一小蛙。徐闻县社朗仔村出土的春秋战国时期的一面万家坝型铜鼓，鼓腰扁耳上铸一只小青蛙。这是雷州半岛至今发现的最早的青蛙，其时间当在毂沭国时期。雷州半岛现存的铜鼓主要为北流和灵山铜鼓，其中北流型铜鼓51面，鼓面多为4蛙，占87%；灵山型铜鼓8面，占13%，其中鼓面6蛙的6面，4蛙的2面。这些铜鼓上的蛙蛤，是先民利用模拟巫术的原理，以蛙蛤之鼓控制蛤神之父——天上的雷神，以祈求下雨的原始的"科学技术"。当然，在铜鼓的实用技术中，蛙蛤也有重要价值。古代的铜鼓常常声闻十余里外，而叩击蛙蛤，铜鼓的声音传得更远。

3. 雷州换鼓

近几年，关于雷州换鼓的研究如火如荼。雷州换鼓一词出自《警世通言》之《乐小舍拼生觅偶》（一名《喜乐和顺记》）："从来说道，天下有四绝：却是雷州换鼓、广德埋藏、登州海市、钱塘江潮。这三绝，一年止则一遍；惟有钱塘江潮，一日两番。"[①] 雷州换鼓成为天下一绝，这使得雷州人无比自豪。湛江市成立了"雷州换鼓"课题组，要以肩负历史责任的态度做好这一课题。有消息说："正在建设文化强市的湛江，为探讨雷州换鼓的文化内涵，研究将雷州换鼓的文化内涵转化为舞台艺术，昨日成立了雷州换鼓课题组，组织专家学者对雷州换鼓进行历史调研，挖掘与整合，解开悬而未决的历史课题，展示独具特色的雷

① （明）冯梦龙．警世通言·卷二十三［M］．上海：上海古籍出版社，1992.

州换鼓文化。”[①] 这当然是好事。

但是，什么是“雷州换鼓”呢？这也陷入了迷雾之中。人们对此争论不休，据说形成了“自然景观说”“人文景观说”“天人互应说”三种观点。较有代表性的如梁政海《“雷州换鼓”的勘绎》：“何谓雷州换鼓，众说纷纭，各抒己见，各说各法，莫衷一是。”但他又说：“（关于雷州换鼓）并未见任何注解，世上恐怕也难找到刊物记载。但唯有《雷祖志》条载其况：每年上元节（正月十五日）都在雷祖祠举行盛大的开雷仪式，祭新授雷。六月二十四日举行酬雷仪式，九月一日举行封雷仪式，可觅雷州换鼓的蛛丝马迹。”[②] 这实际上是说，雷州换鼓就是祭祀雷神的活动。但作者忽略了“换鼓”概念，且雷神祭祀一年三次，与换鼓每年一次不符。有人说：“雷州换鼓，为古代雷人祭雷酬雷的大型民俗活动……雷州换鼓既不是自然景观，也不是人文景观，但又既是自然景观也是人文景观。更为确切地说，雷州换鼓是一种人文景观与自然景观的完美结合体，是古代雷州在每年举行的祭雷仪式中出现天人互应，引来电闪雷鸣、雷声大作的现象与奇观。”[③] 这同样回避了“换鼓”概念本身。蔡山桂《雷州换鼓》：“雷州多雷雨，百姓认为春夏季中某次大雷是换鼓，这是自然景观。”[④] 他认为：换鼓即换雷。有人说，雷州换鼓是“雷州人敬雷、祭雷的一种复杂而神秘的仪式……震耳欲聋的一霹雳随闪电轰隆隆炸在头顶，地动山摇。突然一团火球从天上划下来，滚进庙里，所有人无不呼天叫地。雨过天晴后，被惊雷震懵的人们定睛一看，庙里的一百只铜鼓不翼而飞了，个个目瞪口呆，感觉异奇。过了一会儿，天空呼呼作响，只见三只铜鼓飞进庙内。人们猜想，这是天宫把我们的鼓换了”[⑤]。此说有点新神话的意味。有人说：“（从祭雷仪式）可以看出，雷州换鼓的‘换’是一种礼仪……况且陈文玉是集父母官、神于一身的‘神人’，对其礼自然不敢怠慢。以铜鼓与天鼓互换，形成人神共应，应是雷州换鼓在仪礼格式上的心理结构。因而大多雷州人认为‘雷州换鼓’是人文事象，大约本出于此吧。但仅此，似乎不足以取信于人，笔者揣浅陋，认为‘雷州换鼓’的‘换’，除去上述的两层意思之外，而‘击鼓手法’的变换这一点是不能也不应被疏忽的。击鼓时

---

① 麦彩霞．年内将“雷州换鼓”搬上舞台［N］．湛江日报，2010－08－31.

② 中共雷州市委宣传部，雷州市文化广电新闻出版社编．雷祖文化节研究成果汇编［M］. 2007. 153.

③ 牧野．雷州历史文化大观［M］．广州：花都出版社，2006. 217.

④ 中共雷州市委宣传部，雷州市文化广电新闻出版社编．雷祖文化节研究成果汇编［M］. 2007. 141.

⑤ 高诚苗．雷祖文化活动纪实·资料集［M］．广州：南方人民出版社，2008. 357～358.

‘先雄而后雌，宫呼商应，二响循环’，《广东新语》描写得很具体，一个‘先后呼应、循环’显然是手法上转换。自古笔有换笔，歌有换头，击鼓自然有换手。”[①] 认为：“换鼓”即“击鼓换手”。上述三种观点其实可归纳为两类：一是回避“换鼓”概念，说成是祭祀仪式。二是不回避概念，但把换鼓说成是“换雷”“换手”。雷州换鼓研究风起云涌，学者们在工作之余还投身科研，十分可贵，但不免隔靴搔痒，未中肯綮。

那么，雷州换鼓到底是什么呢？其实，雷州换鼓本意就是：“到雷州去换鼓。”中国西南无处无铜鼓，清屈大均《铜鼓》：“大抵粤处处有铜鼓，多从掘地而得，其状各异，皆伏波所瘗以镇蛮者。”[②] 廉州有铜鼓塘，钦州有铜鼓村，灵山有铜鼓岭，据说阴雨岭上还发出铜鼓的声音，文昌万州有铜鼓岭，大多以掘得铜鼓而名。雷州并不是全国唯一产铜鼓的地方，为何全国都到雷州去换鼓？这必有的前提是：雷州铜鼓举世无双。如果说是雷州的铜鼓在铸造技术或青铜的质量上，举世无双，这是没有根据的。雷州成为天下一绝的是雷州的雷神，而不是铜鼓铸造技术。雷州铜鼓举世无双，所依赖的就是天下独绝的雷神。葛玄《天书雷篆》说：“逮至雷州，每一年之间，百十番大雷飞电，遇者常惑。原其所由，盖雷州多雷，乃雷霆所管之分野也。又曰：地近蓬莱司，故多雷，号曰雷州。州之有祠，官民甚畏其威灵也。”[③] 雷州，似乎是雷神的直辖市。

事实上，唐宋时期，雷州雷神天下闻名。广西马山蓝经法巫师的经文《三付雷王》说，宇宙诞生时“第三就生雷州案，两眼炯炯亮似灯”[④]。雷州案，指公正严明的雷州雷神。广西瑶族师公信奉的神庙称“十二正庙”，其中第九庙即“雷州庙”。在十二正庙中，每庙敬奉一神，第九位即雷州雷神[⑤]。雷州雷神的威名，还见于中国西南地区少数民族的民歌。广西瑶族《请诸神过桥》：“揽状奏往雷州庙，金鹅庙里请灵神……威德雷皇桥上过，雷母律令过桥心。”[⑥]《广西瑶族社会历史调查》所载《请诸神过桥歌》，与此同。这里的“雷州庙”面前出现

---

① 王宇，蔡举坤．雷州鼓文化与“雷州换鼓”辨议［J］．岭南文史，2007（4）：14~16.

② （清）屈大均．广东新语·卷十六［M］．北京：中华书局，1985.

③ （明）佚名．道法会元·卷七十三［M］．正统道藏正一部，涵芬楼刊本．

④ 蒙元耀．远古的追忆：壮族创世神话古歌研究［M］．北京：民族出版社，2012. 192.

⑤ 中国少数民族民俗大辞典编写组．中国少数民族民俗大辞典［M］．呼和浩特：内蒙古人民出版社，1995. 272.

⑥ 全国人民代表大会民族委员会办公室．广西大瑶山瑶族歌谣故事集六［M］．呼和浩特：内蒙古人民出版社，1958. 28.

了人们手持状纸请求雷神庙雷神判案的“雷州案”场面。“金鹅庙”，是广西巫师对雷神庙的别称。“威德雷皇”，指雷州雷神。北宋熙宁九年（1076），宋神宗特封雷州雷神为威德王。《宋会要辑稿》之《礼二十》：“雷神祠，在雷州海康县。神宗熙宁九年九月封威德王。”这次封王，还得益于宋代科学家沈括对雷州雷神的特别赞誉。这是中央王朝第一次对雷州雷神封王，自此之后，威德王威震天下。国家民委《民族问题五种丛书及其档案汇编》载，在道教神谱中，雷州威德雷王的旗头，安排在雷州庙、金鹅庙、云头庙、五台庙等地方①。广西壮族《盘古歌》：“雷王得知信函请，骑上白马下天门。雷王下到雷州庙，道符追问何迟来?”② 也写到雷州的雷神。云南麻栗坡县蓝靛瑶聚居区瑶族的《张天师歌》中的瑶族祭祀歌《雷王歌》：“雷王住在雷州庙，功曹得状去传声。”③ 也歌唱雷州的“雷公”。湖南衡阳、岳阳、耒阳等地的瑶族有香火龙崇拜，传说这是为了纪念五海龙王，便在瑶山雷州府建立了一座雷州庙④。这里出现了雷州府、雷州庙，但是说它在瑶山。歌者似乎并不知道广东雷州。但是，它无疑是雷州雷神的巨大声誉的折射。可见，在唐宋时期，特别是北宋神宗以后，雷州雷神的威名已名闻天下，尤其是在两广、两湖、云贵川地区。雷州雷神既有如此的威风，天下要想求雨灵验，必然借助雷州雷神的灵异，于是雷州的铜鼓就有了天下独绝的威名。

中国古代还出现了“铜鼓出在雷州府”的观念，所以人们争着到雷州雷神庙请求更换雷州铜鼓。这样的观念在湖南、湖北土家族中还有部分遗存。湘西保靖县《请神歌》说：“挖土锣鼓先请锣，锣儿出在苏州河……请了锣来又请鼓，鼓儿出在雷州府。”⑤ 湖南石门县土家族《打薅草锣鼓》：“九百九十斤下的火，熔了九天并九夜，铸成九面大铜锣，一面送到金銮殿，朝拜圣驾要打锣。请了锣

① 国家民委《民族问题五种丛书及其档案汇编》编辑委员会，《中国民族问题资料档案集成》编辑委员会．中国民族问题资料档案集成（第5辑）中国少数民族社会历史调查资料丛刊·卷一百一十四［M］．北京：中央民族大学出版社，2005. 288.

② 覃彩銮．盘古文化探源：壮族盘古文化的民族学考察［M］．南宁：广西人民出版社，2008. 123.

③ 云南省少数民族古籍整理出版规划办公室编．云南民族口传非物质文化遗产总目提要·史诗歌谣卷·下卷［M］．昆明：云南教育出版社，2008. 85.

④ 中国音乐研究所．湖南音乐普查报告［M］．长沙：湖南人民出版社，2011. 123.

⑤ 《湘西歌谣大观》编委会编．湘西歌谣大观上［M］．长沙：湖南文艺出版社，1990. 2.

来又请鼓，鼓儿出在雷州府。”① 湖南永顺县《请神歌》：“你打鼓来我打锣，锣鼓两个是公婆。鼓儿出在雷州府，锣儿出在九江河。”② 保靖县《挖土锣鼓歌》中的《请歌娘歌爷》：“歌娘歌爷都请进，回头再请锣鼓神……我打鼓来我请鼓，鼓儿出在雷洲府，雷洲府里出花鼓。”③ 在这些歌中，铜锣出产的地方可以不同，但是铜鼓的产地只有一个——那就是雷州府。保靖县的《请歌娘歌爷》已把雷州府写成了“雷洲府”，并说“雷洲府里出花鼓”，而非铜鼓。巫师似乎对雷州铜鼓已很陌生，但是，仍然可以感觉到雷州铜鼓威名的余波。在雷州雷神的灵光照耀下，雷州铜鼓也闻名于中国的两广、两湖以及云贵地区，闻名于天下，这便是人们到雷州换鼓的思想前提。

在上述《请神歌》中虽然只说到天下铜鼓出自雷州府，但实际上已隐含着人们要到雷州换铜鼓的内容。土家族与《请神歌》相呼应的，还有《送神歌》。1962 年 10 月，时年 63 岁的彭勃先生采录于永顺县对山乡的《送神歌》：“鼓儿送往雷州府，锣儿又送往襄阳。鼓皮送在牛背上，锣槌送往泡木岗。金锣送往登州县，鼓钉送在斑竹坊。”④ 从“鼓皮送在牛背上”可知，这里的鼓不是铜鼓，而是牛皮鼓。但是，它仍然保存了铜鼓的家乡是雷州府的历史信息。这类歌本是祭祀场面上用的神歌，常常由土家族巫师梯玛在重大的祭祀仪式上庄重地演唱。例如，在土家族的“毛古斯”仪式上，梯玛唱《送土地神歌》：“五方神灵天堂上，再送土地转回乡。来有三杯下马酒，去有三杯喜洋洋。”在送走土地神后，梯玛再唱《送歌爹神》《送歌娘神》等歌，凡请来的神灵，均一一唱歌送走。然后举行撤桃花店、撤李花庄的仪式，最后唱《送锣鼓神》歌：“鼓儿送往雷州府，鼓皮送在牛背上。锣儿送往苏州河，锣棰送往泡木岗。”⑤ 然后，由梯玛取法具码子，举行送锣鼓神仪式，“毛古斯”仪式才最后结束。在这类歌中，已经形成了固定的话语格式：凡鼓，必然送回雷州府。又如湖北土家族的《送锣鼓神

---

① 中国人民政治协商会议湖南省石门县委员会编．神奇石门民俗卷［M］．北京：大众文艺出版社，2007. 19.

② 向兴松．试析湘西永顺挖土锣鼓歌的音乐艺术特征［EB/OL］．http：//www. docin. com/p－774474613. html.

③ 保靖县民间文学集成办公室编．中国歌谣集成湖南卷：保靖县资料本［M］．11

④ 湖南省文学艺术联合会《湖南歌谣集成》修订委员会编．湖南歌谣集成 1［M］．长沙：湖南文艺出版社，2009. 129.

⑤ 张子伟．湖南省永顺县和平乡双凤村土家族的毛古斯仪式［M］．台北市：施合郑基金会，1996. 250.

歌》云："送了边工神，再送锣鼓神。鼓儿送往雷州府，锣儿送往襄阳城。"[①] 这类歌还被《二十世纪全球文学经典珍藏》《二十世纪中国民间文学经典》《土家族文化通志》《湘西歌谣大观》等书收录。这类歌不多，但是仍然可以让子孙后代窥见"雷州换鼓"的部分内容。

结合上述资料可知，雷州换鼓的大致过程：

一是雷州在每年六月之前，铸造新的雌雄铜鼓，为换鼓做准备。宋王象之《舆地纪胜》卷一百一十八广南西路雷州府《威化雷公庙》："威化雷公庙，《岭表录异》云：雷州之西，有雷公庙。每岁配卒，造连鼓雷车，置庙内。"铜鼓是耐用物品，一鼓可用数百年。为何必须每年新造？此必为天下到雷州换鼓而作的准备。配卒，指雷州知府派遣军人协助铸造连鼓雷车。连鼓，指雌雄相配的一对鼓。雷车，运雷神铜鼓的车。因铜鼓巨大笨重，且是一对雌雄鼓，故需要以特制的雷车运输。

二是天下各地拜祭雷神的巫师，必然在六月二十四日前，将旧铜鼓送回雷州，以换新鼓。

三是在每年六月二十四日——雷州雷神生日这天，在雷州雷神庙中举行祭祀雷神、祈求新鼓的大典。明佚名的《搜神记》卷一《雷神》："雷神六月二十四日生，庙在雷州之西南八里。"[②] 雷州换鼓，也于雷神生日这天举行。大典的核心是献鼓于雷神，请雷神赐新鼓以法力。《道法会元》卷一百三十一《石匣水府起风云致雨法》之《雷法说》："天上有日月运行，地下有风云磅礴。天一生水，在太阴中，为雨露，为霜雪。地二生火，在太阳中，为风霆，为雷电……雷州献鼓于雷神。"在仪式上，首先向雷神献上新鼓；其次，诵道教《雷霆三帅心录》《神霄雷法》《上清五府五雷大法玉枢灵文》《上清雷霆火车五雷大法》等经典，请求雷神赐予新鼓以符录和威力。

四是取得新鼓后，各地巫师离开雷州，返回原籍。

雷州换鼓的主角是巫师，他在雷神面前匍匐礼拜云："泰玄都正一平炁系天师、清微天化炁天岳先生、赤帝真人：上清大洞宝录弟子臣某，稽首再拜上言：……"巫师通过接触巫术，借雷州雷神之手，赋予铜鼓以新的神力，从而使

---

① 杨昌鑫. 一幅母系氏族社会农耕文化画卷——土家族打"挖土锣鼓"考［J］. 中南民族学院学报（人文社会科学版），1997（3）：62～67.

② （明）佚名. 搜神记·卷一［M］. 万历续道藏. 台北：艺文印书馆，1977.

铜鼓具有无比的威灵，以保证求雨的灵验。

雷州换鼓的故事在云南也留下了踪迹。在云南、贵州彝族英雄史诗《铜鼓王》中，也可见到雷州换鼓的些许痕迹。《铜鼓王》共21章，第20章即“换鼓”。故事说，滇桂四支人经过大瘟疫后，又遇上大旱带来的灾荒。为了应付饥荒，彝家的腊摩（巫师）波仙说：要到交趾借来耐旱的荞子在彝家耕种。为了得到荞种，他徒步来到交趾。《换鼓》说：

你若要荞种，就拿鼓来换……荞种借不着，无法度荒年。
为了民族存，只好答应换。忍痛换铜鼓，才能解灾难。
鼓本是人造，有人就好办。将人保下来，再造也不难。
于是他就说：愿拿铜鼓换……铜鼓兑荞麦，彝家得平安。①

波仙向仇家交趾人借荞种，但是受到交趾人的敲诈。为了彝族的生存，他只好答应用云南铜鼓作交换，他以十面铜鼓换回了十石荞种，从而使彝家转危为安。为了纪念他的恩德，彝家在每年的农历六月击鼓过荞年，这就是彝族火把节的起源。

在这个故事中，“换鼓”的真相已经被尘埃掩埋。在这里有几个问题，第一，它不是“雷州换鼓”，而是“交趾换鼓”。第二，“交趾换鼓”，实际上又变成了“交趾换荞”——即云南彝族以铜鼓向交趾人换回荞麦。但是，应该说，这里的交趾人，其实就是雷州人。这是因为，在先秦，古雷州人被称为“极南之人，雕题交趾”。在生理特征上，雷州人除了“雕题”之外，本为脚趾相交的人。行政区划上，雷州在秦代属象郡，象郡即交趾。三国时，合浦及其所辖的徐闻县属交州，雷州人也是交趾人。唐代设岭南道，下辖广、桂、容、邕、安南府五府，皆隶广府都督统摄，其长官谓之五府节度使，五府名岭南五管。其中，今广西的陆州、合浦和广东的雷州，均属安南府。由此唐代的雷州人，也就是交趾人。故在《换鼓》中的交趾人，就是雷州人。结合《铜鼓王》《岭表录异》和《说唐》看，雷州的换鼓最迟在唐代已形成并名闻天下。明崇祯十年庄元贞的《雷祖志》说，雷祖陈文玉的生日是“陈朝太建二年辛卯九月初一日”，与《搜神记》的六月二十四日的生日说不同。由此可知，雷州换鼓在元初已经消失，故

① 黄国汉等唱译．铜鼓王——彝族英雄史诗［M］．昆明：云南人民出版社，1991. 158～159.

《雷祖志》已经不知有雷州换鼓一事了。在云南彝族的《换鼓》中，虽然打上了仇恨的烙印，雷州人与彝族处于敌对状态，他们到雷州以十面铜鼓才换回十石荞种。但是，这时换鼓的真相已被歪曲：第一，既然天下均有铜鼓“出在雷州府”的公论，那么到雷州换鼓，必然是以云南旧鼓，换取雷州的新鼓，而不是换回荞麦。第二，史诗的题目既然是《换鼓》，按理就应该是围绕铜鼓为中心，而不应该是换荞麦。如果真如诗歌所描写的是换荞麦，那么这一章诗歌的题目，就应该叫作《换荞》。第三，就雷州的农业史而言，雷州是“南极”炎热之地，古雷州人并不重视农业，而是以耕海为生。三国时交州刺史陶璜说：“合浦郡土地硗确，无有田农，百姓唯以采珠为业，商贾去来，以珠贸米。”[①] 雷州人自己吃的粮食，尚且靠珍珠交换。此风到宋代依旧，苏辙《和子瞻次韵陶渊明劝农诗并引》：“子瞻《和渊明劝农诗》六章，哀儋耳之不耕。予居海康，农亦甚惰，其耕者多闽人也。然其民甘于鱼鳅蟹虾，故蔬果不毓；冬温不雪，衣被吉贝，故艺麻而不绩，生蚕而不织，罗纨布帛，仰于四方之负贩。工习于鄙朴，故用器不作。医夺于巫鬼，故方术不治。予居之半年，凡羁旅之所急，求皆不获。故亦和此篇，以告其穷，庶或有劝焉。”[②] 秦观《海康书事十首》七：“裔土桑柘希，蚕月不纺绩。吴绡与鲁缟，取具舸船客。”到北宋，虽有农作，但耕者为外来人，本地人不耕、不织，但以鱼鳅蟹虾为食。由于“裔土桑柘希”，故凡衣食日用，“求皆不获”，又哪来的荞麦周济他人？第四，更重要的是，雷州并不出产荞麦。第五，彝族过荞年在农历六月，而雷州换鼓的大典在六月二十四日，二者的时间也接近。因此，彝族的《交趾换鼓》，应该是《雷州换鼓》——即以旧铜鼓换回雷州的新铜鼓。在以旧换新的过程中，是否需要支付一定的补偿，便不得而知。或许，由于年代久远，《换鼓》的真相已被淹没，彝族后人不明白自己一个能制造铜鼓的地方，为何要到交趾去换鼓，于是便有了仇杀、换荞麦等内容。不过，透过这历史的尘灰，仍然可以看到云南、贵州的彝族等少数民族，曾到“交趾”（雷州）换鼓的信息。宋代交趾从中国独立出去以后，雷州改属广西，称为“广西雷州”。所以，这个《换鼓》的故事，必然发生在宋代之前。

雷州换鼓的故事，在中国北方也有遗迹可寻。雷州换鼓的事例，在中国小说中也有反映。在《说唐》中，反隋聚义的瓦岗山大德天子混世魔王程咬金道：

---

① （唐）房玄龄等．晋书・卷五十七［M］．北京：中华书局，1974.

② （宋）苏辙著．曾枣庄，马德富校点．栾城后集・卷五［M］．上海：上海古籍出版社，1987.

“这次败了杨林，岂不是孤家之福星？王王兄，你可为孤家去金州取景阳钟。秦王兄，你可为孤家去雷州取龙凤鼓。”二人领旨，分头而去。秦叔宝从雷州取鼓回来，看见有人马正在扎营，他吩咐从人将龙凤鼓藏在树林中……却逢王伯当金州取钟回来，云云①。瓦岗寨四十六位起义的草莽英雄，他们虽然义薄云天，但毕竟是响马强盗，他们到雷州自然是“取”鼓，而不是斯斯文文地“换鼓”。但可见其文化背景就是，天下人都崇拜雷州铜鼓，大江南北的人都到雷州去换鼓。龙凤鼓，指雷州雷神庙里的一对雌雄相配、富有灵性的大铜鼓。《广东通志》载：“雷州英灵冈雷庙，有铜鼓二，其色如大镛，围径五尺许，高亦如之。在左者面边蟆六，右者蟆五。”② 今天，岭南出土的铜鼓最大的鼓面才1.6米，而雷州铜鼓的直径近1.7米，古今罕见。雷州的铜鼓必然雌雄相配，阴阳相济：左边鼓面六蛙的为雌鼓，右边五蛙的为雄鼓。铸造铜鼓时，先铸雄鼓，后造雌鼓。雌雄相合，自成夫妻。云南《铜鼓王》说：“公鼓和母鼓，分别摆两边。鼓前点上香，又点灯一盏……公鼓和母鼓，也都泪涟涟。两鼓齐呜咽，嗡嗡响不断。”古人认为，铜鼓有生命，有情感，有灵性，它还相互呼应。清屈大均《广东新语》卷十五：“（铜鼓）雄声宏而亮，雌声清以长。一呼一应，和谐有情，余音含风，若龙吟而啸风也。”夫妻鼓，又名龙凤鼓。雷州铜鼓的大名，早已蜚声中国北方。秦叔宝从雷州取鼓，当是瓦岗寨式的雷州换鼓。

宋代以前云南彝族的交趾《换鼓》和隋唐英雄到雷州取鼓，均发生在“铜鼓出在雷州府”的前提之下。它们与土家族《请神歌》和《送神歌》一起，折射出雷州换鼓的历史背景和部分历史信息。

4. 雷公墨

伴随着雷神崇拜，雷州还出现了雷公墨、雷楔等神物，使人们在平时就能感受到雷神巨大威力的无处不在。雷楔等均起源于雷州，唐刘恂《岭表录异》佚文：“雷州骤雨后，人于野中得石如黳石，谓之雷公墨。扣之铮然，光莹可爱。”③ 雷楔如同雷公之现身，它漆黑如墨，故谓之雷公墨。此外还有雷斧。雷州半岛在大雷电之后，常可拾到雷斧。清刘献廷《广阳杂记》：“张岫民出其所藏霹雳斧二，竹叶符四，皆妙丽瑰异。霹雳斧，其一上下相等，下薄如刃，稍具

① （清）鸳湖渔叟校订．傅成，吴蒙标点．说唐全传·卷二十九［M］．上海：上海古籍出版社，1995.
② （雍正）广东通志·卷六十四［M］．上海：上海古籍出版社，1986.
③ （明）李时珍．本草纲目·卷十［M］．上海：上海古籍出版社，1993.

斧形。其一上狭而厚，下阔而薄，底铦利，俨然斧也。中有一空，若受柄者，去首十分之三，去底十分之七，外大可容拇指，中小不能穿小指，而反覆背面皆然，则又示人以决不可施柄也。吁！寰宇之内，莫奇于雷矣。”① 奇妙的雷斧令人难以索解，故发出了“寰宇之内，莫奇于雷”的感叹。

此外，雷州还有与雷神有关的雷猪。唐李肇《唐国史补》“人食雷公事”条云：“雷州春夏多雷……雷公秋冬则伏地中，人取而食之，其状类彘。又与黄鱼同食者，人皆震死。亦有收得雷斧、雷墨者，以为禁药。”② 刘恂是晚唐人，李肇则是中唐人，比刘恂早近百年。他们的记载，是人类历史上最早的关于雷公墨的记载。在西方文献中，雷公墨首见于1787年；达尔文在澳大利亚的塔斯马尼亚岛发现了它，并把它命名为“达尔文玻璃”。世界上发现雷公墨的地方有十多处，在东南亚的印度尼西亚、印度支那半岛、菲律宾、马来西亚、婆罗门均有发现。在中国，只有雷州和海南岛有发现。雷州半岛南部的雷公墨产于更新世后期两次玄武岩喷发间海相沉积夹层内，其形成期是新第四纪一更新世。根据国际惯例，科学家把雷州雷公墨命名为雷州石，海南岛雷公墨命名为海南石。雷公墨的神秘性，使皇帝也对它兴趣盎然。康熙五十六年七月《上谕左都御史徐元梦》：“朕尝留心格物之学，如霹雳砧……《雷书》云：雷斧，铜铁为之。盛京、乌拉诸地则皆石，色微青黑而通明，映之莹如玻璃。其在西洋者石，色沉绿，明澈无异。此雷楔也。”③ 雷公墨的神秘性以至于今人对它仍未完全破解。有人认为，雷公墨是天上的陨石。但是，从其化学成分或微量元素看，雷公墨与石质陨石大不相同。有人认为，雷公墨是地下火山熔岩。但是，从其化学构成看，它与任何一种岩浆岩也不同。因此，雷公墨的化学组成很难与任何一种地壳岩石直接对比④。在古代西方跨文化中，雷公墨、雷斧等也被认为是雷公的武器。英爱德华·泰勒《人类学》载，英国人认为地中的石斧是随着闪电从天上掉下来的上帝的“雷箭”；西非尼日利亚的约鲁巴（Yoruba）族人认为，雷电是天帝尚高（Shango）毁灭性的斧头，天帝把它抛到了地上，约鲁巴人会从地中把这些斧头挖出来。

---

① （清）刘献廷．广阳杂记·卷二［M］．北京：中华书局，1957．

② （唐）李肇．唐国史补·下卷［M］．上海：上海古籍出版社，1979．

③ （清）爱新觉罗·玄烨．仁皇帝圣训·卷五［M］．上海：上海古籍出版社，1986．

④ 李达明．雷州半岛与海南岛玻璃陨石——“雷公墨”的调查与初步研究［J］．地质科学，1963（1）：42～49．

雷州雷斧、雷楔等雷公墨被认为是雷公的圣迹，自然也是珍贵的良药。道经《道法会元》卷七十三《天书雷篆上》说："嗔人，多用雷楔击之。楔乃东海蓬莱山所产，亦名石脂，今雷州人多有收得者。可磨与小儿服饵，止惊，去邪气。医者多不明楔出之源。"正统道藏洞玄部《雷书》《五雷经》《五雷武侯秘法》等也有载。明李时珍《本草纲目》卷十引《雷书》："雷州每雷雨大作，飞下如沙石，大者如块，小者如指，坚硬如石，黑色光艳，至重。"不仅雷楔、雷斧如此，雷雨天的雷雹也很神秘。《本草纲目》卷五引《五雷经》："雹乃阴阳不顺之气结成。亦有懒龙鳞甲之内，寒冻生冰，为雷所发，飞走堕落，大者如斗升，小者如弹丸。"唐代以后，雷墨、雷楔等走出雷州，传遍全国，进入医经。明李时珍《本草纲目》卷十药中有霹雳砧等。同类的还有雷斧、雷锤、雷钻、雷砧、雷环、雷珠等。李时珍引《雷书》："雷斧如斧，铜铁为之。雷砧似砧，乃石也，紫黑色。雷锤重数斤，雷钻长尺余，皆如钢铁，雷神以劈物击物者。雷环如玉环，乃雷神所遗落者。雷珠乃神龙所含遗下者，夜光满室。"雷斧、雷锤、雷钻等都是雷公在人间的圣迹，它们不时从天而降，显示雷神的无上天威，昭示雷神对人类的威慑，显示雷神的伟大存在。

蛤布文化，或者说合浦文化，其本质便是雷神崇拜。从雷神派生出蛙蛤和铜鼓文化，雷州古国虽然灭亡，但是它以"蛤布"为名称，以雷神和蛙蛤为内涵，以雷州换鼓为特色，从古軗沭、瓯、合浦、乌浒，一直传承至今。雷州的雷神崇拜文化，是"蛤布"文化和铜鼓文化的内在支柱与精神。

七、巫术

在实践上，古雷州的宗教大多需要在巫术环境下进行。在雷州古国覆灭之后，雷州巫术仍然流行。宋代沈括就曾见过古雷州的巫术，其《梦溪笔谈》说："余在中书检正时，阅雷州奏牍，有人为乡民诅死，问其状，乡民能以熟食咒之，俄顷脍炙之类悉复为完肉；又咒之，则熟肉复为生肉；又咒之，则生肉能动，复使之能活，牛者复为牛，羊者复为羊，但小耳；更咒之，则渐大；既而复咒之，则还为熟食。人有食其肉，觉腹中淫淫而动，必以金帛求解；金帛不至，则腹裂而死，所食牛羊，自裂中出。狱具案上，观其咒语，但曰'东方王母桃，西方王母桃’两句而已。其他但道其所欲，更无他术。”[①] 沈括是位博学之士，精于学问，贯乎幽深，明达开敏，于天文、方志、律历、音乐、医药、卜算，无所不通，皆有所论著，是位卓有建树的科学家。他迁太子中允、检正中书刑房、提举司天监时，以浑仪、浮漏、圭表测验行星运行，革新律历，时有“历数明审，法度严密”之称。神宗熙宁七年（1074）七月，沈括上《浑仪》《浮漏》《景表》三议，著《熙宁奉元历》。他亲眼见识和研究雷州巫术时，当在熙宁七八年间。雷州雷神在北宋神宗熙宁九年（1076）被封威德王，是雷州雷神第一次得到中国中央王朝的敕封，这与沈括对雷州宗教和巫术的熟悉与洞察密切有关。李时珍《本草纲目》卷五十二引唐高州刺史房千里《南方异物志》：“岭南溪峒中，有飞头蛮，项有赤痕，至夜以耳为翼，飞去食虫物，将晓复还如故也。”这种能以耳朵腾云飞翔的“飞头蛮”，与上述的巫术颇为类似，当也是高州、雷州蛮人的神术。

雷州的巫蛊又有称“桃生”者。《七修类稿》有《桃生》：“云、贵、广西有云桃生者，妖术也。以鱼肉请人，遂作术于中，人食之，则此物遂活于胸腹，害人至死而后已也。尝见范石湖《桂海虞衡志》载：当时李寿翁为雷州推官，得一方甚妙：云食在胸膈，则服升麻吐之，在腹则服郁金下之。想即今之下蛊云耳。《虞衡志》颇无，而士宦常病之也，故揭出之。”[②] 古雷州的巫术，居然闻名天下。《广东新语》卷二十三：“有卜龟，出雷州，俯行者灵。”雷州的占卜巫术，也名列前茅。

雷琼一带的妇女也善巫术，她们把它用于爱情，遂成天下一绝。房千里《投荒杂录》：“海中妇人善厌媚，北人或妻之。虽蓬头伛偻，能令男子酷爱，死且不悔。苟弃去北还，浮海荡不能进，乃自返。”[③] 房千里在岭南“大得夷情”，对高州、雷州一带的民间风俗了解颇深。另外，高、雷、琼一带还有产翁习俗。周去非《岭外代答》卷十引房千里《南方异物志》：“獠妇生子即出，夫惫卧如乳妇，不谨则病，其妻乃无苦。”这也颇有巫术的味道，这使高雷琼女子更加神秘莫测。

古雷州人信巫不信医，求雷神治病。先秦时，中原大地也巫医不分，但雷州

---

① （宋）沈括．梦溪笔谈·卷二十一［M］．上海：上海古籍出版社，1987.

② （明）郎瑛．七修类稿·卷四十五［M］．北京：中华书局，1959.

③ （宋）李昉等．太平广记·卷二百八十六［M］．北京：中华书局，1961.

到唐宋仍然以巫代医。房千里《投荒杂录》：“人或有疾，即扫虚室，设酒食，鼓吹幡盖，迎雷于数十里外。既归，屠牛彘以祭，因置其门。”雷州盛行迎接雷神神像到家里以祈祷治病的巫术，迎接雷神到家后，要杀牛宰猪，隆重地祭祀雷神。雷神渗透到人们的日常生活中，故宋苏辙有“医夺于巫鬼，故方术不治”之叹。巫师的祷病过程，在清李调元《南越笔记》中还依稀可见。该书卷一《俗尚师巫》：“永安俗尚师巫。人有病，辄以八字问巫。巫始至，破一鸡卵，视其中黄白若何，以知其病之轻重。轻则以酒馔禳之，重则画神像于堂。巫作姣好女子，吹牛角，鸣锣而舞，以花竿荷一鸡而歌。其舞曰赎魂之舞，曰破胎之舞。歌曰鸡歌，曰暖花歌。暖花者，凡男婴儿有病，巫则以五彩团结群花环之，使亲串各指一花以祝。”古雷州巫风的情形，当与此类似。宋元符二年（1099）十一月四日辛未，苏辙《祭八新妇黄氏文》说：“自筠徙雷，自雷徙循。风波恐惧，蹊遂颠绝。所至言语不通，饮食异和，瘴雾昏翳，医药无有。”[①] 信巫忌医，遂成为雷州历史上一大奇事。秦观《雷阳书事》其一：“骆越风俗殊，有疾皆勿药。束带趋祀房，瞽史巫纷若。”[②] 描绘了雷州人信巫忌医的风俗。信巫，必然导致大量椎牛。秦观《海康书事十首》其五：“海康腊巳酉，不论冬孟仲。杀牛挝祭鼓，城郭为沸动。”由信巫而杀牛形成的奇观，苏轼曾痛心疾首，他在《书柳子厚牛赋后》中云：“岭外俗皆恬杀牛，而海南为甚。客自高化载牛渡海，百尾一舟，遇风不顺，渴饥相倚以死者无数。牛登舟皆哀鸣出涕。既至海南，耕者与屠者常相半。病不饮药，但杀牛以祷，富者至杀十数牛。死者不复云，幸而不死，即归德于巫。以巫为医，以牛为药。间有饮药者，巫辄云：神怒，病不可复治。亲戚皆为却药，禁医不得入门，人、牛皆死而后已。地产沉水香，香必以牛易之。黎人得牛，皆以祭鬼，无脱者……庚辰三月十五日记。”[③] 庚辰，为宋哲宗元符三年（1100）。载牛渡海，必自雷州徐闻县，不仅仅是高州、化州。苏轼所记的杀牛祷病，而绝不信医，自然包括雷州在内。这类巫术，古雷州甚多，不赘述。

在今天，雷州半岛举行雷神傩或年例活动时，还可以看到以铁钎穿脸颊、上刀山、过火海等部分巫术，当是古越人巫术的遗迹。

---

① （宋）苏辙著．曾枣庄，马德富校点．栾城后集·卷二十［M］．上海：上海古籍出版社，1987.
② （宋）秦观．淮海集·卷六［M］．上海：上海古籍出版社，1986.
③ （宋）苏轼．苏轼全集·卷九十三［M］．北京：中国书店，1986.

在古雷州这个神奇的地方，还有许多神奇怪异的习俗，例如鼻饮。《汉书·贾捐之传》："骆越之人，父子同川而浴，相习以鼻饮，与禽兽无异。"《后汉书》卷八："郁林乌浒民相率内属。"唐李贤注："乌浒，南方夷号也。"引《广州记》曰："其俗食人，以鼻饮水，口中进噉如故。"鼻饮之俗，自古而然。晋裴渊《广州记》："晋兴有乌浒人，以鼻饮水，口中进啖如故。"看来，鼻饮的风俗，还与食人的文化有关。

古雷州还有十月过年的特殊习俗。苏辙《栾城后集》卷五载《和子瞻次韵陶渊明停云诗》："人饮嘉平，浆酒如江。"注云："雷人以十月腊祭，凡三日，饮酒作乐。"雷州如今仍然盛行的年例，与汉族春节大有不同，它既是宗族聚会的节日，也是表演巫术的盛大集会。

雷州包括雷神傩在内的傩戏和五雷神将等，属于道教范畴，是后起的宗教，不属原始宗教范围，在此不论。

古雷州还有许多其他地方没有的神灵，由于篇幅，从略。

上面对雷州古国的宗教和文化，只能算举其大略。但是，它们以其风俗的奇特性和内容的原始性，反映了人类早期与神灵为伴的精神生活。它们虽然产生于雷州，却卓然独立于岭南，甚至在中国文化中，也是独一无二的。

第八章　古雷州与汉乐府

汉代还没有雷州这个名称，先秦的毂沭国也渐渐不为人知，在南越国时期，它以“西瓯”的称谓出现在南越国国王的口中。西汉灭南越，它以合浦郡首府徐闻县的名义，已出现在中国的正史中。但是，此时雷州的情况，到底如何呢？

一、秦汉时期的雷州古国

雷州进入中国版图的时间在秦代。秦始皇三十三年（前214），秦始皇贪得南越的犀角、象齿、翡翠、珠玑等珍宝，遂“略定杨越”，取岭南，置南海、桂林、象郡，奠定了岭南三郡的格局，以谪徙之民与越人杂居，开始改变南越人的封闭结构。雷州半岛属象郡，它随着岭南而归属中国。但是，《秦史》已佚，史书中没有记载。

汉高祖元年（前206），西汉建立初期，南越尉赵佗趁乱平定岭南，自立为南越武王，雷州古国毂沭与南越国和睦相处。《史记·南越列传》：“佗因此以兵威边，财物赂遗闽越、西瓯、骆，役属焉，东西万余里。乃乘黄屋左纛，称制，与中国侔。”此“西瓯”，指粤西古国毂沭；“骆”，指在博罗的伯虑古国。骆，如果作“罗”，当更为明白。因毂沭处番禺之西，故被叫作西瓯。此时的南越国，并没有消灭粤东和粤西的古国，而是遣使送礼，彼此平等和睦地相处。汉高祖十一年（前196），高祖遣陆贾到南海郡，立都尉赵佗为南越王。13年后，汉高吕后五年（前183），赵佗据岭南称帝。在赵佗“和集百越”的政策下，雷州仍旧独立。汉文帝元年（前179），赵佗《上文帝书》：“蛮夷大长老夫臣佗昧死再拜，上书皇帝陛下：老夫，故粤吏也，高皇帝幸赐臣佗玺，以为南越王，使为外臣。时内贡职，孝惠皇帝即位，义不忍绝，所以赐老夫者厚甚。高后自临用事，近细士，信谗臣，别异蛮夷，出令曰：‘毋予蛮夷外越金铁田器马牛羊，即予，予牡，毋予牝。’老夫处辟，马牛羊齿已长。自以祭祀不修，有死罪，使内史藩、中尉高、御史平凡三辈，上书谢过皆不反。又风闻老夫父母坟墓已坏削，兄弟宗族已诛论。吏相与议曰：‘今内不得振于汉，外无以自高异。’故更号为帝，自帝其国。非敢有害于天下也。高皇后闻之大怒，削去南越之籍，使使不通。老夫窃疑长沙王谗臣，故敢发兵以伐其边。且南方卑湿，蛮夷中，西有西瓯，众半羸，南面称王。东有闽越，其众数千人，亦称王。西北有长沙，其半蛮夷，亦称王。老夫故敢妄窃帝号，聊以自娱。老夫身定百邑之地，东西南北数千万里，带甲百万有余。然北面而臣事汉，何也？不敢背先人之故，老夫处粤四十九年，于今抱孙焉。然夙兴夜寐，寝不安席，食不甘味，目不视靡曼之色，耳不听钟鼓之音者，以不得事汉也。今陛下哀怜，复故号，通使汉如故。老夫死骨不腐，改号不敢为帝矣。谨北面因使者献白璧一双，翠鸟千，犀角十，紫贝五百，桂蠹一器，生翠四十双，孔雀二双，昧死再拜，以闻皇帝陛下。”① 南越王赵佗所说“蛮夷中，西有西瓯，众半羸，南面称王”，即指在雷州的輆沐国。赵佗说得十分明确，但是，他已不知雷州古国叫輆沐，而呼作“瓯”。他说，西瓯国在文化上仍然十分野蛮，实行半裸。“半裸”，即“翦发文身，错臂左衽”，与中国北方“贪而好利，被发左衽，人面兽心。其与中国殊章服，异习俗，饮食不同，言语不通”的夷狄，没有多大的区别。瓯，读如乌，当是“輆沐”之音变。

可见，在南越国时期，雷州土著輆沐王国大体依旧，不过外部称为“瓯”。南越国末年，粤东古国的骆人（博罗人）与粤西的瓯国人发生战争，即所谓“瓯骆相攻，南越动摇”，这为汉武帝攻克南越国提供了机会。

元鼎四年（前113），南越王赵佗之孙赵婴齐卒，其子赵兴（母为汉人）继位。汉武帝挖空心思，派新南越王赵兴母亲的旧情人安国少季出使，喻南越归汉。安国少季不改恶少习气，再与南越王母私通。汉武帝元鼎五年（前112），南越丞相吕嘉忍无可忍，遂弑赵兴及私通的樛太后和汉使安国少季，另立赵建德（赵婴齐之子，母南越人）为王。汉武帝外交上的丑闻，却敲响了南越国的丧钟。汉武帝元鼎六年（前111），路博德以卫尉为伏波将军，与主爵都尉、楼船将军杨仆攻入南越首都番禺，南越国自尉佗初王后，历5世93年而国亡。随后南越国的桂林监居翁降汉，被封为湘城侯，并前往游说西瓯、骆归汉，瓯人从之，古雷州遂和平归汉，而没有发生战争。汉在岭南置南海、苍梧、交趾、合浦、郁林、九真、日南、珠崖、儋耳九郡。雷州半岛行政上属合浦，重入中国版图。

---

① （汉）班固，（唐）颜师古注．汉书［M］．北京：中华书局，1962.

于是，在古雷州设立郡县，徐闻县治（雷州）遂成为合浦郡的首府。在《史记》中无“合浦”“徐闻”等字，但以“西瓯”出现两次。《汉书》中，“合浦”出现20多次，其中，建制二，地理天文二，而“徙合浦”达17次。“徐闻”出现3次：一是地理介绍，一是由徐闻发现海南岛，一是海船由徐闻通往东南亚。由此可知，在西汉一百余年的时间里，古雷州的大致情形是：第一，在古雷州中心地带，建立了郡、县等政府机关，并在重要港口设立贸易交通机构。班固《汉书·地理志下》：“合浦郡，武帝元鼎六年开，莽曰桓合，属交州。户万五千三百九十八，口七万八千九百八十。县五：徐闻，高凉，合浦，有关，莽曰桓亭。临允，牢水北入高要入郁，过郡三，行五百三十里。莽曰大允。朱卢，都尉治……粤地，牵牛、婺女之分野也。今之苍梧、郁林、合浦、交趾、九真、南海、日南，皆粤分也。”这些是汉代中国北方人有关合浦知识的主要部分。合浦郡辖徐闻、高凉、合浦、临允、朱卢五县。徐闻县，相当于今广东湛江的徐闻、海康、遂溪等地；合浦县，相当于今广西的合浦、北海、浦北、灵山、横县、钦州、防城、博白、陆川、北流、容县和广东廉江等地；高凉县，相当于今广东的茂名、阳江、阳春、电白、化州、吴川等地；临允县，相当于今广东的新兴、开平等地；朱卢县，即今海南省。古代合浦郡地域宽广，包括今我国广东、广西、海南和越南接壤的广大土地。此时，古雷州以合浦、徐闻的名义，在中国历史中的地位开始显现，在航海史中则具有重要的地位。同时，长安政府依秦旧制，徙移贬谪之人有百余人到合浦、徐闻，与越人杂居。在《汉书》中，“徙合浦”者多为王公贵族，如孔乡侯傅晏，少府董恭，大司马大将军帝舅王凤的妻子，谏大夫、司隶校尉王章的妻子家属，大司马董贤之父董恭、弟董宽信，成帝赵皇后、哀帝傅皇后外家丁、傅两家，中山王后等。但是，他们与唐韩愈贬潮州而“赢得江山都姓韩”完全不一样，他们在雷州文化史上没有留下任何痕迹。

第二，继续奉行“和集百越”的政策，对于愿意归顺的地方土著王国，实行安抚和羁縻政策，和睦共处。故合浦郡的地域相当于今天的两个多省，户口却不多，县均三千余户而已。可见，合浦郡所辖五县，实际能控制的是五座县城，县城之外，则鞭长莫及。因此，古雷州的西瓯王国，仍然是土著自治的制度，局面没有发生多少改变。

但是，随着古雷州成为中国通往海南和东南亚的重要海港，合浦郡治雷州的经济，发生了较大变化。唐李吉甫《元和郡县图志》：“汉置左右侯官在徐闻县南七里，积货物于此，备其所求，与交易有利。故谚曰：'欲拔贫，诣徐闻。'"[①]徐闻县是合浦郡治，它成为人们梦想中的发财胜地，原因就是汉代朝廷在古雷州港设立了"候官"。古代迎送宾客的侯人、主管斥候的军候、占卜吉凶的官员等均可称候官，此当指国家在此迎送宾客和贡献货物的官员。汉代的迎送外交人员的候官最初只有一处——泉州闽县。交趾七郡给朝廷的贡献，均由东沿泛海而至东冶县，后改东冶为东候官，即泉州闽县，有"南北一候"之说。后来在合浦郡徐闻县也设立候官，以迎送宾客和货物。徐闻（雷州）港遂成为南北货物集散地和商贸之城，成为人们神往的财富之地。但是，此事不载于《汉书》和唐以前正史，只见于《元和郡县图志》。

二、雷州地理的独特性

徐闻（雷州）为何成为人们向往的财富之地呢？这是由于雷州在中国海运通道上的重要地位。

雷州半岛地处中国大陆的最南端，古人称为"南极"。如元范梈到雷州时的诗歌《九月十九日出京东门与董右军诸公别至通州还寄在京朋旧》："南极下头星象少，东风近便柳梅繁。"[②] 明万历《雷州府志・地理志叙》也说："地至雷，极矣。北海，北极出地六十五度。至雷，出地仅二十度有奇。……视北海，不知倍蓰。昔人谓地形敧，信矣。"[③] 雷州背陆面海，被称为"山环海合，鲲鹏变化之乡"，又被誉为"岭南名郡，海北奇观"。在中国历史上，雷州还是个神秘的地方，反映在文化上便是雷。

在中国古代的地名中，以雷为名的不少，如雷波县、雷山县，但是今存以雷名州的只有雷州（古代还有下雷州）。中国古代的雷楔、雷斧等实物及其传说均出自雷州。岭南24州的雷神均来自雷州。雷州地理独特性的奥秘还表现在由南海与北部湾神秘的自然伟力造就的灯楼角沙岬。

1. 雷州的海陆坐标：灯楼角沙岬

雷州半岛地形独特。它三面环海，犹如一条舌头，直抵大海。它左边是南

---

① （唐）李吉甫．元和郡县图志逸文・卷三［M］．北京：中华书局，1983.

② （元）范梈著，葛邕编．范德机诗集・卷七［M］．上海：上海古籍出版社，1986.

③ （万历）雷州府志・卷三［M］．北京：书目文献出版社，1989.

海，右边是北部湾。北部湾犹如一个半露的蚌壳，中间的海南岛犹如一枚珍珠镶嵌在北部湾的半圆中，雷州就直对着这枚珍珠。这种特殊的地形地貌，在雷州半岛西南凝结为一个特殊的大地景观：灯楼角沙岬。它位于雷州西南，面对着琼州海峡西北岸，落潮时露出海面。如果你此时正好站在灯楼角灯塔顶上俯视大海，就可以见到它，它就是上帝在雷州设置的南海琼州海峡与北部湾的天然分界线①。这条海洋分界线是沧海桑田的自然产物，它伴随着雷州的形成和成长。《周易·观卦》之《象》："观天之神道，而四时不忒。"它是天之神道的体现：它由大海中两种神秘的力量经千万年而造成。一是来自琼州海峡的偏东向海浪，把上帝赐予南海的力量和海洋物质带到此处；一是来自北部湾的偏西向海波，把蕴藏在北部湾的能量和物质款款携来，两种相向的海浪和海洋物质如同南海之神与北部湾女神，他们共同生育出大海之子——雷州。这两大神灵把会面时带来的礼物——两种不同的海流及物质在此交换，经过千万年不懈的积淀，形成了雷州地理上独特的大地坐标——灯楼角沙岬。

2. 灯楼角沙岬的意义

灯楼角沙岬的大地坐标意味着什么呢？虽然自然之谜不能完全破译，但其化育雷州却是明显的。这个大地景观是雷州在中国南疆独特地位的隐约显露，古人已初步认识到它的意义。宋苏轼《威武庙记》云："四州之人，以徐闻为咽喉。"清陈伦炯《海国闻见录》："雷州一郡，自遂溪、海康、徐闻向南，干出四百余里而至海安，三面滨海，幅阔百里；对峙琼州，渡海百二十里。自海安绕西北至合浦、钦州、防城而及交趾之江平、万宁州，延长一千七百里。"② 中国古代传统的航海线南海交通线——"东西洋"，即以雷州半岛为基准而划分，而非西方的分界线马六甲海峡。清王之春《清朝柔远记》之"沿海形势"，也持这种观点。湛江不仅是中国大陆的最南端，更是中国的南大门，是中国测试和接触南海的避雷针，是中国与南海以及远东南亚各国交流的桥梁。

灯楼角沙岬的意义，还从雷州在天地气候的独特性中表现出来。影响中国的热带气旋多数在广东登陆，1949—1988 年近 40 年中，影响中国的热带气旋有 618 个，其中在广东登陆的达 397 个，占总数的 64%。这意味着影响中国的热带气旋以在广东登陆为最多，广东经受热带气旋的时间最长，受热带气旋带来的危

---

① 赵焕庭，王丽荣．雷州半岛灯楼角沙岬的形成［J］．热带地理，2007（5）：405～410.

② （清）陈伦炯．海国闻见录·上卷［M］．台北：台湾银行经济研究室，1958.

害也最大。在登陆广东的热带气旋中，又以在雷州半岛登陆为多，占总数的42%①。换言之，影响中国的热带气旋有自己特殊的习惯和熟悉的路径，它多半选择在雷州半岛飘摇上岸。那么，这是什么原因呢？这主要是热带气旋的推动力和对热带气旋的吸引力所致。“推力”指海洋中的洋流路径所形成的气旋力量，“引力”指陆地的地理构造对热带气旋的吸纳力。这些集中在灯楼角沙岬在天地宇宙中的独特位置，和雷州半岛以中国第二大火山群闻名的地理特征中。在天与地、大海与陆地的相互作用中，雷州千百年来均以“雷”而闻名于世。雷州的自然灾害有台风、雷电、龙卷风、水灾、旱灾等，其中以台风、雷电、水灾为最。如清代顺治八年（1651）的大台风：“雷州大风，海涌，风中有火，东西洋田无收。雷之飓，常也。是年，风暴兼雨，雨中火团飞满天地，二洋之田尽为咸潮所没，郡中官衙民舍，无一存者。”灯楼角沙岬是神秘的宇宙力量的产物，也是宇宙奥秘在雷州大地景观中的熹微显露。

3. 雷州与合浦珠的塑造

在灯楼角沙岬会面的南海和北部湾的能量与物质对雷州的化育之功，集中表现在雷州地理与珍珠、玳瑁等海洋珍宝的关系上。两种不同的洋流及其海洋物质在此交汇，形成适合珍珠生长的海洋地形和海洋物质，催生了南海明珠的出世。雷州及北部湾地区盛产珍珠，形成了独特的珍珠人文。梁任昉《述异记》：“粤俗以珠为上宝，生女谓之珠娘，生男谓之珠儿。”越南佚名《越史略》载，安阳王女媚珠，与南越王赵佗之子相爱：“始诱媚珠，求看神弩，因毁其机。”② 晋代美女绿珠，即汉合浦大地生出的尤物。清屈大均《洪武宫辞》：“新选珠娘作美人，潇湘香草满宫春。”珍珠有温润意象，珠娘成为南方美人的代称。雷州是合浦珠的产地之一，雷州塑造了合浦珠，《周易·乾卦》九二《文言》：“善世而不伐，德博而化。”它对雷州的化育之功无可置疑，这也许就是灯楼角沙岬对于雷州的寓意之一。

雷州半岛的行政建制始于上古。秦始皇置岭南三郡时，雷州属象郡。汉武帝统一岭南，徐闻成为合浦郡治。因此，历史上的“合浦珠”，在西汉即为“雷州珠”。雷州屹立在中国南海之滨，成为中国开发南海的大门。

---

① 曾昭璇，黄伟峰. 广东自然地理［M］. 广州：广东人民出版社，2001，131～132.

② （越）佚名. 越史略·上卷［M］. 上海：上海古籍出版社，1985.

三、古雷州与《汉乐府》

灯楼角沙岬所代表的南海与北部湾的自然之谜，对雷州意味着什么呢？其答案在汉乐府民歌中。

1. 汉乐府《有所思》

《有所思》是汉乐府中的名篇，古词云：

有所思，乃在大海南。何用问遗君？双珠玳瑁簪。

《有所思》属汉乐府《鼓吹铙歌》之十二，它是汉代情歌代表作，又是宫廷御用音乐。《乐府解题》："按：《古今乐录》：'汉太乐《食举》第七曲亦用之'，不知与此同否。"① 太乐指皇家乐团。汉朝举行贺岁礼在正月初一凌晨漏未尽之七刻，新年钟声一响，百官贺岁。中央二千石以上的文武，齐刷刷地上殿朝拜皇上。皇帝随即在此大宴百官，司空奉羹，大司农奉饭，太乐奏《食举之乐》，君臣在优美的乐曲声中举杯，《食举》第七曲即《有所思》。《有所思》的主题本是女子思念在大海之南行贾的夫君，为何能成为宫廷音乐呢？这是因为"赋诗断章"，太乐取诗中热烈的"思君"意境，及"双珠玳瑁簪"赠君的诚挚，作为文武百官对皇帝赐宴的深切答谢。

《有所思》的产生与雷州有关。首先，在地理上，"大海南"，指大海之南的海南岛，而其视点，则在雷州海岸。雷州在中国大陆最南端，大海之南即海南。诗人站在南海之滨的徐闻海岸，面向烟波浩渺的大海，翘首企望在水一方的夫君，出现了望不尽的海天相连景象：我的夫君就在海对岸的海南。双珠，两颗珍珠并连，十分珍贵，它是汉代上层女性的标志性装饰。齐陆厥《齐歌行》"同载双连珠"即是。

其次，在物产上，玳瑁是雷琼特产。玳瑁生活在深海。《史记·司马相如列传》："其中则有神龟蛟鼍，瑇瑁鳖鼋。"《正义》："玳瑁，似觜觿，甲有文，出南海，可饰器物也。"宋范成大《桂海虞衡志》："玳瑁生海洋深处，状如龟鼋而

① （宋）郭茂倩．乐府诗集·卷十六［M］．北京：中华书局，1979.

壳稍长，背有甲十二片，黑白斑文，相错而成。”[①] 清李调元《南越笔记》：“玳瑁，产廉、琼……以厚而黄、多有物形者为贵。”[②] 玳瑁产自琼、雷、廉，海南者更佳。琼州府古名玳瑁县，《茂陵书》载，海南最初五县是：玳瑁、紫贝、苟中、至来、九龙。琼州府琼山县即汉珠崖郡玳瑁县地，另外还有大玳瑁洲、小玳瑁洲、玳瑁栏等地。海南纳入中国版图是在汉武帝元封元年（前110），《汉书·地理志》载：“自合浦徐闻南入海，得大州，东西南北方千里，武帝元封元年，略以为儋耳、珠崖郡。”但是，玳瑁簪已见于先秦。《史记·春申君列传》：“赵平原君使人于春申君，春申君舍之于上舍。赵使欲夸楚，为玳瑁簪。”玳瑁簪成为北方宝货，男人也佩以为贵。在汉武帝时期，珍珠和玳瑁簪均大量进入汉代宫廷。《汉书·东方朔传》：“今陛下（汉武帝）……狗马被缋罽；宫人簪玳瑁，垂珠玑。”到东汉，玳瑁簪流布更广。《新唐书·地理志》载崖州珠崖郡贡品：“金、银、珠、玳瑁、高良姜。”唐代崖州还以玳瑁为贡品。

诗歌说：我无限思念的夫君在大海之南，用什么向他致意呢？就以我们的定情物——双珠玳瑁簪吧！这既可以唤起他对幸福时刻的深情怀念，也能表达我的无限思念。诗歌用浩瀚的大海、珍贵的珍珠玳瑁和深情的相思编织而成，意境开阔，意象华美，意蕴深厚，不愧为千古名篇。

2.《有所思》与合浦珠

中国的珍珠名贵者有二：一是淮珠，一是南珠。珍珠从来都是国宝，《尚书·禹贡》：“海、岱及惟徐州……淮夷蠙珠、暨鱼。”中国古代淮河、长江及东南沿海出珠，春秋时越国赠给赵孟“一箪珠”。但淮珠稀少，十分珍贵。《左传·哀公十一年》：“疾臣向魋，纳美珠焉，与之城钼。宋公求珠，魋不与，由是得罪。”国王向大臣索珠被拒，居然引出杀身之祸，珍珠宝贵可知。曹植有“家家自谓握灵蛇之珠”之说，认为珠由龙蛇而生，珍珠多有神话色彩。但南珠较多，故有“求珠驾沧海”之谚。廉州古有珠池县，雷州有“珠池公馆”，海南有珠崖，均是产珠之地。汉以后中国的珍珠主要来自合浦的雷、廉二州。出珠之地叫珠母海，又称珠池。雷、廉二州原有青莺、杨梅、乌泥、白沙、平江、断望、海渚、乐民8个珠池，统治者竭泽而渔，先使断望、对达无珠，到明代仅剩平江、杨梅、青莺、乐民4个珠池。明顾梦圭《珠池叹序》：“廉州平江、青莺、杨梅

① （宋）范成大．桂海虞衡志［M］．南宁：广西民族出版社，2009.

② （清）李调元．南越笔记·卷十［M］．北京：中华书局，1985.

池，雷州乐民池，产珠地也。”[①] 在理论上说，合浦珠应该指雷、廉、琼珍珠，因三地均曾属合浦。但琼因大海阻隔，交通不便，故合浦珠主要指雷、廉珍珠。

珍珠和玳瑁，简称“珠玳”。《有所思》塑造了“珠玳”这一大海珍宝的文学意象，它是一幅合浦“珠玳”进入汉代社会的风俗画，反映了合浦物产北进中原所产生的社会时尚和风俗文化。在汉代，“珠玳”首先流行于上层贵族中间，男人以珠饰剑、饰衣冠，出现了价值万金的双珠辘轳剑。女人更是珠光宝气，出现了珠珥、珠翠、珠花、珠髻、珠帘、珠帷、珠箔、珠庭、珠楼、珠帐、珠冠、珠袍、珠履、珠车、珠轩、珠丸等物品，出现了“珠环约素腕”的中国美人，出现了“珠被玳瑁床”“珠扉玳瑁床”的东方闺房，有了珠圆玉润、珠联璧合、珠辉玉丽的审美观和价值观。东汉以后，珍珠逐步成为商贾妻妾的妆饰，进入寻常百姓家。

诗歌隐含着合浦珠价值的发现。合浦珠产在南海，歌咏它的却是北方诗歌。这是因为发现其价值的是北方人。《唐京兆大兴善寺含光传》：“合浦之珠，北土之人，得之结步摇而饰冠珮。南海之人，见而不识，闻而可爱也。”[②] 北方人对珍珠的珍视和歌咏，提高了合浦珠的价值和合浦的知名度。

合浦珍珠的价值被发现后，它首先成为中国最高统治者的掌上明珠。合浦进贡珍珠的情况失载，但越南在宋代向中国的进贡可作参考。宋周去非《岭外代答》卷二：“（安南国）贡金器凡一千二百余两，以珠宝饰之者居半。贡珍珠，大者三颗，如茄子；次六颗，如波罗蜜核；次二十四颗，如桃核；次十七颗，如李核；次五十颗，如枣核。凡一百颗，以金瓶盛之。”合浦当年进贡的珍珠，相差不大。南海珍珠之大，令人惊叹。西域经敦煌向中国进献的珍珠，大者直径一寸，已是稀世之宝。但在南珠面前，简直不值一提。这些宝贵的珍珠，首先成为汉代宫中皇后、贵妃、宫女争相佩戴的首饰，她们以满身的珠光宝气竞争邀宠。《太平御览》卷七百一十八《西京杂记》：“赵飞燕为皇后，其女弟上遗合浦圆珠珥。”合浦郡建立在汉武帝元鼎六年（前111），但合浦珠随即进入汉宫。汉繁钦《定情诗》：“何以致区区，耳中双明珠。”皇帝喜爱佩戴珍珠的女人，珍珠成为中国第一夫人的最爱。齐陆厥《南郡歌》：“双珠惑汉皋，蛾眉迷下蔡。”南郡，指合浦，合浦双珠成为后妃神往的最美饰品。从此，合浦珠在朝廷大放毫光，汉

① （清）朱彝尊．明诗综·卷四十四［M］．上海：上海古籍出版社，1993.
② （宋）赞宁．宋高僧传·卷二十七［M］．北京：中华书局，1987.

代祭神乐府《练时日》："曳阿锡，佩珠玉。"《舒和》："叠璧凝影皇坛路，编珠流彩帝郊前。"合浦珠在汉宫中首先装饰后妃，随即又走进神殿。

东汉时期，合浦珠已风靡天下。王公大臣家中，"服珠玉者数百人"。于是合浦珠成为天下至宝。晋葛洪《抱朴子》："凡探明珠，不于合浦之渊，不得骊龙之夜光也。"① 合浦珠的代表是明月珠，它又称夜明珠、南海明月珠。在阳光下它白光属天，夜晚则浩然如月。梁释慧皎《高僧传》："珠生合浦，魏人取以照车。"② 合浦珠可在夜晚照明，其光辉和珍贵可知。唐李峤《珠》："昆池明月满，合浦夜光回。"南宋董嗣杲《英溪集》有《拟古》："海上采珠人，惟视夜光吐。携持以为珍，美价重合浦。"③ 夜明珠成为合浦珠的代称，也成为美女的标志。汉乐府《陌上桑》："秦氏有好女，自名为罗敷……头上倭堕髻，耳中明月珠。"中国古代民间美女的代表罗敷的妆饰，即是合浦珠。明戴钦《采珠曲》："团团走明月，湛湛摇青池。"合浦珠令美女摇曳生姿，美女焉有不爱合浦珠的道理。

《有所思》描写了"珠玳"在汉代人民爱情生活中的地位，描写了以"珠玳"为信物的爱情生活。女子惦记着在大陆最南端和在海南岛经商的情人，情人则带回琼雷海洋特产献给女子；"珠玳"把女子装饰一新，也把他们的爱情模式海洋化，情爱也提升到一个新的高度。雷州海南不仅开辟了中国海外商贸的经济空间，而且也改变了中国人以金、银、玉为爱情表达的传统方式，革新了女人饰物风尚，改变了男人心中的爱情形象，也使中国内陆文化受到海洋气息的影响。这些新出现在中原少女眼前的珍宝，闪耀着大海的光辉，传达着新鲜的海洋审美观。海洋文化走进了中原人的婚姻爱情和文化生活，冲击着他们的审美观念和爱情精神。

3. 雷州、合浦的珍宝文化

此后，中国出现了珍珠文化。第一，中国出现了采珠的蜑人。蜑人又称珠户、龙户，是专门采集珍珠的海上新人类，他们主要生活在北部湾——合浦一带。《晋书·陶璜传》："合浦郡土地硗确，无有田农，百姓唯以采珠为业。"蜑人的生活状况，宋周去非《岭外代答》卷三："以舟为室，视水如陆，浮生江海

---

① （晋）葛洪．抱朴子内篇·卷二十［M］．上海：上海书店，1986.

② （梁）释慧皎．高僧传·卷八［M］．北京：中华书局，1991.

③ 永乐大典·卷九百［M］．北京：中华书局，1986.

者，蜑也。”蜑人多在雷、廉，唐刘恂《岭表录异》卷上：“廉州边海中有洲岛，岛上有大池，每年太守修贡，自监珠户入池采珠，以充贡赋。”第二，中国出现了监珠的珍珠官吏和珍珠士兵。宋王辟之《渑水燕谈录·杂录》：“刘鋹据岭南，置兵八千人，专以采珠为事。”历史上有了贪官文化——“合浦珠去”；有了清官文化——“合浦珠还”。南朝宋沈怀远《南越志》有“国步清，合浦珠生”谚语。合浦珠还的主角孟尝，先在徐闻任县令，政绩突出，迁合浦太守，因雷州一带的珍珠而名垂青史。第三，出现了文身的宗教习俗。《广东新语》：“古时入水采珠贝者，皆绣身面为龙子，使龙以为己类，不吞噬。”① 第四，出现了关于珍珠的神秘观念。《国语·楚语下》：“珠，足以御火灾则宝之。”韦昭注：“珠，水精。”第五，出现了蜑人的反压迫起义。洪波浩渺，白浪滔天。镇海明珠，如何采得？雷、廉人民因采珍珠而饱含血泪。明叶盛《水东日记》卷五《珠池采珠法》：“盖蜑丁皆居海艇中采珠，以大舶环池，以石悬大絙，别以小绳系诸蜑腰，没水取珠。气迫则撼绳，绳动舶人觉，乃绞取，人缘大絙上……人多葬沙鱼腹，或止绳系手足存耳。”唐元稹《采珠行》：“海波无底珠沉海，采珠之人判死采。”元稹感叹采珠人的艰辛。人民受尽压迫，有时被逼上梁山。明顾梦圭《珠池叹序》：“先朝率十五六年，或十年一采，始得美珠上供。迩者三年再采，珠已竭矣，所得皆碎小，藩臬有司，并受诘责。不知此物，生息甚难，取之太频，安得圆美？每采，费舟筏兵夫以千计，顽悍之民，因缘为盗。今雷、廉凋敝已极，采取不止，将有他虞。”② 起义造反也成为珍珠文化的一部分。

4. 合浦珠与佛教

合浦珠与佛教发生关联是在三国以后。三国以前，佛教中最重视的是随色摩尼珠。释迦牟尼曾出示摩尼珠，而问五方天王云：此珠而作何色？三国以后，合浦珠进入佛教。隋费长房《历代三宝纪》卷三载，晋简文帝咸安元年（371）：“交州合浦郡人董宗之，常以采珠为业。尝于海底见光照耀，往取，乃得佛光。即表上台。帝敕安阿育王像背，冥然即合。四十余年，乃方具足。帝即于长干寺阿育王塔上，起三层木浮图。”合浦采珠蜑人发现海底佛物，这是佛门的大事，对于崇信佛教、有“南朝四百八十寺”的南朝政府而言，也是政治大事，故他

① （清）屈大均．广东新语·卷二十二［M］．北京：中华书局，1985.

② （明）何乔远．皇明文征·卷十四［M］．四库存目丛书集部（第328册）．济南：齐鲁书社，1995.

上达天廷，而起因却是因为珍珠，采珠人无意间也揭开了中国古代海洋考古的第一页。南北朝时期，关于佛教的争议接近尾声，合浦珠进入佛门，开启顿悟心源，成为佛教僧众禅、定、慧的观照对象。佛教认为，全部十方世界是一颗明珠，故开善寺有明珠柱，它在七日七夜大放佛光。唐宋时期，合浦珠的珠光月魄，在佛教界更加显耀。《五灯会元》卷三，东寺如会禅师问仰山禅师："我闻广南有镇海明珠，是否?"唐代西明寺著名的沙门道士的著作，即《法苑珠林》。宋普济《五灯会元》卷十八潭州慈云彦隆禅师说："尽大地，都来是一颗明珠。"时有僧问："既是一颗明珠，学人为甚不识?"沙曰："全体是珠，更教谁识?"佛教的大般若智慧，及其无价心珠，在明珠中熠熠生辉。《碧岩录》载："僧问：'如何是般若体?'智门云：'蚌含明月。'汉江出蚌，蚌中有明珠，到中秋月出，蚌于水面浮，开口含月光，感而产珠，合浦珠是也。"① 明月珠成为佛教禅慧中的般若体，佛教的般若大神珠，可以分形万亿躯，躯躯彰妙体。禅宗南岳下11世宝峰云庵真净禅师偈《散珠亭》："合浦圆相似，隋庭夜不殊。岂惟能善利，万物有工夫。"② 合浦珍珠成为佛教禅定、妙悟的工具，并推演出无限的哲学妙悟。

四、《有所思》背后的雷州史

古雷州半岛曾是海畔生存艰苦之地。相对于长江流域和黄河流域而言，我们对华南地区先民生活方式的了解一直比较贫乏。华南地区虽然水系纵横，农业生产的自然条件优越，可为先民提供极为丰富的动植物资源。但实际上华南的农业起源较迟。广东湛江鲤鱼墩遗址人骨出土以后，考古学家对人骨中骨胶原进行了C和N稳定同位素分析，分析显示：雷州半岛的先民仍然以海生食物作为主要的食物来源，陆生食物在食物构成中居次要地位。这与《晋书·陶璜传》所说"合浦郡土地硗确，无有田农，百姓唯以采珠为业，商贾去来，以珠贸米"③ 的情形相符。此时，中国已经形成黄河流域、长江流域和华南地区的三种类型的先

① （宋）圆悟克勤禅师．碧岩录·卷九［M］．台北：佛光文化事业有限公司，1997.
② （宋）赜藏．古尊宿语录·卷四十五［M］．上海：上海古籍出版社，1991.
③ （唐）房玄龄等．晋书·卷五十七［M］．北京：中华书局，1974.

民生活方式之局面①。而华南人的食物来源相对艰难，这便损害了他们的健康。通过对鲤鱼墩遗址的5例个体、123颗牙齿的分析发现：患龋病的共22颗，龋齿率为17.9%。这个比例超过其他经济类型人群，或与发达农业人群相当②。这使鲤鱼墩人的物理年龄，比他们的实际年龄大了十岁。这种情况在汉代有所改善。

雷州走进汉乐府并非偶然，它是灯楼角沙岬所俯视的蚌壳型地理的魅力与社会文化的结果。《有所思》的历史背景主要有以下几个方面。

1. 雷州：西汉广东的两大首府之一

雷州与广州是今天的称谓，西汉时叫徐闻与番禺。《有所思》为何不是写番禺而是徐闻呢？这是因为灯楼角沙岬所代表的珍珠地理地形，雷州地处南海与北部湾的结合部，这种珍珠地理地形赋予雷州独特的海洋地理和物产优势。

在西汉，徐闻与番禺雄踞广东的东西两翼：南海居其东，首府在番禺；合浦居其西，首府为徐闻。汉班固《汉书·地理志下》："合浦郡领五县：徐闻、高凉、合浦、临允、朱卢。"合浦五县中，徐闻即今雷州，高凉即今茂名、高州，合浦即今北海，临允即今新兴、罗定，朱卢即今海南。合浦五县中，徐闻为首县。《后汉书·郡国志序》："凡县名先书者，郡所治也。"换言之，徐闻是合浦郡首府。徐闻与番禺行政平级，是西汉时广东两大首府之一。合浦郡治东汉移至合浦县，南齐再回到徐闻；梁改合浦为合州，郡治徐闻（雷州特侣塘）。汉代合浦郡辖地涵盖今半个广东、整个海南和广西一部，合浦有小国之风，徐闻有国都的气象。这使雷州成为中国古代外交和贸易的南风窗。

雷州半岛的地理有两重属性：第一，在封闭的大陆环境下，它是穷海之末，且处岭南三郡边缘，是容易被忽略的地方。第二，在开放的海洋环境下，雷州成为大陆与海洋的连接点、南海与北部湾的结合部，在对外交往和国际贸易中有特殊地理优势，成为中国在南海的军事和经济战略要地。汉朝时，欧亚大陆中、西部的孔雀帝国、塞琉西帝国、托勒密帝国、迦太基帝国等强国已经灭亡，世界上仅存两大超级帝国：中国和西方罗马。公元2世纪，汉朝人口5 950万，比罗马帝国疆域最大时的人口还要多。当汉朝以强大的帝国形象出现在世界上时，雷州地理的第二重属性得到彰显。中国海上丝绸之路有两条：一条是从山东半岛东渡

---

① 胡耀武，李法军等．广东湛江鲤鱼墩遗址人骨的C、N稳定同位素分析：华南新石器时代先民生活方式初探［J］．人类学学报，2010（3）：264～269.

② 陈伟驹，李法军．鲤鱼墩遗址出土人牙的牙齿磨耗和龋齿［J］．人类学学报，2013（1）：45～51.

渤海，经朝鲜半岛，再南绕半岛东到日本等地；另一条从南海郡首府番禺出发，经雷州半岛合浦郡首府徐闻，沟通东南亚及更远地区。

当时造船的原料是树木，小船不能抵御台风巨浪，海洋航行需沿着海岸线在近海行进，故徐闻超越番禺成为重要的海航口岸。而且它还有接近东南亚的地理优势：航海中必须依托的半岛优势，使它成为中国与海外交通的中转站和物资补给站。在物产上，它拥有热带特产如犀、象、玳瑁、珍珠、葛布等资源优势。在海路国际贸易中，其地位比番禺更重要。班固《汉书·地理志》载，从徐闻出发，经日南障塞（今越南岘港）通都元国（今苏门答腊东北部）、邑卢没国（缅甸勃固附近）、谌离国（伊洛瓦底江沿岸），转陆路可达夫甘都卢国（缅甸的卑谬、唐骠国），海航可到黄支国（印度南马德拉斯西南），再南进已程不国（约今斯里兰卡）；回程经皮宗（新加坡西边）到日南郡象林县（越南中部广南省的茶荞）。商船带着中国的黄金和丝绸及岭南特产而往，满载海外明珠、璧流离、宝石等中国贵族喜爱的西洋宝贝而回。雷州犀牛、黑象、葛布等，蜚声海内外。

因此，徐闻遂成为中外货物集散地，灯楼角沙岬的经济和文化意义便显现了出来。中外商人云集于此，中外官员驻足于此，徐闻成为可比番禺的国际都会。唐李吉甫《元和郡县图志》："汉置左右侯官在徐闻县南七里，积货物于此，备其所求，与交易有利。故谚曰：'欲拔贫，诣徐闻。'"① 中国古代的侯官有三类：一是迎送宾客的侯人，二是主管斥候的军侯，三是占卜吉凶的官员。汉朝在徐闻的"左右侯官"，是在边境迎送和接待各国使者的外交官。《国语·周语中》："周之《秩官》有之曰：敌国宾至，关尹以告，行理以节逆之，侯人为导。"三国韦昭注："导宾至于朝，出送之于境也。"② 除了"左右侯官"外，汉朝在徐闻还有与外国使臣通言的"黄门译长"。中央政府直接管理对外的国际交往和海外贸易，其中一个重要的内容是采集珍珠："有译长，属黄门，与应募者俱入海市明珠、璧流离、奇石异物，赍黄金，杂缯而往。"③ 中央王朝官员与随员一起，带着中国的丝绸和黄金，到包括雷州在内的海滨购买明珠等南方奇货。徐闻犹如唐代的扬州和现代的上海，成为国人向往的发财淘金之城。故南宋嘉定《雷州图经》说："州多平涛沃壤，又有海道可通闽浙，故居民富实，市井居庐之盛，甲

① （唐）李吉甫．元和郡县图志逸文·卷三［M］．北京：中华书局，1983.
② （周）左丘明．国语·卷二［M］．上海：上海古籍出版社，1993.
③ （汉）班固，（唐）颜师古注．汉书·卷二十八［M］．北京：中华书局，1962.

于广右。"[1] 它成为中国南海一颗耀眼的明珠。直到六朝时，广州才在对外交通和经济上，逐渐超越徐闻、合浦。唐真人元开《唐大和上东征传》载唐代的广州："江中有婆罗门、波斯、昆仑等舶，不知其数。并载香药珍宝，积载如山，舶深六七丈。师子国、大石国、骨唐国、白蛮、赤蛮等，往来居住，种类极多。州城三重，都督执六纛，一纛一军，威严不异天子，紫绯满城，邑居逼侧。"唐大和上，指鉴真大师。唐代鉴真大师时，广州才完全超越徐闻、合浦，成为国际大都市。

古雷州的繁荣还有部分埋藏于地下。今天，在古雷州还时常有汉代遗物出土。在古雷州的海康、徐闻、遂溪、廉江等地已发现汉代遗址多处，它们是港头村、土旺村、候神岭、二桥、仕尾村、卜袍山岗、英楼岭、后海岭、科港村、罗家水、榄尾上等遗址。在这些遗址中发现了大量有方格纹、绳纹、戳印、弦纹等砖瓦和陶片，发现汉代五铢钱、陶纺轮、玛瑙珠等。在徐闻县五里乡二桥、仕尾村南面海中的大汉三墩中，发现"龙泉淡井"等汉人的生活设施。其中，头墩淡井已被土掩埋，二墩淡井为石砌成，直径有1.4米，三墩淡井也为石砌，直径1.5米。在古雷州多处发现汉墓，其中徐闻发现290余座，大部分是单室砖墓，出土陶器、陶珠、铁器、铜器、五铢钱、银饰、珠饰等汉代遗物[2]。这些出土文物以无言的形式默默地印证着古雷州昔日的辉煌历史。

2. 上古雷州的繁荣：徐闻与番禺比较

雷州能进入汉乐府，还有人文方面的原因。徐闻是国际都会，但历史上番禺更有名。《汉书·地理志》："（粤）处近海，多犀、象、毒冒、珠玑、银、铜、果、布之凑，中国往商贾者多取富焉。番禺，其一都会也。"番禺是国际都会，但其规模不能与今日的广州同日而语。赵佗时期，南越国贫穷。吕后下《令》："毋予蛮夷外粤金铁田器；马、牛、羊即予，予牡，毋与牝。"[3] 实施简单的以铁器和母畜为代表的经济封锁，就令南越国穷窘不堪。从《广州古代城址变迁示意图》看，南越国都城位于今广州市中山四路仰忠街城隍庙西侧，虽比秦代任嚣城（今广州市中山四路旧仓巷登峰南路一带）大了6倍，城周长达到十里，大致范围东至现立新路、西至中山五路，但面积仅有七八平方公里，不及今广州城的百

---

① （宋）王象之．舆地纪胜·卷一百一十八引［M］．北京：中华书局，1992.
② 杨晓东．雷州半岛与海上丝绸之路的文物［J］．岭南文史，2000（4）：30~33.
③ （汉）班固，（唐）颜师古注．汉书·卷九十五［M］．北京：中华书局，1962.

分之一[1]。南越国灭亡后，宫城焚烧，辖区缩小，郡治曾一度他移，番禺城市凋敝。南朝时期，番禺城市扩大九倍，但是《南齐书·州郡志上》说："广州，镇南海。滨际海隅，委输交部。虽民户不多，而俚獠猥杂，皆楼居山险，不肯宾服。西南二江，川源深远，别置督护，专征讨之。卷握之资，富兼十世。尉他余基，亦有霸迹，江左以其辽远，蕃戚未有居者，唯宋随王诞为刺史。"[2] 两汉广州从属交州，居民以本地土著蛮夷为主，户口不多，富庶远不及西江，这便是西江督护陈伯绍立越州与广、交分庭抗礼的原因。宋随王刘诞以安南将军任广州刺史在元嘉二十八年（451）五月，他虽开王侯居广之先例，但在广仅一年，对广州发展影响不大。

徐闻是汉代古县。西汉时今广东有 13 县：南海郡的番禺、博罗、中宿、龙川、四会、揭阳 6 县，合浦郡的徐闻、高凉，苍梧郡的高要、端溪，荆州桂阳郡的含洭、浈阳、曲江 3 县。13 县中除了番禺、博罗、四会、龙川为秦代设立，其余均是汉代设立的初县。东汉，广东仅新增增城一县。这些有 2 000 多年历史的古县中，博罗、四会、揭阳、徐闻等 10 余县辖地宽广，相当于今天的地级市。加之上述原因，徐闻在西汉比番禺繁荣。西汉时合浦郡 5 县，人口 78 980，县均近 15 800 人；南海郡 6 县，人口 94 250，县均近 15 700 人。合浦的人口密度还略高于番禺，对人口作出贡献的主要是合浦郡治雷州城。

3. 中古时期雷州的衰落

自三国开始，合浦郡被多次析分后，徐闻开始衰落。东吴黄武五年（226），交州一分为二，以合浦以北南海、苍梧、郁林为广州，合浦以南交趾、日南、九真、合浦为交州，岭南被一分为二。合浦五县中的南部四县归交州，北部高凉县归广州，合浦郡第一次被分割。《宋书·州郡志》引《吴录》，吴孙休永安三年（260 ）为加强中国海防和北部湾的军事布局，分出平山、兴道、宁浦 3 县为合浦北部，合浦第二次被分割。东吴时合浦户口锐减，六县仅两千户，为西汉时的 13%。东晋时中原人民大量南渡，南方以侨立州郡的措施来安置南下人口，南方郡县开始大撤分。据《南齐书·州郡志上》，宋泰始中（465—471）西江督护陈伯绍编造青牛神话以修筑青牛城，以合浦北部的百梁、陇苏、永宁、安昌、富昌、南流 6 郡为基础，割广、交、朱鸢 3 郡，设立越州，州治即青牛城（临漳

① 广州市博物馆. 广州历史文化图册［M］. 广州：广东人民出版社，1996.
② （梁）萧子显. 南齐书·卷十四［M］. 北京：中华书局，1972.

郡)，岭南形成广、交、越三足鼎立局面，合浦第三次被分化。唐代分岭南为73州，改越州为廉州合浦郡，辖汉合浦北部；以汉徐闻县设雷州海康郡，辖合浦南部，汉代的合浦郡被分成高、雷、廉、琼4州。唐以后，合浦仅指廉州或合浦县。汉合浦郡及治所徐闻的光辉日见黯淡。

在汉代，雷州渐渐在中国正史中崭露头角。但是，古雷州半岛最著名的雷神崇拜，仍然未见诸记载。

第九章　雷州古国覆灭之谜

雷州古国是什么时候覆灭的呢？正如它的建立没有历史记载一样，它的覆灭也同样悄无声息，如梦如谜。这是因为雷州古国的古越人似乎没有自己的文字记载，或者即使有也湮灭无闻了，我们只能通过雷州之外的资料，来间接地认识它，接近它的历史真实。

虽然雷州古国最大的神灵是雷神，雷州雷神起源于先秦，但是，它被人揭开面纱而为世所知，是在雷州王国覆灭以后，通过雷州以外的文人特别是中国北方文人的记述，才现身中国大地。

一、雷州古国的覆灭

岭南在秦汉入中国版图后，历代史书地理志对岭南均有记载，但是内容大多疏略。到唐代，史书对雷州的记叙顿增。《旧唐书·地理志四》："雷州，下，隋合浦郡之海康县。武德四年（621），平萧铣，置南合州，领海康、隋康、铁杷、椹川四县。贞观元年，改为东合州。二年，改隋康为徐闻县。八年，改东合州为雷州。天宝元年，改为海康郡。乾元元年，复为雷州也。"《新唐书·地理志》也大体相近。从这些记载中，是看不到雷州古国的丝毫痕迹的。《旧唐书·冯盎传》："武德四年，盎以南越之众降，高祖以其地为罗、春、白、崖、儋、林等八州，仍授盎上柱国、高罗总管，封吴国公，寻改封越国公。拜其子智戴为春州刺史，智或［彧］东合州刺史，徙封盎耿国公。"冯盎之子冯智彧为东合州刺史，即为雷州刺史。如果只据此为论，似乎雷州古国根本就没有存在过。其实，冯盎之子冯智彧为东合州刺史，只是名誉性的，当时的雷州不在冯家所控制的高、罗、春、白、崖、儋、林等八州之内。

虽然没有雷州古国的记载，但是雷州古国的覆灭还是大致可考的。

1. 雷州古国的现身

雷州古国在中国文献中最早一次，同时也是最后一次现身，在唐玄宗开元十年（722）。这是因雷州古国的大首领的外孙杨思勖的母亲“颍川太君”在开元九年（721）逝世。杨思勖（654—740），字祐之，生于唐永徽五年（654），卒于开元廿八年（740）三月，享年86岁，他是唐代罗州石城（今广东廉江）人。《旧唐书·杨思勖传》：“杨思勖，本姓苏，罗州石城人。为内官杨氏所养，以阉，从事内侍省。”他是有唐一代的重要人物，故新、旧《唐书》均有《传》。杨思勖的母亲是雷州古国的公主陈氏。陈氏（633？—721），约生于唐贞观七年，卒于开元九年，赠徐国夫人，葬长安城外万年县大约首乡神尘里（春明门外），享年88岁，她是唐代雷州土著王国大首领陈玄之女。唐张说《颍川郡太夫人陈氏碑》：

颍川郡太夫人者，讳某，字某，雷州大首领陈玄之女，罗州大首领杨历之妻。骠骑大将军兼左骁骑大将军虢国公思勖之母也。陈氏家富，兵甲代萸［首］峤外。夫人诞灵豪右，淑问幽闲。六行天至，不因师氏之学；四德生知，无待公宫之教。

原夫陈本妫水，杨承赤泉，九真为郡，良史出乎中国；五马浮江，侨人占乎南海。两州接轸，二门齐望，卜妻鸣凤，择对乘龙，杨公有聘玉之祥，应妪获探金之庆……太夫人是加爵邑，高堂九仞，重禄万锺，朝廷美其扬名，州党尊其远听。夫人富而好俭，贵而能勤。身却锦绣，手亲纺绩。公每昏定晨省，夫人必诫之忠孝，劝学文武。尝谓：汝口称思勖，当心念其义。父母佝之，欲汝三思而勖励也。……

臣节立矣，君恩厚矣，子孝成矣，母慈著矣：备此四者，善孰加焉？抑神道心，而人伦兴行。诗曰：“母氏圣善。”又曰：“宜尔子孙。”斯实颍川太君之有也。①

上面所引，是张说《颍川郡太夫人陈氏碑》中对陈氏颂扬的主要部分。她是雷州大首领陈玄的公主，陈玄即《雷祖志》或者其他雷州传说中的雷祖陈文玉的原型。杨思勖的父亲是石城王国之王子（对唐朝称为大首领），母亲是雷州王国之公主。杨思勖的父母婚姻，是岭南两个相邻的土著王国之间的政治联姻。两个土著王国均世代“纪纲南土”，为一方国王。所谓“两州接轸，二门齐望”，

① （清）董诰等．全唐文·卷二百二十七［M］．上海：上海古籍出版社，1990.

“两族相京，财雄兵锐”。而雷州王国似乎更为强大：“陈氏家富，兵甲代奠［首］峤外”，雷州王国的“兵甲”，世代居岭南诸国之首。如果不是天外横祸，雷州王国的公主不会流落到罗定，雷州王国的外孙——一代王子，也不会沦为宦官！

2. 雷州古国邻国的灭亡

雷州古国的灭亡时间，可以从它的邻国的命运来推测。雷州古国三邻国的命运：第一，罗州石城王国的灭亡，时间约在唐高宗显庆四年（659），思勖时年六岁。这年，是罗州大首领家族被灭之年。王国灭亡后，杨思勖没有被杀害，是因他年幼被赦。他虽侥幸未死，但为使杨氏绝种，他难逃被阉命运。第二，高州王国的灭亡，时间在武则天圣历二年（699）。这年，杨思勖的老乡和义弟高力士，就与他有了同样的命运。高力士（690—762），广东潘州（今茂名）人，本名冯元一。曾祖父冯盎，累世为岭南大首领。唐武德四年（621），冯盎以南越八州降唐，被授上柱国、广韶十八州总管，封越国公，赠荆州大都督。身为岭南第一豪族的冯家，本有称王的实力，却遭暗算。在冤案迭出的大周武则天时代，冯盎之孙、高力士之父冯君衡被诬谋反，惨遭诛族。唐张说《赠广州大都督冯府君神碑铭》：“甲兵雄于一方，政化沓于千里……以圣历之岁，终于本城。子幼家艰，丧礼盖阙。”[①] 圣历，为武则天“大周”的年号，圣历共二年，冯家被灭，当在圣历二年（699）。冯家被灭族，尸骨无人收葬。冯元一因年幼，故免死，阉割后沦为宦官，高延福收为养子故易姓高。第三，潘州国命运。唐张九龄《敕安南首领爨仁哲等书》：“敕安南首领岿州刺史爨仁哲、潘州刺史潘明威、獠子首领阿迆和蛮大鬼主孟谷悮、姚州首领左威卫将军爨彦征、将军昆州刺史爨嗣绍、黎州刺史爨曾、戎州首领右监门卫大将军南州刺史爨归王、南宁州司马威州刺史都大鬼主爨崇道、升麻县令孟耽卿等：虽在僻远，各有部落，俱属国家，并识王化。比者时有背叛，似是生梗，及其审察，亦有事由：或都府不平，处置有失；或朋仇相嫌，经营损害：既无控告，自不安宁，兵戈相防，亦不足深怪也。然则既渐风化，亦当颇革蛮俗，有须陈请，何不奏闻？蕃中事宜，可具言也。今故令掖庭令安道训往彼宣问，并令口具，有不稳便，可一一奏闻。秋中已凉，卿及百姓并平安好，遣书指不多及。”[②] 张九龄在开元二十年（732）二月转为工部侍郎，兼

① （清）董诰等．全唐文·卷二百三十［M］．上海：上海古籍出版社，1990.

② （宋）李昉等．文苑英华·卷四百七十［M］．上海：上海古籍出版社，1987.

集贤院学士，八月兼知制诰。此敕书的时间，最早当不超过开元二十年后。潘州，属唐岭南五管的邕管，为其十州之一。《旧唐书·地理志》：“潘州，下，隋合浦郡之定川县。武德四年（621），置南宕州，领南昌、定川、陆川、思城、温水、宕川六县，治南昌县。贞观六年（632），移治定川。八年（634），改为潘州，仍废思城县。”潘州，治所茂名，为古西瓯、骆越之地。潘州与雷州比邻。此时的潘州“俱属国家，并识王化”，其长官称潘州刺史，说明它已归顺朝廷。但是，刺史潘明威又与安南首领岿州刺史、蛮大鬼主等被列为“时有背叛”之辈。这时，岭南的土著酋长国不时反叛：开元十年（722），安南大首领梅叔鸾反叛，称“黑帝”；开元十四年（726）春岭南邕州（今广西南宁）、封陵（今邕宁县东北）獠首梁大海、周光等据宾（今广西宾阳县南）、横（今广西横县南）等州反叛；开元十六年（728）春，广东春（今阳春）、泷（今罗定）等州酋长——泷州刺史陈行范和广州大首领冯仁智、何游鲁等反叛，并一度占领40余城。有鉴于此，唐玄宗颁发此诏书，既给这些名义归顺的酋长以申斥，又给予安慰。可见，当时的潘州仍属“大鬼主”当国的土著部落，潘明威仍是潘州国王。其之所以没有灭亡，是因为在名义上已经归顺朝廷。但是，其与茂名以西直至安南的土著酋长王一样，时有背叛之心。朝廷没有立即消灭他们，是因为暂时还无暇顾及。

雷州古国的灭亡，必与上述三个王国中的一个的灭亡相关。笔者认为，雷州古国的灭亡，当与冯氏王朝的灭亡同时，在圣历二年。这年，以岭南讨击使李千里送冯盎曾孙冯元一（即高力士）为标志，包括雷州大首领陈氏土著王在内的雷州古国，先后瓦解，雷州古国的历史戛然而止。雷州王国没有像潘州土著王国那样，挨到开元二十年。这是因为，杨思勖的母亲陈氏，本是雷州土著酋长的女儿。但是，开元元年（713），杨思勖以三品右监门卫将军的身份找到他年近八旬的母亲时，她并没有在雷州，而是流落到了罗定。可见，在开元初，雷州的“大鬼主”（或曰国王，大首领）已不存在。此时，距雷州古国的灭亡已有十三四年。

3. 雷州古国的人才流落他乡

从雷州古国的陈氏子孙陈义流落到高州为将，也可以证实雷州古国的覆灭。雷州古国的灭亡在盛唐时期，到晚唐时陈义到高州刺史房千里帐下为将。这背后隐藏着雷州土著王朝覆灭的信息。陈义的祖先，在宗族上是雷州的人文初祖，在宗教上是雷州的雷神之子，在政权上是雷州的酋长——大首领。雷州陈氏家族有这样辉煌的历史，那么陈义就不应该离开家乡而效命于他州。按《雷祖志》所说，唐贞观时期，陈文玉还是雷州刺史。按张说的记载，陈玄是雷州土著王朝的大首领，并与罗州的土著王朝彼此政治联姻，称霸于雷州半岛。这种辉煌大约从初唐勉强延续到盛唐。初唐时，就有岭南土著王谋反的消息。元胡炳文《云峰集》卷五《故广西两江道宣慰使司都元帅府经历马君墓志铭》："唐贞观初，岭南酋长冯盎谋反。"武则天时期，中央王朝便大军压境，开始绞杀岭南土著王朝，岭南的高州王朝、罗州王朝、雷州王朝相继灭亡。在唐朝中央军绞杀和灭族高州与罗州之时，与这些王朝有政治联姻的雷州王朝怎能幸免于难？因而，雷州王族之子陈义，不得不流落到高州谋生。

二、雷州的唐代刺史

从雷州的首任刺史，也可窥知雷州土著王朝的命运。

据明万历《雷州府志》卷六《秩官志》，雷州的首任刺史是陈文玉："南梁本州刺史，陈文玉。"此说误，已见前。雷州的首任刺史产生于唐代。明李贤《大明一统志》卷八十二《名宦唐代》："张采、陈听思，俱雷州刺史。郡有《太守题名碑序》。雷在唐为下州，置刺史，见于纪传者，惟张采，陈听思二人而已。"万历《雷州府志》卷六"唐州刺史"有四人，首任即张采："张采，曲江人，见《名宦》。"卷十五《名宦志》："张采，曲江人，祖九章，文献公弟也。奕世显仕。至采，以明经刺雷州，政尚宽简，不事苛细，常恬若无为，而惠逮者远，人以为得治体。"这里"祖九章"，误。《广东通志》卷三十八："张采，曲江人，祖九章。"误同。当作："父九章。"张采，生卒不详。张九章，是张九龄的三弟。《广东通志》卷三十八："张九章，仕南海令，累迁桂阳长史，天宝五年（746），累官岭南经略节度使。好为民兴利，户口倍增。后为义王府长史，奉命册封南海神为广利王，碑刻尚存。"张九章和其二哥为官，是因张九龄之故。张九龄在开元二十年（732）二月转为工部侍郎，兼集贤院学士。八月，兼知制诰。此时，张九龄已55岁，屡乞归养。玄宗不准，把其弟张九皋、张九章就近家乡封官，以照顾老母。张九皋后官至广州都督兼五府节度经略使，张九章后官至岭南节度使、广州都督，都是统治岭南的封疆大吏。张九章有子九人：长子张招，大理评事。次子张据，金华令。三子张援，阳川主簿。四子张操，沂州司马。五子张采，雷州刺史。张九章，生卒不详。其长兄张九龄，生于仪凤三年

（678）。二兄张九皋生于武则天天授元年（690），小九龄12岁。假定张九章比九皋小5岁，他35岁时生第五子张采的话，张采当生于开元二十八年（740）。张采任雷州刺史的时间，当在唐德宗建中元年（780）前后。《广东通志》卷四十四张采："宽洪廉靖，有古循良风，祀雷州名宦。"

在张采之后，雷州刺史还有三人，他们分别是：

柳仲郢，大中（847—859），华原人，见《名宦》。
韦保衡
陈听思，咸通（860—873），润州人，有《传》。

柳仲郢（？—864）唐代大臣，字谕蒙，京兆华原（今陕西铜川耀州区东南）人。柳公绰之子。少年时勤读经史，尤对《史记》《汉书》以及魏晋南北朝史有深入研究，编有《柳氏自备》，著有《尚书二十四司箴》、文集二十卷等。柳仲郢在大中十二年（858）被贬为雷州刺史。

韦保衡，生卒时间不详。《旧唐书·韦保衡》："韦保衡者，字蕴用，京兆人。"韦保衡于咸通五年（864）登进士第，累拜起居郎，咸通十年（869）正月，尚懿宗女同昌公主，官至宰相。咸通十一年（870）八月，同昌公主病逝，韦渐失势。咸通十三年（872）五月，因国子司业韦殷裕告郭淑妃弟阴事，上大怒，杖杀韦殷裕。此案牵连到驸马韦保衡，他被贬为雷州刺史，寻又贬儋州澄迈县尉，再贬驩州，再被赐自尽①。他被贬为雷州刺史的时间很短，故无事迹记载。这三人任雷州刺史，均在晚唐时，上距张采已有六七十年。

可见，唐王朝正式对雷州派遣官吏，把雷州纳入真正有效的管理，已是中晚唐的事了。如果说雷州古国在盛唐时覆灭的话，这中间还有几十年的时间空白。

三、雷州雷神的现身

虽然古雷州在公元前1世纪已经成为中国"南极"大郡——合浦郡的首府，但是要到六七百年后的唐代，雷州雷神才第一次在中国文献中现身。

有唐一代，记叙与雷州有关故事的有九人。如盛唐人张鷟（约660—740）

① （宋）司马光撰，（元）胡三省注．资治通鉴·卷二百五十一［M］．北京：中华书局，1976.

在《朝野佥载》卷二有《王弘流雷州》，晚唐穆宗时段公路《北户杂录》中的《孔雀媒》《蛇红》《象鼻炙》等，晚唐薛渔思《河东记》之《崔绍》记崔绍在太和八年（834）九月十六日达雷州，唐佚名《玉泉子》说中唐元和初黜八司马时，崔彦融贬雷州等。这四人所记与雷神无关，故不论。记雷州雷神故事的有以下五人。

第一位，是中唐至德二年（757）的进士戴孚。其《广异记》有：

《雷斗》：

唐开元末，雷州有雷公与鲸斗。鲸身出水上，雷公数十，在空中上下，或纵火，或诟击，七日方罢。海边居人往看，不知二者何胜，但见海水正赤。

《欧阳忽雷》：

唐欧阳忽雷者，本名绍，桂阳人。劲健，勇于战斗，尝为郡将，有名。任雷州长史，馆于州城西偏，前临大池，尝出云气，居者多死。绍至，处之不疑。令人以度测水深浅，别穿巨壑，深广类是。既成，引决水，于是云兴，天地晦冥，雷电大至，火光属地。绍率其徒二十余人，持弓矢排锵，与雷师战。衣并焦卷，形体伤腐，亦不之止。自辰至酉，雷电飞散，池亦涸竭，中获一蛇。状如蚕，长四五尺，无头目，斫刺不伤，蠕蠕然。具大镬油煎，亦不死，洋铁汁，方焦灼。仍杵为粉，而服之至尽。南人因呼绍为“忽雷”。

《鲸鱼》：

开元末，雷州有雷公与鲸斗。身出水上，雷公数十在空中上下，或纵火，或诟击，七日方罢。海边居人往看，不知二者何胜，但见海水正赤。

第二位，是中唐的李肇，其《唐国史补》云：

或曰：雷州春夏多雷，无日无之。雷公秋冬则伏地中，人取而食之，其状类彘。又与黄鱼同食者，人皆震死。亦有收得雷斧、雷墨者，以为禁药。

第三位，是高州刺史房千里，他的《陈义》已见第二章，此从略。

第四位，是唐昭宗时曾任广州司马的刘恂，其《岭表录异》有：

《雷公墨》：

雷州骤雨后，人于野中得鷖如石，谓之雷公墨。扣之铮然，光莹可爱。(明李时珍《本草纲目》卷十引《岭表录异》)

《雷公庙》

雷州之西，有雷公庙，百姓每岁配［卒，造］连鼓雷车，置庙内。有以鱼彘肉同食者，立为霆震，皆敬而惮之。每大雷雨后，多于野中得鷖石，谓之雷公墨。叩之锵然，光莹如漆。又如霹雳处，或土木中，得楔如斧者，谓之霹雳楔。小儿佩带，皆辟惊邪，孕妇磨服，为催生药，必验。(《太平广记》卷三百九十四，宋王象之《舆地纪胜》卷一百一十八)

第五位，是晚唐裴铏（860年前后在世），其《传奇》之《陈鸾凤》云：

唐元和中，有陈鸾凤者，海康人也。负气义，不畏鬼神，乡党咸呼为后来周处。海康者，有雷公庙，邑人虔洁祭祀。祷祝既淫，妖妄亦作。邑人每岁闻新雷日，记某甲子，一旬复值斯日，百工不敢动作。犯者不信宿必震死，其应如响。时海康大旱，邑人祷而无应，鸾凤大怒曰："我之乡，乃雷乡也。为神不福，况受人奠酹如斯。稼穑既焦，陂池已涸，牲牢飨尽，焉用庙为！"遂秉炬烧之。

其风俗，不得以黄鱼彘肉，相和食之，亦必震死。是日，鸾凤持竹炭刀，于野田中，以所忌物相和啖之，将有所伺。果怪云生，恶风起，迅雷急雨震之。鸾凤乃以刃上挥，果中雷左股而断。雷堕地，状类熊猪，毛角，肉翼青色，手执短柄刚石斧，流血注然，云雨尽灭。鸾凤知雷无神，遂驰赴家，告其血属曰："吾断雷之股矣，请观之。"亲爱愕骇，共往视之，果见雷折股而已。又持刀欲断其颈，啮其肉，为群众共执之曰："霆是天上灵物，尔为下界庸人。辄害雷公，必我一乡受祸。"众捉衣袂，使鸾凤奋击不得。逡巡，复有云雷，裹其伤者和断股而去。沛然云雨，自午及酉，涸苗皆立矣。遂被长幼共斥之，不许还舍。

于是持刀行二十里，诣舅兄家。及夜，又遭霆震，天火焚其室。复持刀立于庭，雷终不能害。旋有人告其舅兄向来事，又为逐出。复往僧室，亦为霆震，焚热如前。知无容身处，乃夜秉炬，入于乳穴嵌孔之处，后雷不复能震矣，三暝然后返舍。自后海康每有旱，邑人即醵金与鸾凤，请依前调二物食之，持刀如前，皆有云雨滂沱，终不能震。如此二十余年，俗号鸾凤为雨师。至大和中，刺史林绪知其事，召至州，诘其端倪。

鸾凤云："少壮之时，心如铁石。鬼神雷电，视之若无当者。愿杀一身，请苏万姓，即上玄焉能使雷鬼敢骋其凶臆也！"遂献其刀于绪，厚酬其直。（出《传奇》，宋李昉等编《太平广记》卷三九四）

上述五人的记叙，使雷州的雷神终于走出千百年来封闭的雷州半岛，现身于中华大地，而为全国人所知。他们是使雷州雷神从口传走向文本的功臣，也是使雷州雷神现身于天下的功臣。

但只要留心就不难发现，记叙雷州雷神故事的这五人都是中晚唐人。这些作者的时代，也就是任唐代雷州刺史的人的时代。

这就意味着：当雷州古国在盛唐灭亡以后，当中央朝廷派北方官员到雷州主事以后，雷州雷神的故事才慢慢地翻越雷州半岛的藩篱，走向全国。虽然唐代的雷州刺史们最先、最真实地贴近这些神奇的故事，但是他们没有将其付诸笔端。最先记录雷州雷神的故事的人，是高州刺史、广州司马等唐代的诗人和唐传奇的作者，他们用唐代特有传奇之笔，蘸着唐人的浪漫激情，兴奋地把它固化在纸笔之上，传向四面八方。

文学是轻盈的，历史是沉重的。当这些轻盈的神秘故事飘向四面八方之时，却是雷州古国沉重的灭亡之日。

第十章　雷州黎话之谜

今天的雷州话（简称“雷话”），人们称为“黎话”。但是，它却不是少数民族黎族的语言，而是闽南语。换言之，今天的雷州人说的是外来汉族的语言，而不是古雷州人的语言——真正的黎话。那么，这是为什么呢？而且雷州当地土著古越人或者说黎人到哪儿去了？闽南语又是如何占领雷州的？这些问题，都值得探讨。

对于闽方言如何入主雷州，《雷州话方言词典》《粤西闽语雷州话研究》和《雷州方言志》等已有研究，雷州民间的族谱也有记载，但是研究仍然有待深入。本章拟从雷州话变迁的角度，来折射雷州的人口变迁和外来移民的迁徙史。

一、雷州话与雷州历史

1. 雷州话

雷话祖籍是闽南漳泉地区，还有学者指出：“雷州话的祖宗话是古代闽语的莆田话。”[①] 闽南方言在大陆的次方言区有四：泉漳、潮汕、雷州、琼文。雷州片指古雷州的徐闻、海康、遂溪。据2004年成书的《湛江市志》，湛江雷话使用人口280万，占半数以上。此外，雷话还通行于湛江之外的茂名之电白、茂港，阳江之阳西县及中山等地，使用人口约170万。加上隔海相望的琼州语，闽南方言在古粤西形成一片相连接的语言版图。

2. 雷话与“黎话”

雷话原名“东语”，是东方的外来语。它却有土著语之名——黎话。称它为“黎话”名不副实，因雷州历史上本有“黎话”，即黎族语言。黎族史上又称“俚”人。《后汉书·南蛮传》：“九真徼外，蛮里张游。”唐李贤注：“里，蛮之

① 蔡叶青．海康方言志［M］．广州：中山大学出版社，1993. 251.

别号。今呼为俚人。”黎族得名，一说是因“俗呼山岭为黎”。[①] 俚人称谓含有贬义，《南史·萧励传》：“俚人不宾，多为海暴。”古代俚獠并称，晋裴渊《广州记》：“俚獠贵铜鼓。”俚人多暴，俚獠，贬义分明。晋张华《博物志》卷二：“交州夷名曰俚子。”交州夷俚子，即指黎族。把雷话称为黎话，表达了歧视态度和贬斥感情。雷话被称为“黎话”，意指它如同“黎话”般卑贱。“黎话”作为语言“恶谥”加在雷话身上，使雷话成为少数民族语言“黎话”的替身，同时这也掩盖了雷州历史上本土语言的历史真相。

3. 雷州本土语言——真正的“黎话”

宋苏轼《和陶拟古九首》说“海康杂蛮蜑”，雷州语言在宋代已很杂乱，真正的黎话在古雷州曾存在过。明万历《雷州府志》卷五说，雷州语言有三种：官语、黎语和东语：

> 雷之语有三。有官语，即中州正音也，士大夫及城市居者能言之。有东语，亦名客语，与漳潮大类，三县九所乡落通谈此。有黎语，即琼、崖、临、高之音，惟徐闻西乡言之，他乡莫晓。大抵音兼角徵，盖角属东，而徵则南也。雷地尽东南音，盖本诸此耳。东语谬，黎语益侏俜。非正韵，其孰齐之。[②]

黎话是雷州原生的本土语言。苏轼称雷州“黎山有幽子”，又称雷州人为“郡僚”，即指宋代雷州的土著黎人。黎话，是“黎山幽子”的语言，属汉藏语系壮侗语族黎语支。雷州七八千年前的人类即越人的祖先，他们的语言是古越语。三国吴万震《南州异物志》：“广州南有贼曰俚。此贼在广州之南，苍梧、郁林、合浦、宁浦、高凉五郡中央，地方数千里。往往别村，各有长帅，无君主，恃在山险，不用王法。”[③] 雷州汉名徐闻，属交州合浦郡，为俚人区之一，黎语是此时的通用语。明代黎话虽存，但已是濒临灭绝。

---

① （清）傅恒．皇清职贡图·卷四［M］．扬州：广陵书社，2008.
② （万历）雷州府志·卷五［M］．北京：书目文献出版社，1989.
③ （宋）李昉等．太平御览·卷七百八十五［M］．北京：中华书局，1994.

二、雷州《言语志》序列

1. 明万历《雷州府志》

明万历《雷州府志》卷五《言语志》是雷州语言史的权威版本，记载了明代雷州言语的种类和具体状况，是研究雷州语言的基础。此外，向上追溯，雷州《言语志》还有更古老的版本。

2. 明嘉靖《雷阳志》

上述内容还见于《雷阳志》。清顾炎武《天下郡国利病书》第28册《广东中》引作《雷阳志略》①。《雷阳志略》即《雷阳志》的缩略，书名为节录《雷阳志》时所加。《雷阳志》内容有三：一是雷州潮汐变化，二是雷州的语言，三是雷州赋税。语言部分与万历《雷州府志》内容相同，但文字有出入。

《雷阳志》涉及的时间有国初、弘正（弘治）、嘉靖、天顺、成化、正德等，最晚的是明嘉靖三十七年，即1558年。因此，《雷阳志》当成于明代嘉靖，可称嘉靖《雷阳志》。古雷州地区的方志已有宋代《雷州图经》和《雷州府志》。雷州方志名称一般叫《雷州府志》，除上述以外，元代的叫《雷阳志》。嘉靖《雷阳志》当是沿袭元代的《雷阳志》。

3. 元代《雷阳志》

《永乐大典》有《雷阳志》残卷，成书于明成祖朱棣永乐年间的《永乐大典》离明朝建国才30余年，该书所引方志最晚也是元代。《永乐大典》第2263、7237和20354等卷多次引用《雷阳志》。《永乐大典》第3143、7514等卷多次引《雷州府图经志》②。《永乐大典》第2949卷引《雷州府志》："元马合谟，字瑞卿，回回人氏。后至元三年为宪副。"当为元代府志。因此，《雷阳志》当是元代方志。明嘉靖《雷阳志》在沿袭元代称谓的同时，也承袭了元代的内容。明万历雷州《言语志》上承明嘉靖，其上源则是元代《雷阳志》。

4. 宋雷州《言语志》和《四民志》

雷州《言语志》的年代序列，还可以追溯到宋代。宋祝穆《方舆胜览》引

---

① 顾廷龙．续修四库全书·卷五百九十七［M］．上海：上海古籍出版社，1995. 386.

② 马蓉等点校．永乐大典方志辑佚·卷五［M］．北京：中华书局，2004. 2788，2789，2791，2794.

《雷州图经》：“本州实杂黎俗：故有官语、客语、黎语。”[1] 据宋代《雷州图经》，宋代雷州已有官语、客语、黎语三种语言。宋王象之《舆地纪胜》卷一百一十八引《图经》（《雷州图经》）：“本州实杂黎俗，故有官语、客语、黎语。今语言之间，官话则可对州、县官言也；客语则平日相与言也；黎语虽州人或不能辨。”《大明一统志》卷八十二所引同。这段话中，前半与《方舆胜览》同，后半则多出数语以解释三种语言：官话是州县官员的办公语言；客语是雷州的日常语言，当为闽语；黎语，州人也不能解，当为当地的黎族语言。清顾炎武《天下郡国利病书》引《寰宇记》云：

> （雷州）俗有四民。一曰客户，居城郭，解汉音，业商贾。二曰东人，杂处乡村，解闽语，乐耕种。三曰深居远村、不解汉语，惟耕垄为活。四曰蜑户，舟居穴处，亦能汉音，以采海为生。

《寰宇记》即宋乐史《太平寰宇记》。今《太平寰宇记》卷一百六十九载有雷州内容，但无上述记载，它是亡佚的资料，弥足珍贵。这里谈雷州四民，可名为“四民志”，雷州语言已包含其中，其内容比《雷州图经》更具体，在上述三种语言之外，又有蜑语一种。

邻近廉州府的语言也可为参照。明李贤等《大明一统志》卷八十二引《廉州图经》：“俗有四民：一曰客户，居城郭，解汉音，业商贾。二曰东人，杂处乡村，解闽语，业耕种。三曰俚人，深居远村，不解汉语，惟耕垦为活。四曰蜑户，舟居穴处，亦能汉音，以采海为生。”此《廉州图经》李贤未注明时代，但《大清一统志》卷三百四十八引此语后注“《宋图经》”，可知，《廉州图经》四民语乃宋代的语言形势，它与雷州的情况基本相同。宋周去非《岭外代答》：“钦民有五种；一曰土人，自昔骆越种类也。居于村落，容貌鄙野，以唇舌杂为音声，殊不可晓，谓之蒌语。二曰北人，语言平易，而杂以南音。本西北流民，自五代之乱，占籍于钦者也。三曰俚人，史称俚獠者是也。此种自蛮峒出居，专事妖怪，若禽兽然，语音尤不可晓。四曰射耕人，本福建人，射地而耕也。子孙尽闽音。五曰蜑人，以舟为室，浮海而生，语似福、广，杂以广东、西之音。蜑别有记。”钦州语言有五种，俚人即黎人；蒌语，又称广西蒌语，是古越人缚娄

---

[1] （宋）祝穆．方舆胜览·卷四十二［M］．北京：中华书局，2003.

国的语言，今壮族语言的前身；蒌语与黎语皆土语，故钦州语言仍为四种。疍语杂乱，难以单独成类。故钦州语言实只有北方话、闽语和土语三类。钦州时属廉州，语言与廉州相近。《岭外代答》与《廉州图经》等所载是宋代的情形。《大明一统志》后百余年，明王士性《广志绎》卷四所载廉州语言四类，与此大体相同。雷州与廉州地理相接，宋元时同属广西，语言相近在情理之中。

从宋代的《言语志》和《四民志》到元、明和民国的《方言志》，构成了雷州方言的历史序列。

三、雷话生成的语言过程

从宋到明的《言语志》序列，反映了雷州语言演变和雷话生成的历史过程。

1. 宋代雷州语言三足鼎立

在《太平寰宇记》雷州《四民志》中，可看到雷州语言的基本面貌。雷州四民：一是客户，他们居城郭，解汉音，业商贾，当是“官话”者。二是东人，杂处乡村，解闽语，乐耕种，当是“东语”者。三是深居远村，不解汉语，惟耕垦，当是“黎语”者。四是疍户，舟居穴处，亦能汉音，语言并不独立。可见宋代雷州已成官语、闽语和黎语三足鼎立局面：此时无“官话”一词，称为“汉音”，它通行于城镇集市，官话规模已初具。讲闽语的东人主要是农民，存于乡村。黎语在偏远山村，处于社会底层，没有任何影响力，但也无濒危的危险。

2. 元明三种语言此消彼长，雷话主导地位初露端倪

在元代《雷阳志》和明代《雷州府志》中，三种语言从名称到形势都发生了根本转变：此时已出现“官语”一词，又称“中州正音”，使用范围在雷州府，是府属外地官员所用的北方方言。它已摆脱“客户”地位，从“汉音”升到“官话”，是雷州权贵语言，名称上也显出语言的霸权。闽南语已有“东语”“客语”等名称。“客语”表明它还未成为“主人”，处于被排斥地位，故有“谬”的恶评。但在现实中已从乡村俗语升为三大县城、集镇和乡村的“通谈”，后代通用语“雷话”的基干已初步生成。黎语地位下降，被称为猪猡语，仅龟缩在徐闻西乡的语言孤岛上，成为事实上的濒危语言。后终于消亡，只有今海南黎族还使用着。徐闻西乡是雷州黎语的最后葬身之地，建议在此为它立碑！

明李贤等《大明一统志》也可印证。该书卷八十二：“州（雷州）杂黎俗，

故有官语、客语、黎语。官语，则可对州县官言。客语，则平日相与言也。黎语，虽州人，或不能尽辨。”这是元明时雷州的语言形势。三种语言中，官话仅是面对外来官吏的衙门语言；客话即东语，已是日常通语；黎语已少解人，它已濒危。

元明雷州《言语志》具有重要意义。首先，它记载了雷州半岛三种语言的兴替过程：黎族语言已濒于灭绝，最后退出了雷州的历史舞台。官话和东语地位上升，其发展空间是黎语萎缩的结果。官话、东语中，值得注意的是东语。它没有官话的霸权：东语指其母语所在——粤之东，福建。“东”来自潮州语，屈大均《广东新语》：“潮阳以钱八十为一佰，曰东钱。”① 当时雷州有“潮州会馆”，“东语”自然从粤东潮汕传到雷州。“客”相对于“主”，“客语”指其语言主体的客人身份还未消除，还未成为雷州语言的主人。但它潜力巨大，前途光明。其次，它揭示了雷州语言运动的规律：官话凭借政治权力企图占领语言高地，但未成功。闽南语本是“民语”，这种来自东方的语言没有官方威权和法理正统，仍在雷州“做客”，但已脱离农民语言地位，凭借读书和经商途径进入城市，成为城镇之“通谈”，即雷州三大县城、集镇和乡村的通用语。它离“雷话”，还有一步之遥。

3. 雷话的最后生成

雷话生成的最后一步在清代完成，民国《海康县续志·方言志》引万历《雷州府志·言语志》后，加《按语》云：

> 雷州语三，海康多属东语，而读书则半官语也。又有惠语，多惠州人移居相沿者，然居少数。（陈）景鋆又识。②

此说明简短却重要。清康熙《海康县志·言语志》照搬了《雷州府志》，但民国《海康县续志》却补充了新的内容。这里未提到黎话，当是它已消亡。官话也被忽略，雷州历史上的三种语言现在需要补充的只有东语，它代表了雷州语言的新面貌，这表现在以下几个方面：第一，语言的基本形势变了，现已是“东语”的天下。第二，语言实践中“东语”如何在技术上处理文白异读的问题：

---

① （清）屈大均．广东新语·卷十一［M］．北京：中华书局，1985.

② （民国）海康县续志·卷二［M］．雷州：雷阳印书馆，1938.

读书时用“半官语”，即雷州人在生活中说闽南语，书面语中力图用“正音”（官话），却不准确，故为“半官语”。第三，雷州的新语种：雷州现在有了“惠语”，即惠州客家话。虽是少数，但《海康县续志》编者没有忽略，描绘出严谨的学风。第四，具体描述闽南语现状：它对郎罢、爹爹、婶姆、鬼侩等数十条语料进行了描写，描绘出“东语”的词汇和读音面貌。如：“郎罢：父称也。县人谓之郎，或谓之罢。”陈景鎏又加《按语》：“郎罢，《正韵》云：‘闽人呼父为郎罢。’县多闽音，盖本诸此。”这表明：这些词汇如“郎罢”一样，雷州方言已基本是“闽音”，从而具体展现闽南语对雷州语言的占领局面。至此，闽南语从元明县乡“通谈”正式成为雷州通用语，雷话已经生成。

4. 相邻的“琼州话”的生成

语言的大变化，需要五六百年。《海康县续志·方言志》表明，清末民初闽南语已全面占领雷州，东语已生成为“雷话”。与此同时，闽南语在海南也成为“琼州语”。万历《儋州志》天集《言语志》：“华言者寡，近村落略似闽，黎真鸩舌之音。”儋州语言主要有官话、闽语和黎语三种：说官话者少，闽语主要在乡镇村落，黎语主要在山野。闽语虽然占据乡镇村落，却还没有地位。但民国《海南岛志》：“琼山、文昌、安定、琼东、陵水、万宁、感恩各县语，谓之‘琼州语’，略似闽之漳、泉音。”[①] 此时，闽南语已成为琼山等各县的通用语，它与闽南语在雷州变成“雷话”的过程和时间几乎相同。

5. 农村包围城市的过程

从宋到清千余年中，闽南语走了一条“农村包围城市”的道路。它先占据雷州乡村，然后进入乡镇，最后进入县城和府治，成为府、县、乡、村通用的“雷话”。在这过程中，它“灭绝”了黎语，“挤压”府县“官话”，使“正话”或“旧时正话”进入语言孤岛。在名称上，它最初是“客”，最终占领雷州成为语言的“主人”。“雷话”既是对它语言成就的褒奖，也是对它通用语地位的肯定。雷话的生成过程，是从乡村到城市的历程，是从“闽南语”到“雷话”的身份过程，是从“东”到“西”的移民运动过程，也是从“客语”到“主语”的地位演变过程。

---

① 海南地方文献丛书编纂委员会. 民国海南岛志［M］. 海口：海南出版社，2004. 123.

四、雷话生成的社会过程

语言是人的非物质名片。《左传·僖公二十四年》:“言,身之文也。”言语是生命的文采,言语植根于人的生命,它显示人的生命本质。唐章孝标《初及第归酬孟元翊见赠》:“每登公宴思来日,渐听乡音认本身。”从乡音可知本身,也表现出语言的生命本体论特点。言语不仅是交际工具,也是人的籍贯、文化教养的直观表现。母语的形成伴随人之所以为人的过程,它还是人的社会关系、乡土情感和人的本质的重要载体。古人“少小离家老大回,乡音未改鬓毛衰”的嗟叹,“宁卖祖宗田,不忘祖宗言”的誓言,对言语意义作了简洁概括。超越官方权力,能改变比祖宗田更重要的祖宗言的力量,只有一种:即官方权力。历史上的官话,今日的普通话,广东“白话”顽固地固守“省语”地位,广东各县市对“省语”趋之若鹜的情景,都是例子。但历史上雷州人选择闽语为雷话,显示出权力语言的局限性。超越官方权力,能改变语言最大力量的是族群。在强势语言环境中,个别异质语言成为尴尬的异类。故宋陈与义《点绛唇·紫阳寒食》有“不解乡音,只怕人嫌我”的自卑。使闽南语成为雷话的力量,是闽南客人成为雷州主人的社会集群力量。

1. 目前的研究法

闽南文化入雷的研究,目前做法多是考证祖籍为闽者。如民国《曹氏族谱》:“(远祖)由闽之建阳,于南宋乾道七年(1171)移居吾邑曹家村。”民国《海康县续志》:“海康鹅感村官民,由闽入雷,自宋末梅岭公始。”雷州东关吴氏先世出自八闽,邓氏来自福州潮阳里,莫氏祖籍莆田武盛里,陈氏祖先为闽人,李氏始祖莆田,宋氏祖先福建兴化府莆田县等。吴川巨族如吴、林、陈、李等,皆由闽入粤①。闽人到雷州为官的仅晋江就有:洪富、周良宾、谢徽、苏洸、储擢等任雷州知府,史键、陈鸣熙等任雷州府同知,何芳腾等任雷州推官,黄宗庆任雷州通判,张瑾、陈仕行等任雷州司理,柯益任雷州府学教授等②。

这种考证不无益处,但解释语言革命却不那么有说服力。它忽视了两点:一是语言革命的基础。一滴淡水掉进大海仍是海水,分散的移民进入雷州,无异于

---

① 林雄主编. 明清广东稀见笔记七种[M]. 广州:广东人民出版社,2010. 3~5.

② (道光)晋江县志[M]. 福州:福建人民出版社,1990.

滴水入海。南朝梁《殷芸小说》卷三载，越南林邑有汉伏波将军马援南征时汉兵十余家，他们自相婚姻，形成二百余户的马流人，言语饮食仍存华风，但仅成语言孤岛。清陆次云《峒溪纤志》卷上载，唐宰相李德裕的子孙在海南被獠族同化。明正德年间，儋州同知顾朝楚见其子孙耳缀银环，遍身缨索，言语不通，与苗獠无异，仅李德裕之诰敕尚存。土著对移民有巨大的同化力，能反客为主地革除土著语言，必是大规模覆盖性的大移民。二是语言革命的历史背景。历史上闽粤地理相连，同属不开化的蛮夷之地。唐代闽粤都是出宦官的落后地区，《新唐书·宦者传》："是时，诸道岁进阉儿，号'私白'，闽、岭最多，后皆任事，当时谓闽为'中官区薮'。"闽地著名宦官有杨复光、吐突承璀，粤地著名宦官有高力士、仇士良。二者相比，粤宦更为知名，却无"宦官摇篮"之称，闽地落后可知。《新唐书·常衮传》："始，闽人未知学，衮至，为设乡校，使作为文章，亲加讲导，与为客主钧礼，观游燕飨与焉，由是俗一变。"漳州开化，自唐泉潮守戍左玉钤卫翊府左郎将陈元光平潮开漳始。明《漳州府志》："迁《史》称：江南火耕而水耨，饭稻羹鱼，无积聚而多贫，今漳俗良然。岂吴越瓯闽，风壤同耶？"汉唐时漳州属广东南海郡揭阳县（古潮州），明《诏安县志》还有"潮漳巡简［检］司"，两地曾属同一行政区。唐代漳州 5 800 户，雷州 4 300 户，这种情况下漳州入雷难成气候。相反，在今福州至漳泉一带地广人稀，大批瑶畲民族人口从岭南粤东涌入闽南。苏轼《江瑶柱传》载，江瑶柱祖先粤人，因避乱"徙家闽越"。《皇清职贡图》卷三："福州府属罗源等县畲民，即粤之猺人。"福建古田畲人之祖是粤人。任何浮泛之论和只见树木不见森林的考察，均不得要领。

2. 闽人入粤之路

粤闽地理相连，所谓东望八闽，南望五岭。八闽下四州福、泉、漳、化，近粤。中国东南沿海各省，地势雄壮，以闽为最。全闽七郡一州，山水自成体系。闽粤之间，漳州控其咽喉。清蓝鼎元《漳州府图说》："漳于闽地为极南，负山临海，介闽广之冲，控引番禺襟喉。"① 闽语在粤有二：一是潮汕，二是雷州。闽潮山水相连，闽人入潮如邻居搬家。从漳泉入潮路有三：一是由漳州兴化过漳浦、诏安，经分水关；二是从上杭经三河、大埔的水路；三是海路，从南澳经烽火门，入潮方便。明王士性说："潮在南支之外，又水自入海不流广，且既在广

① （清）蓝鼎元. 鹿洲初集·卷十二［M］. 上海：上海古籍出版社，1987.

界山之外而与汀、漳平壤相接，又无山川之限，其俗之繁华既与漳同，而其语言又与漳、泉二郡通……故曰潮隶闽为是。”① 潮漳同为闽语之区。雷州则不同，陆路三千里，中有广州阻隔，海路艰难于潮州十倍，需要“跨越式”发展。闽南入雷之路比入潮艰难，这必然影响到闽人入雷的移民决定和数量。

3. 闽人入雷契机

闽人入雷的契机有二，一是闽南人口压力效应，二是雷州的空地效应，即移民学上的“推拉”原理。广东高、雷、廉、琼滨海，历史上海盗陆贼横行，战争频仍，人口严重消耗，为大移民提供了机会。相反，宋代福建漳、泉经济发展，贸易发达。苏辙《林积知福州》说：“长乐大藩，七闽之冠，衣冠之盛，甲于东南。工商之饶，利尽山海，然以地狭，故民多不足，俗巧，故使或不称。”闽茶天下闻名，北苑龙团、武夷石乳为天下极品。苏辙《和子瞻煎茶》：“君不见闽中茶品天下高，倾身事茶不知劳。”漳泉人多地少，遂向台湾、琼州和东南亚拓展，形成宋欧阳修《有美堂记》说的“闽商海贾，风帆浪舶”的海洋贸易局面。雷州是往琼跳板，闽人入雷是闽人大移民的组成部分。

4. 闽人入雷的高峰

（1）五代时期。此时雷州一带发生屠杀黎族的战争，跪在雷祖庙前的黎族五大领袖，就是历史铁证。战后雷州荒无人烟，五代末年闽人大量入雷，开垦黎族区的无主荒地。在这方面，曾贬岭南的苏轼、苏辙兄弟都是见证人。苏轼《伏波将军庙碑》说：“自汉末至五代，中原避乱之人，多家于此。今衣冠礼乐，盖斑斑然矣。”中原避乱之人中，又多是闽人。宋绍圣四年（1097）苏辙到雷州时，农村多闽人的局面已经形成。苏辙《和子瞻次韵陶渊明劝农诗并引》：“予居海康，农亦甚惰，其耕者多闽人也。”② 汉合浦 5 县共 15 400 户，每县约 3 100 户，唐雷州 4 300 户，700 年增长 700 户，年均 1 户。据《宋史·地理志》，苏辙时雷州已有 13 000 户，一百多年间人口突增 3 倍，这是移民性增长的结果。北宋雷州所增人口当是五代入雷的闽人，他们先在农村耕田，为以后闽人入雷作历史铺垫。

（2）宋元时期。南宋末年，王朝退入福建，最后灭于广东，为闽人留雷提供机遇。《宋史》之《瀛国公本纪》和《二王本纪》载，宋度宗死后，瀛国公即

---

① （明）王士性．广志绎·卷四［M］．北京：中华书局，1981.

② （宋）苏辙著．曾枣庄，马德富校点．栾城后集·卷五［M］．上海：上海古籍出版社，1987.

位，是为端宗。端宗死后，度宗庶子建国公赵昰即位福州，改元景炎，李庭芝、陈文龙、张世杰、陆秀夫等组成末世小朝廷，天下兵马尽入福建，福建人年15以上参军勤王。随着元兵追击，兵马退入广东。据《填海录》，时雷州失守，张世杰遣兵攻雷州作临都，不克。皇帝赵昰只得驻雷州硇洲岛（今湛江市东南40公里），再派兵取雷州不克，赵昰死于硇洲岛。卫王赵昺即位于此，改元祥兴，升硇洲岛为翔龙县；派遣张应科、王用取雷州，又不克。南宋灭于新会县潮居里之崖山，陆秀夫负皇帝赵昺投海，臣民赴海死者十余万。宋末二帝在雷州时，雷、琼、全、永震动，人民文才喻、周隆、张虎、罗飞等起兵勤王，队伍多者数万，加入保卫宋朝战争，最后元将阿里海牙平定雷州，并在雷州设立军事镇压组织宣慰司，民族战争大量消耗了雷地人口。在这过程中，宋王朝把福建漳泉兵民带到广东。战后，包括陈文龙子孙在内的大量闽人定居雷州，但仍不足以弥补人口空白，政府在雷州置立屯田组织，招募民户和士卒垦荒，安置了1 500余户，其中多为闽人。政府和非政府的移民加速了闽人入雷，海南和海北闽方言的地位上升大多得益于这次历史性的大移民。

（3）明代。宋亡后，元除设雷州路外，还置军事组织雷州安抚司，后改海北海南道宣慰司，再改海北海南道肃政廉访司，驻地雷州，对雷州“关怀”不可谓不重。但文化落后使统治力减弱，雷州战乱频生。元代雷州黎族爆发起义，朝廷调海南万安军达鲁花赤到雷州平黎，因屠杀黎族有功（也使黎语濒危），他升迁为雷州路总管。明代统治者对人民的剥削压迫加重，明顾梦圭《珠池叹》：“每采（珠），费舟筏兵夫以万计，顽悍之民因缘为盗，今雷廉凋敝已极，采取不止，将有他虞。”① 雷廉凋敝，民怨火山待发，战乱难免。雷州战乱有三；一是人民造反。明于谦《于忠肃集》卷九《兵部为流贼劫掠等事》：“本官巡抚广东地方，其雷、廉等处，即报有猺贼出没，杀虏人民，焚烧衙门。”二是周边战乱波及雷州。有明一代，两广之雷、廉、高、肇、浔梧、荔浦、府江、田州等地战乱时发，人民横被剽掠。三是盗匪不休。1950年前徐闻腹地方圆百里仍是浓密的原始热带雨林，是盗贼出没的理想场所。时人有“十年不剿则民无地，二十年不剿则地无民”之谚。《宋史》卷二十八“海贼陈感犯雷州”。明初，海盗“黑面钟”横行于雷、廉、钦一带。何乔远辑《名山藏》卷二十九，明隆庆六年（1572）二月：“倭分犯广东化州石城县，攻破锦囊所，杀一千户，攻陷神电卫

① （明）何乔远．皇明文征·卷十四［M］．四库存目丛书集部（第328册）．济南：齐鲁书社，1995.

城。一时吴川、阳江、高州、海丰等县并遭焚劫……倭犯新宁、高、雷等处。”战乱带来巨大灾难，明湛若水说：“广右徭贼流劫，尽雷、廉、高、肇以东之境，破城杀吏，戮掠人。香山、顺德庶顽胥兴效尤，黄贼胥响应，胥劫杀无宁日。”[①]战争不休，杀戮不息，人民尸横遍野，而高、雷等州破坏尤烈。明丘濬《丘文庄公集》卷七《毛宗吉传》：“雷廉高三郡，人民为贼所杀戮，十七八。”十死七八还是轻的，更有百不存一者，以致“高、雷、廉三府，时民遭贼躏，数百里无人烟”[②]。此外，自然灾害也严重损耗人口。万历二十四年（1596）雷州经年不雨，饥荒瘟疫并至，雷城内外尸骸遍地：“时岁大饥，疫疠横发，经年不雨，死伤不可言，予如坐尸陀林中。”[③] 不仅明代，清代亦然。明末清初战争仍频，瘟疫与猛兽并行。宣统《徐闻县志》卷一：“顺治十年（1653），徐大饥病［伤］，虎伤人民，死者殆尽……大饥瘴发，阖室而死，百仅存一二焉。”雷州每年死于虎口的有300余人，徐闻华丰岭因华南虎猖獗，有“徐闻景阳冈”之称。因“高雷廉琼地僻民稀”，广东布政使罗荣等上奏朝廷，请求募民开垦高肇雷廉荒地。雷州的空巢效应，为闽人进入提供了契机。政府给予耕牛和种子招募开垦，响应号召者名正言顺地大规模入雷，大移民就这样发生了。

5. 社会运动改变雷州语言格局

战乱改变了雷州的人口结构，也改变了语言格局。雷州三大语言中，黎族因不断的民族反抗和统治阶级的残酷镇压而消失，黎话自然不存。余下的两大语言中，官话情况复杂。明代雷州75位外籍官员中，福建18人，占近四分之一。其中雷州知府27人，福建7人，他们是：庄敏、洪富，晋江人；赵浑，漳州人；林恕，长乐人；罗一鸾，闽县人；林民止、林廷陞，莆田人，福建也近四分之一。官员来自四面八方，其中南方人多于北方，因而官话并非纯粹的“中州正音”。杂乱的北方方言从内部削弱了官话的影响力，其中四分之一的又说闽语，客观上附和了民间正在壮大的“东语”势力。东语蒸蒸日上：一是大量闽语者继续涌入雷州，巩固和扩展了东语的势力。二是闽语者进入城镇，垄断了城市话语权，加上原来乡村的闽语势力，形成了东语一枝独秀的局面。上述因素的综合作用，使东语反客为主，主宰了雷州的语言市场，雷话最后生成。

---

① （明）湛若水，泉翁大全集·卷六十六［M］. 上海：上海古籍出版社，1987.
② （清）张廷玉等. 明史·毛吉传［M］. 北京：中华书局，1974.
③ （明）憨山老人. 梦游集·卷五十四［M］. 北京：北京图书馆出版社，2005.

五、雷神的敕封高潮与黎话背景

在宋代，雷州雷神一改以前只被岭南地方政权敕封的局面，得到大宋王朝的敕封。宋代既是中央政府正式敕封雷州雷神的第一个王朝，也是雷州历史上对雷神敕封最多的王朝。宋代对雷州雷神的敕封见于记载的有六次，它们是：北宋熙宁九年（1076）改封为威德王，宋徽宗宣和二年（1120）封雷州忠显佑顺王，南宋乾道三年（1167）增封为威德昭显王，南宋庆元三年（1197）增封为威德昭显广佑王，南宋淳祐十一年（1251）增封为威德昭显普济王，南宋德祐元年（1275）改封为威德英灵昭顺广佑普济王。

可能这还并不全面，因为，雷州雷神在宋代最著名的名号是“显震王”和“威化王”。《宋会要辑稿》：“绍兴三十一年十二月，赐庙额显震。”绍兴，为南宋高宗年号，三十一年是1161年。但是只有“赐庙额显震”，没有敕封吗？宋何庾绍兴二十八年（1158）《重建威德王庙碑》：“今《图经》《庙额》，皆有‘威化’之称，即莫知锡命之岁月也。”可见，“威化”的确是敕封，只是资料遗失。故“威化”与“显震”均不在上述六次敕封之列。这就是说，宋代的敕封并不止于六次。这些敕封中，有的敕封诏书还保存着。如北宋熙宁九年《封雷祖为威德王诰》云：

> 诰曰：我朝定鼎，凡天下川谷之神，能出云兴雨，助社稷，有功于民而爵号未称者，皆以表闻，均深加礼命以褒显之。惟神聪明正直，庇于方，供民之求，如应影响。守臣列状，朕甚嘉焉。谕德报功，赐锡王爵，俾民奉事不懈，益恭。宜特封威德王。①

《全宋文》载宋徽宗宣和二年《封雷州忠显佑顺王诏》：

> 雷州忠显佑顺王，昔以智谋，终殄金溪之寇，已而精爽，常为月窟之游。既凭物以灵显，况有功而当祀。峤南万里，遗爱犹存，庙食千

① （明）庄元贞修，（清）刘世馨编纂．雷祖志·卷一［M］．清光绪十一年（1885）刻本，雷州雷祖祠藏．

年，英风尚凛。顷缘使舶，共苦风涛，漕臣修致祷之虔，以求共济；屏翳息号空之怒，飘顺而安。遂成济海之功，无愧伏波之号。宜进加其徽号，用昭报于宠休。神其格思，歆我嘉命。①

这些众多的敕封，构建起雷州雷神的辉煌时代。雷州雷神的荣耀在宋代达到顶峰，它以前没有被中央王朝承认过，以后也只在元代还有最后一次被封王。但它荣耀的同时，也显示出雷州雷神逐步被官府化。在雷神被官僚化的过程中，也折射出雷神崇拜主体与官府的亲密关系。这种敕封高潮自然成为雷州“黎话”的生成背景。

① 曾枣庄，刘琳．全宋文·卷三千六百〇九［M］．上海：上海辞书出版社，合肥：安徽教育出版社，2006. 166，38，39.

第十一章　雷州雷神与广西

对于雷州的雷神，学界还有不少误解。《中国各民族宗教与神话大词典》说："及至宋代，道教兴起，雷公作为惩恶扬善的使者，又重新为道教所尊奉，于是出现了雷州雷王。据传说，雷公姓雷，名文玉。生于南朝陈宣帝时……但此雷王地方性太强，影响并不大。"① 事实真是这样的吗？

前面说到，雷州雷神被宋代中央王朝敕封，准确的记载就达六次，这能说雷州雷神的"影响并不大"吗？不仅不是这样，雷州雷神的影响，曾遍及岭南二十四州。

一、广西的雷神

广西除了全国统一的在风云雷雨山川坛祭祀的雷神外，还有地方性雷神——雷祖神等雷神。

1. 桂平县雷神

地方雷神在广西的情况可以桂平县（今广西壮族自治区玉林地区桂平市）为代表。桂平在两汉及晋代为郁林郡治所，隋开皇九年（589）设立桂平县，唐宋是浔州府治。雷神庙在桂平县比比皆是，民国《桂平县志》卷十五载：

> 雷王庙，在南江头塘，乾隆十八年（1753）建。梁圣熙买受下结塘近河旁地，周姓居住，租钱一千文，为香火费。
>
> 列圣雷王庙，在军陵里滩头村。旧在村之东，旁向祀雷神，嘉靖四年（1525）移建今地。增祀文昌、关圣、华光各神。光绪二十二年（1896），唐林进、梁兆节、黄志陀等重修。

---

① 中国各民族宗教与神话大词典编委会. 中国各民族宗教与神话大词典［M］. 北京：学苑出版社，1993. 258.

登科庙，在军陵里秧塘。上下两座，坐南向北。内祀谷神、雷王、三界。乾隆四十八年（1783），卜敏、甘震光、卢衔真建造。嘉庆十一年（1806），卢大桥、李晋华、甘海扬重修。

雷祖庙，在县东吉一里马皮村。

三申［神］庙，在县东吉二里霄腾村。其始，里有列圣、盘古、雷王三庙各一，乾隆初，三庙就湮，乃移远就近，合三为一，名曰三申。历数十载，寺倾……道光十九年（1839）区玱和廷氏倡首重修，并撰序。

雷衙，在下秀里台洞堡。

雷衙大庙，在下秀里木骨桥村，雍正六年（1728）重修，创建无考。

雷祖庙，在中都里八伯村。庙前有泉，冬温夏凉，饮者多寿，属中都里。

雷王祖庙，在县北宣二里思宜村东北隅。两座三间开，有右廊。①

清代桂平县还保存的雷神庙，见于《桂平县志》的就有南江头塘、军陵里、宣二里、吉一里、下秀里、中都里等9座。这些庙的称谓不一，以“雷王庙”为最多，达3座；“雷祖庙”2座，“雷王祖庙”当为前二者合称，1座；“雷衙庙”2座。雷神是中国古代比较重要的大神，大多单独立庙。但也有合庙祭祀的，如列圣雷王庙、三神庙等，也有雷神庙附祭与其他庙宇的，如登科庙所附祀的雷王神。此外，桂平县北宣二里罗旺寨村金仙寺也供雷王。金仙寺原在中寺岭，桂平是太平天国发祥地，洪秀全起义的金田村就在桂平县城东北40多里处。太平天国视天主以外之神为妖魔，遇庙辄焚毁，金仙寺与众多的寺庙均被太平天国毁灭。咸丰三年（1853），村民将金仙寺迁于罗旺寨重建，并把同时被毁的华封洲雷王庙和三界神庙，迁来合祭于一庙。可见，清代后期桂平县的雷神庙还有十余座。雷神庙特点有三：一是由于战争破坏，雷神庙正在衰微中，虽有多神合祀的抢救性措施，但庙数量正逐步减少。二是雷神庙数量还不少，一乡一座，个别有二座，雷神崇拜很普遍。三是有雷王、雷祖、雷衙等不同的名称，其区别在于：雷王和雷祖庙基本相同，不同的是陈姓称雷祖庙，他姓则称雷王庙。雷衙庙规模

---

①（民国）桂平县志·卷十五［M］．台北：成文出版社，1968.

更大，也更具道教色彩。雷衙庙由金鹅、金排、雷劝、雷水沌和雷孟组成雷神世界，金鹅供奉雷公、雷母，金排供奉力格三皇，雷劝供奉白雷，雷水沌供奉雨雷，雷孟供奉旱雷。这些雷界诸神形成的雷神大“衙门”，是自然宗教向道教演变的结果。

2. 广西其他地区的雷神

不仅桂平，广西大都有雷神庙。桂林府灵川县双盖山下有雷神庙，遇于旱时求雨灵验。全州马鞍山有雷帝庙，山上云气漂浮，被认为雷神出没，因此建庙①。明洪武《古藤志》载，岑溪县有雷神庙：“雷庙，在县治北。”藤县有雷神庙：“雷庙，在南山。”② 雍正《广西通志》（本文所引《广西通志》均为雍正版，下不另注）卷十四，梧州府藤县城南南山有雷庙。《广西通志》卷十五，养利州东南四里武阳山有雷坛，祈雨灵验；浔州府永淳县雷峰岭有雷神庙：“雷峰岭，在县北岸二里，顶周围蹊径圆绕。旧传雷震而成，因立雷庙。”《广西通志》卷四十二载，桂林府文昌门外有雷庙：“雍正九年（1731），原任南宁府知府慕国琠重修。”临桂县东北有雷庙：“明嘉靖四十三年（1564），知县叶儒建……岁旱祈雨于此。”南宁府城东有雷庙：“雍正六年（1728），知州何其昱建。”罗城县龙潭北有雷王庙：“岁六月六日致祭，为祷雨所。”荔浦县有雷神庙：“雷祠，在县治西。明宣德四年（1429），知县伍奇建。”太平府城有雷坛庙，融县有雷神庙，西隆州有雷公庙，钦州有雷神庙。明嘉靖《钦州志》卷六：“雷庙，在州治南五里赤堪村，永乐七年（1409），巡检象贵建。”钦州还有独特的乌雷神庙。

在广西地名和口传文化中还有很多雷神崇拜遗迹。广西以“雷”为名的地名甚多，如郁林北流县有六雷村、花雷村，南宁府宣化县有雷井村，奉议州有雷枕岭，平乐府昭平县有雷公山，浔州府横州城南有雷公岭等，这些地名大多因附近雷神庙而得名。广东有雷州，广西则有下雷州。下雷州初名“雷火峒”，在北宋广南西路经略使熊本的《奏疏》和南越黎文盛《致广西路经略使熊本书》中又作“勿恶峒”，《续资治通鉴长编》作“火峒”，《大新县志》作“雷峒”或“罗和峒”，勿恶、罗和与雷火音近，所指相同。下雷州在唐代为羁縻蛮地，不时被越南吞并，宋代始设下雷州，明初因所持官印丢失，下雷州被降为下雷峒，嘉靖十四年（1535）找回了旧印，万历十八年（1590）恢复下雷州之名。“下雷

---

① （雍正）广西通志·卷十三［M］. 上海：上海古籍出版社，1986.
② 马蓉等点校. 永乐大典方志辑佚（第5册）［M］. 北京：中华书局，2004. 2993～2994.

州”区别于“雷州”，和“雷州”一样与雷神崇拜有关。宋杨仲良编《续资治通鉴长编纪事本末》卷八十七，“下雷”与“上电”相对，如同广东的“雷州”与“电白”相对一样，下雷等地名隐含着广西的雷神崇拜。

壮族敬重雷神，居处多有雷神庙。但方志常挂一漏万，桂平县即是一例。该县雷神庙冠于全省，但在《广西通志》中无一记载。这类例子还有广西宜山雷神庙，清咸丰六年（1856）宜山县衙摩崖《告示》：“县北偏西，宜山之麓，有古庙一所，祀奉雷神。”此庙在三年后即咸丰九年（1859）毁于太平军。又如桂林二塘乡常村大月山北雷神庙、合浦县雷神庙等，《广西通志》多不载。可见，广西的雷神庙远比方志所载普遍。明万历《南宁府志》：“雷庙，满村四乡多有之，咒呗者即焉。”[①] 这是说，广西的雷神庙曾经十分普遍，求神者随时可以找到，故瑶族的神庙有雷州庙。

在广西民族文化中，雷神是主要的神灵。壮族起源神话《布洛陀》说，太古的时候，雷王密洛陀与“图额”（壮语，即蛟龙）和人类的始祖布洛陀，是兄弟，它们同孕育在一个石蛋里，雷王是大哥。换言之，布洛陀和他的壮族子孙也是雷神子孙，雷神与壮族祖先是同胞。因此，在壮族的神灵崇拜中，既崇拜雷王，也崇拜雷王之女（或子）青蛙王。传说青蛙是雷王的儿子，为雷王派到人间的使者。人间需要雨水，向青蛙说一声，青蛙便鼓噪，雷王便下雨。后来人们不留心用开水烫死了青蛙，从此天不下雨。人们去问始祖神布洛陀，布洛陀说：你们得罪了雷王，要祭奠死去的青蛙。所以现在壮族聚居区的红水河下游一带的壮族，每年农历正月初一开始，便有祭青蛙的民间习俗——蛙婆节。“蛙婆节”的祭神大典，由请青蛙、唱青蛙、孝青蛙、葬青蛙等环节构成，祭神仪式持续一月，“蛙婆节”其实就是壮族的雷神节。青蛙王，壮族师公叫作蟾蜍王，又称“森如王”“龙王宝”。壮族民间说：“谁杀蟾蜍，雷就劈他。”传说打雷声，就是青蛙的叫声，青蛙一叫，就会雷鸣电闪而下雨。师公还编了《森如王》经文，把它说成是救国君主而颂之舞之，以祈求风调雨顺，五谷丰登，壮族师公在祭祀雷神仪式上演唱的文献还有《雷水沌》或《上界雷王大帝水漫天》《雷劝》《唱东林》等。师公所祭祀的雷神数量众多，据《杂集圣目》中的《雷王圣目》，雷王有：“上司庙主、家主雷王，上司主风、主雨雷王，上司破山、破石雷王，上司破屋、破庙雷王。上司天雷、地雷、人雷、鬼雷，六六三十六雷王。雷椎刻

① （万历）南宁府志·卷五［M］. 北京：书目文献出版社，1990.

帝，雷落仙姑，雷王仙娘，雷王九天千千神将、万万吏兵。”[①] 雷王的名称繁多，36 雷王只是概数。雷王管天、管地、管人、管鬼，权力无边，雷神崇拜对壮族文化基调有重大影响。此外，人们生前要遵守“雷公禁婚”的禁忌，即在三月至七月打雷的季节不能结婚；死后实行“蛙坟葬”，坟墓筑成青蛙形，雷神崇拜伴随着壮族人民的整个人生。

二、雷州雷神与广西

广西的雷神来源于雷州，其记载已见于宋代，主要有：

1. 雷州雷神与宋代桂林显震庙

《广西通志》卷十三载，桂林府灵川县西峰山有威灵显震庙：“西峰山，在县西三里，高数百丈。四面峭拔，中坦夷，有威灵显震庙。石龙长数十丈，从山腰盘旋直至。庙后旁有龙泉，方广二尺许，深不满丈，每日三涨三落，亦名潮泉。”威灵显震庙即雷祖神，《广西通志》卷四十二“灵川县”：“威灵显震庙，在县西峰山上，祀雷祖、广福王、盘古神。”清末时的这座雷祖庙占地三亩，香火旺盛。实际上，“显震庙”的名称，来自雷州的雷祖庙。北宋丁谓《雷州显震庙记》：“《旧记》云：‘州南七里有擎雷水，今南渡是也。始者，里民陈氏家无子，因射猎中获一大卵，围及尺余，携归家，不知其何名。忽一日，霆霹而开，遽生一子，鞠育抚养，遂成其家。乡俗异之，曰雷种。陈天［太］建二年也。’今庙曰震显。”[②] “震显”当为“显震”。南宋王象之《舆地纪胜》卷一百一十八雷州古庙即名“显震庙”。桂林威灵显震庙的祖源即雷州“显震庙”。

它是如何来到广西桂林的呢？南宋王沆《桂林显震庙碑》云：

> 县西三里许，石峰数十，屹立对峙，如巨公重客，相与拱揖。有庙岿然其间，庙南数十步，泉出于壁之趾，汇为车轮，奔涌达于山下，清凉甘洁，冬夏若一。邦人事神，饮食必祭，水旱疫疠，祷焉如响。
>
> 求诸父老，以为：陈大［太］建中，神始显闻于合浦，所谓雷种

---

① 胡仲实．试论雷神形象的历史演变［A］．衣冠品等．岭南文化与百越民风：广西民间文学论文选［C］．南宁：广西教育出版社，1992. 74 ~75.

② 曾枣庄，刘琳．全宋文·卷二百〇八［M］．上海：上海辞书出版社，合肥：安徽教育出版社，2006.

> 者。飓风之变，于是赐庙额爵号，不一而足。本朝熙宁间，旱祷而雨，封威德王。绍兴间，寇啸聚海上，一夕风雷碎其舟，赐显震庙。故自岭而南，凡二十四州莫不奔走奉祀，此其大略也。[①]

本文撰于淳熙元年（1174）。这年王沆新任灵川知县，上任伊始就主持新修雷神庙。庙成，受进士李宗孟和乡人之请，撰写碑文。合浦郡的首府在陈代时即在雷州，“神始显闻于合浦”，即闻名于雷州。“雷种”，即雷州的雷民之祖。“陈大［太］建中”，即《雷祖志》雷祖陈文玉诞生之年“陈朝太建二年”[②]。“绍兴间赐显震庙”，即宋吴千仞《英山雷庙记》：“绍兴三十一年，赐庙额曰显震。”[③]《桂林显震庙碑》的内容与雷州《雷祖志》基本相互印证，桂林雷祖庙的确来自雷州。

2. 雷州雷神与宋代广西“天神”

雷神庙在桂林叫作威灵显震庙是个特例，雷神在广西其他地区叫作“天神”。宋周去非《岭外代答》卷十志异门《天神》条云：

> 广右敬事雷神，谓之天神，其祭曰祭天。盖雷州有雷庙，威灵甚盛，一路之民敬畏之，钦人尤畏。圃中一木枯死，野外片地草木萎死，悉曰天神降也。许祭天以禳之。苟雷震其地，则又甚也。其祭之也，六畜必具，多至百牲。祭之必三年，初年薄祭，中年稍丰，末年盛祭。每祭则养牲三年，而后克盛祭。其祭也极谨，虽同里巷，亦有惧心。一或不祭，而家偶有疾病、官事，则邻里亲戚众尤之，以为天神实为之灾。[④]

《岭外代答》的作者在淳熙年间任钦州教授，《岭外代答》与《桂林显震庙碑》基本同时。宋代广西《天神》的主要内容有：

一是雷神的普遍性。“广右”，即指广西。“广右敬事雷神”，指雷神遍布整个广西地区。这也从侧面证明，雷州雷神的确遍布岭南。

---

① （清）汪森．粤西文载·卷三十七［M］．台北：台湾商务印书馆，1986.

② （明）庄元贞修，（清）刘世馨编纂．雷祖志·卷一［M］．清光绪十一年（1885）刻本，雷州雷祖祠藏．

③ （万历）雷州府志·卷十一［M］．北京：书目文献出版社，1989.

④ （宋）周去非．岭外代答·卷十［M］．上海：上海远东出版社，1996.

二是雷神的性质。“天神”，即天帝，雷神被称为“天神”，即它的地位如同天帝，故壮族师公称雷神为“上界雷王大帝”。因此，祭祀雷神的仪式被称为“祭天”。可见，在广西地区，雷神并非仅仅只是雷神，它实际上取代了天上的玉帝。

三是广西雷神的渊源。广西雷神的渊源在雷州，其原因是雷州雷神“威灵甚盛”，即特别灵验。

四是雷神祭祀的隆重性。这表现在：①雷神管辖的范围宽广，甚至连果树枯了，野草干了，均要祭祀雷神。②祭祀的等级高。这表现在祭品的种类全，祭祀需要六畜必备；祭品的数量多，一次祭祀的牲口多达百头；祭品的要求高，牲口需专门饲养三年；祭祀的时间长，祭祀要连续三年，而且祭品一年比一年丰盛隆重。③雷神信仰的神圣性。一家祭祀雷神，同里必须同祭；不然就犯众怒，因此所有的人都卷入雷神信仰的潮流中。

因此，雷神成为广西地区最大的神灵，它以巨大的能量、深刻的影响力，持久地塑造着广西地区的社会文化和风俗信仰。

3. 雷州雷神与广西民间壮族雷王崇拜

除了上述古代文献记载以外，在广西民间口传文化中，广西雷神也与雷州有深厚的渊源。广西壮族民间雷神又称雷王，对于雷王的来历，壮族巫师“师公”的说法是，雷王之父叫雷严祖（即雷祖），母亲叫骨星，都是雷州人。雷王出世时哭声震动天庭，致使天昏地暗。玉皇大帝差邓、赵、马、关四大元帅先后到雷州禁止雷王啼哭，但雷王不听，玉帝便招雷王进天堂，封他为雷神，管辖四海龙王和人间降雨。于是，雷王派青蛙到人间，青蛙一叫，雷王便下雨。民间为感激雷王，各地都建有雷王庙，这便是“蛙婆节”的来历。胡仲实《试论雷神形象的历史演变》中记载了壮族在祭祀雷神的“蛙婆节”时壮族师公所唱的《雷神歌》：

吾是上界雷王子，显圣生化在云头。日月未生我先生。四天六周教情周。
家住雷州雷王庙，年年行雨救田畴。乾坤世界我掌握，部宝亏心郎便游。

《雷神歌》的内容有二：一是雷王的地位崇高：先日月而生，身居天宫，掌管着整个宇宙。这种一空万古、君临天下的风采，与雷州雷神总管岭南 24 州的威仪相符合。二是雷王的籍贯：我家住在“雷州雷王庙”，我骄傲的身世是——我是众所周知的雷州雷王。在雷神的渊源上，《雷神歌》与《岭外代答》和《碑记》是相互印证的。民间口传文化与历史文献的记载均表明，广西雷神与雷州的历史渊源深厚。

三、雷州雷神影响广西的途径和过程

雷州的雷祖庙是通过什么途径影响到广西的呢？它主要是通过到雷州向雷祖庙求雨的方式而发生影响的。干旱求雨，一般首先是向本地雷神祈求。南宋淳熙二年（1175）秋，桂林月余不雨，广西最早长官张栻便到桂林尧山坛等地求雨。张栻《尧山、漓江二坛记》：“淳熙二年之春，某来守桂。按其图籍，览观其山川。所谓尧山者，蟠踞于东，气象杰出。环城之山，大抵皆石，而兹山独以壤，天将雨则云气先冒其颠。山之麓，故有唐帝庙，山因以得名。而漓江逶迤，自城之北转而东，以达于南，清洁可鉴，其源发于兴安，与湘江同本而异派，故谓之漓……岁七月，弥旬不雨，禾且告病。先一日斋戒，以夜漏未尽，望奠于城观之上。曾未旋踵，雷电交集，一雨三日，均浃四境，邦人欢呼，穑以大稔。”① 淳熙丙申（1176），即张栻任静江知府的第二年，七月天旱，张栻在桂林尧山等祭坛求雨，立即得到神灵响应，解决了干旱问题。

（1）到雷州求雨，当是在本地求雨不灵时，广西最早长官张栻便不远千里，派人到雷州求雨。宋代洪迈《夷坚志》云：

> 淳熙丙申，桂林连月不雨。秋冬之交，农圃告病。府守张敬夫栻，遣驶卒持公牒诣雷州雷王庙，问：何时当雨？
>
> 既至。投牒毕，宿于祝官之家。是夜，驶、祝同梦神令具报云：明年上元前三日，方有微雨。仍以钱二千与来使，且命于牒中并言之。又谕驶曰：钱须令左司见。驶拜谢，旦往辞，得牒及钱于案上。
>
> 归途乏用，遂使所犒钱。至复命，张视牒，问钱何在？时才余百钱，探怀取呈，犹铜钱也。张顾左右，转接谛玩，则变纸灰矣。至正月十二日，果得小雨，仅能洒尘，于沾丐殊无补。②

文章可分三部分。第一部分是求雨的原因。这年秋冬之际，天又大旱，张栻

---

① （宋）张栻．南轩集·卷十［M］．上海：上海古籍出版社，1986.

② （宋）洪迈．夷坚志甲·卷五［M］．北京：中华书局，1981.

在桂林尧山、漓江坛求雨，二坛均以低矮土墙围成："而坛未立，祷祀无所"，故求雨不灵。张栻又向桂林雷神庙求雨，又不灵，故派人到雷州求雨。这是因为，第一，雷州显震庙特别灵验。第二，张栻与雷州还有特殊关系。张栻曾祖父张纮在北宋仁宗至和元年（1054）以殿中丞任雷州知府，他在雷州府厅壁的题名淳熙时仍在。乾道六年（1170），雷州知府戴之邵因雷州书院从城郊移到府城，请张栻写《雷州学记》；淳熙三年（1176），张栻派人到雷州求雨，雷州知府李茆热情接待。

第二部分，求雨过程。使者到雷州后，他与雷庙祝官都得到雷神梦旨，雷神还赐予钱币。第三部分，求雨结果。使者回桂林复命，内容有二：一是省长读了《回牒》，见到雷神所赐的钱币；二是桂林果然如期下雨，求雨十分灵验。文章通过求雨、雷王托梦和赐钱、应验等神奇情节，突出雷州雷王特别灵验的主题。

（2）到雷州求雨的途径和过程。《夷坚志》这段文章本名《雷州雷神》，其主要内容记载的是广西安抚使到雷州求雨的过程，它以生动的情节记叙了南宋时广西人到雷州求雨的具体细节，其主要内容有：

第一，求雨公文。外地赴雷州求雨，需持当地最高长官签署的文件《公牒》，以叩拜雷州雷神，祈求甘霖。

第二，使者接待。雷州雷王庙有专门负责接待使者的庙令，如南汉大有十二年（939）雷州雷祖庙的庙令即陈长延。庙令的职责是：一是接受外地长官《公牒》，接待拜神使者，安排食宿，提供生活方便。二是安排和主持祭神求雨仪式，让使者向雷神求雨。三是给出《回牒》，以便使者复命。

第三，求雨《回牒》的内容。《回牒》内容有：一是回答"何时当雨"；二是雨量的大小。雷州求雨灵验，一般求雨必可得雨。故王沆《桂林显震庙碑》："本朝熙宁间，旱祷而雨，封威德王。"灵验是他被御封为"王"的根本原因。

第四，虽各地已有雷王庙，但最管用的还是雷州。雷州雷王庙以其灵验的威信和控制分庙的方式，成为岭南雷神的总庙。

事实证明，雷州雷神并非影响不大。据王沆《桂林显震庙碑》"自岭而南，凡二十四州莫不奔走奉祀"，不仅桂林和广西的雷神深受雷州影响，甚至整个岭南和中国大西南，莫不如此。宋代岭南地区分为广南东路和西路，其中广南东路（广东）11 州，广南西路（广西）20 州，24 州占岭南全部 31 州的 77%。可见，雷州雷神庙覆盖了岭南绝大多数的地区。北宋宋徽宗宣和二年（1120），皇帝

《封雷州忠显佑顺王诏》说："峤南万里，遗爱犹存，庙食千年，英风尚凛。"①雷州雷神在北宋已遍布"峤南万里"，已影响到整个岭南地区。雷州成为岭南雷神的中心，雷州雷神对岭南雷神崇拜和文化，发生过重大影响。

---

① 曾枣庄，刘琳. 全宋文·卷三千六百〇九［M］. 上海：上海辞书出版社，合肥：安徽教育出版社，2006.

第十二章　雷州雷神与越南

在历史上，合浦郡曾属象郡和安南——即今越南管辖。作为合浦郡的首府雷州，它的石狗和雷神崇拜对越南是否有影响呢？这个问题对于雷州和越南的历史与文化研究，均有重要的意义。

一、雷州雷神与乌雷

这并非偶然。除了石狗以外，越南还有与雷州相近的雷神存在。

因历史久远，雷州雷神与越南雷神的关系并不明显，需要拂去历史的尘灰才能发现。这个问题，需从乌雷说起。

雷州的雷神今天叫“雷祖”，而不叫乌雷。但是，雷祖并不是它最初的名字。雷州雷神与乌雷有着复杂的联系，这主要表现在以下几个方面：

1. 乌卵问题

在神话传说中，雷州的雷祖是从乌卵中诞生的。《雷祖志》云：“州北五里东，地名乌仑山……犬挖地开，获一大卵，围有尺余，壳色青碧，众俱不知为何物。陈氏抱而归家。次早，片云忽作，风雨雷电交至。陈氏大恐。置卵于庭，盛以小桌。为霹雳所开，内出男子，两手有文：左曰‘雷’，右曰‘州’。陈氏将男子与卵壳享［奏］明州官，官收卵壳寄库，男子交还陈氏养育，名曰文玉。”在这里，“乌仑山”需要辩证。“乌仑山”，当作“乌卵山”。“乌仑山”的错误并非个别，雷州榜山雷祖庙的匾额也作“乌仑山”。但这是错误的，理由有二：第一，从事理上说，雷祖诞生于乌卵，发现乌卵的山自然就是“乌卵山”。雷神诞生的卵直径尺余，卵壳的颜色“青碧”，民间俗称“青”为“乌”，故青卵即“乌卵”。雷神诞生后，卵壳还成为神圣之物，它被供奉在雷祖庙中，成为雷祖神灵属性的见证。第二，文献的证据。明万历《雷州府志》卷三：“城北五里曰英灵冈，即府治主山。高二丈，除自螺冈岭，逶迤曲折百余里，至比本起。一冈如屏如几，立于郡后。其地在陈太建二年（570）出雷英灵，故名，即乌卵山也。”这里对英灵冈、乌卵山交代十分清楚。雷州城北榜山村的英灵冈，原名乌卵山，它的得名是因为这是发现乌卵的地方。道光《遂溪县志》卷四也说：“乌卵山村，即古英灵村，县南一百四十里，雷祖故里，（陈姓）后裔居此。”乌卵山是原名，后来改为英灵冈，也是因为它是发现乌卵的地方。从“乌卵山”到“乌仑山”，当是音近而误。

2. 乌卵的真相

乌卵是什么卵呢?《雷祖志》说是因“壳色青碧”，“乌”指颜色。这有望文生义之嫌。笔者认为，雷祖诞生的大卵，当即鳄鱼卵。乌卵的“乌”，来自鳄鱼的别名“乌雷”。这是因为，第一，在今乌卵山的雷神庙中，还供奉着鳄鱼石雕。虽然因年代久远，人们已不知鳄鱼的真实含义了，把它说是“牛鳄会盟碑”。其实，鳄鱼就是雷神的动物学本相。第二，雷州文献上，还有“乌雷”的遗迹。唐戴孚《广异记》中有《欧阳忽雷》云：

> 唐欧阳忽雷者，本名绍，桂阳人。劲健，勇于战斗，尝为郡将，有名。任雷州长史，馆于州城西偏，前临大池，尝出云气，居者多死。绍至，处之不疑。令人以度测水深浅，别穿巨壑，深广类是。既成，引决水，于是云兴，天地晦冥，雷电大至，火光属地。绍率其徒二十余人，持弓矢排锵，与雷师战。衣并焦卷，形体伤腐，亦不之止。自辰至酉，雷电飞散，池亦涸竭，中获一蛇。状如蚕，长四五尺，无头目，斫刺不伤，蠕蠕然。具大镬油煎，亦不死，洋铁汁，方焦灼。仍杵为粉，而服之至尽。南人因呼绍为“忽雷”。①

在这里，欧阳忽雷是个真实的历史人物，他还曾任雷州的长史。中唐时期，雷州府城在今雷州城北的特侣塘边。雷州的长史欧阳忽雷的住所，就在当时府城之西的雷潭边。欧阳忽雷本名欧阳绍，他在打败雷神之后，才有了“忽雷”之名。可见，他所战胜的象征雷神的动物，本名“忽雷”。这个“忽雷”，就是“乌雷”。

欧阳绍故事的文化背景，是古雷州人与雷神斗争的遗迹。雷州人崇拜雷神，但如果雷神降灾为患，古人又会与他斗争。在唐代，与雷神斗争的人除了欧阳

① （宋）李昉等．太平广记・卷三百九十三［M］．北京：中华书局，1961.

绍，还有陈鸾凤。《太平广记》卷三百九十四载，中唐元和时期，雷州海康人陈鸾凤不畏鬼神，人们称他为“雷州的周处”。在大旱之年，他愤而与雷神战斗，而且砍断雷神的左股。与雷神大战的事，在雷州还有地名学的遗迹。万历《雷州府志》卷三：“南十里曰擎雷山。形如列屏，茂植葱翠，环拱郡治，即案山也。俗传：陈氏为雷震，与雷敌，不死，故名。”“为雷震”“与雷敌”，是解释“擎雷山”的来历。可见，擎雷山是因与雷神“敌”而得名。这个大战雷神的“陈氏”即陈鸾凤吗？唐代欧阳绍、陈鸾凤等的“与雷敌”的故事，是雷州自古以来与雷神战斗的神话的遗存之一。代表雷神的动物“忽雷”，到底是什么动物呢？

这个“忽雷”就是鳄鱼。雷州雷神在动物形象上，曾有猪、狗等说法，还曾有“忽雷”——鳄鱼的传说。在《欧阳忽雷》中，欧阳绍打败的“忽雷”如蛇如蚕，长四五尺，混沌无头目，这里并没有肯定它就是鳄鱼。但是，从语言学上说，“忽雷”就是鳄鱼的别名。明朱谋玮《骈雅》卷七：“忽雷，鳄也。”明邝露《赤雅》卷下《忽雷》：“忽雷，鳄鱼也。居溪渚中，以尾钩人而食之。”唐段成式《酉阳杂俎》卷十二载，秦叔宝所乘之马号“忽雷驳”。“忽雷”，文字上又作“忽律”“呼雷”“乌雷”“骨雷”等。隋大业末农民起义军有“忽律贼”，宋孙光宪《北梦琐言》逸文卷二五代时蜀王的勇士名樊忽雷，《水浒传》中有地煞星“旱地忽律”朱贵，清谷应泰《明史纪事本末》卷七十一《点将录》明代有“旱地忽律”游大任等。忽律、忽雷等音近，其实均指鳄鱼。“旱地忽律”，意即“陆地上的鳄鱼”，形容其凶猛。

称鳄鱼为“忽雷”，与雷州有关。明杨慎《异鱼图赞》卷一：“南海有鱼，其名为鳄……《洽闻记》：扶南国出鳄鱼，大者二三丈，四足，似守宫状。常生吞人，王令人捕此鱼置堑中，以罪人投之，若合死，鳄乃食之。无罪者，嗅而不食。此鱼别号忽雷。熊能制之，握其觜至岸，裂擘食之。一名骨雷，秋化为虎，三爪，出南海思、雷二州。临海英潘村多有之。”《洽闻记》为唐太学博士郑遂（一作郑常）所作，其文又见宋代编的《太平广记》卷四百六十四。《洽闻记》明确说“忽雷”出自雷神的故里雷州。雷州的“英潘村”，即指雷神的故里“英山村”和相邻的“榜山村”。

在雷州方言中，“忽雷”又作“麻雷”。雷州半岛多有“麻雷”类地名，雷州府城唐代就在“麻历村”，雷州还有“麻葵滩”“麻囊山”“麻仑港”“麻栏堰”“麻罗埠”“麻廉埠”“麻雷”“麻蕾”等。《湛江市地名志》：“麻蕾村，在遂溪县遂城镇东北20公里，属黄略镇，732人。麻蕾，古越语，意即旱地村。”[①]“麻蕾”的确是古越语，但它并非旱地。因为“麻蕾”即“麻雷”，亦即雷神，也即民间的“麻公”。遂溪县有麻公村：“麻公村，在遂溪县遂城西南49公里处，村前即北部湾……原名进龙村，后以奉祀海神麻公，故名麻公村。”“龙”，即鳄鱼。“进龙”，即鳄鱼曾进本村。“麻公”，是民间对雷神的人格化的尊称。故“麻公神”“麻蕾神”，也即“麻雷神”。雷州方言中，“罗”“雷”“律”，音相近。“麻萎”“麻囊”“麻仑”“麻栏”“麻罗”“麻廉”“麻雷”“麻蕾”等，与“忽雷”“乌雷”音近。因而，鳄鱼、龙、麻公，这三者其实为一。这些地名表明，雷州半岛的雷神，在民间方言中本名“麻雷神”，它与官话的“乌雷”“忽雷”系列本为一物。故雷州的雷神，本名当为方言中的“麻雷神”，也即古文献中的“忽雷神”“乌雷神”。

从宗教目的上说，崇拜雷神是为了求雨。鳄鱼是水中之王，很自然地被神化为雨水的主管。在中国，鳄鱼又是龙的原型。古人素有雷神是龙形之说，《史记》：“雷泽有雷神，龙首人颊，鼓其腹则雷。”[②] 这个龙，就是鳄鱼。元周达观《真腊风土记》：“鳄鱼大者如船，有四脚，绝类龙，特无角耳。”鳄鱼生于水中，神话中的龙均主管雨水，《欧阳忽雷》中的雷神即会兴云作雨。清屈大均《广东新语》：“雷与龙同体……雷者，龙之声也，电者，龙之光也。龙本卵生，故雷神亦卵生，卵不从天降而从地出，又所谓雷出地奋也……卵得乾之初气，故为雷子。其生于雷州，则以雷州乃炎方尽地，瘴烟所结，阴火所熏，旧风薄之而不散……故雷神必生于雷州，以镇斯土而避除灾害也。”[③] 这里的龙，其实就是鳄鱼。水生的鳄鱼似龙，故被称为“活龙”。龙主管云雨，故被尊为雷神。欧阳忽雷打败了忽雷神，其实就是在雷州雷潭中发现了被视为雷神的鳄鱼。鳄鱼是雷神的化身，故雷神可名“忽雷”“乌雷”。鳄鱼作为雷神的动物学形象，它比起犬、猪等不能下蛋的动物来，更切合乌卵神话。鳄鱼作为雷神的形象，对于解释雷神卵生和雷神崇拜的求雨的功能，都更有说服力。

在生物学上，古代广东地区多湾鳄。湾鳄是鳄鱼中体形较大的一种，它性格凶猛，经常食人，故又名食人鳄、河口鳄、咸水鳄等。在历史上，唐元和十四年

---

① 湛江市地名志编辑委员会．湛江市地名志［M］．广州：广东省地图出版社，1989. 137.

② （汉）司马迁．史记·五帝本纪［M］．北京：中华书局，1959.

③ （清）屈大均．广东新语·卷六［M］．北京：中华书局，1985.

(819)，韩愈在粤东潮州令军事卫推官秦济以一猪一羊为祭品祭祀恶溪的鳄鱼，写下《祭鳄鱼文》。在粤西雷州，则有欧阳绍大战鳄鱼。北宋陈尧佐在潮州《鳄鱼图赞》："江有鳄鱼，大者数丈，玄黄苍白，厥类惟错，似龙无角，如蛇有足。卵化谷间，其卵无数，大率成鳄鱼者一二焉……乃图而赞之：惟水之奇，有鱼曰鳄。利口剑戟，贪心溪壑。"南宋文天祥《雷州重建谯楼记》："侯（虞应龙）之为雷也，宽而有制，严不为暴。始至，蒐军明律，戮泽中为龙蛇者。"唐宋时期粤东潮州和粤西雷州的官员，其重要任务便是猎杀鳄鱼。

在广东民间，鳄鱼被当作雷神的化身。《南海志》："活龙塘，俗呼掘龙塘，在三角市。郡人祷雨于此。旧创雷坛，今废。"① 塘中的活龙鳄鱼被当成雷神，人们向它求雨。但如果求雨不灵，它会被掘出，活龙塘变成了掘龙塘。欧阳绍的故事，便是在掘龙中发现了龙的故事。在高州电白县东北15里处有座灵湫庙，被称为"延明灵湫之神"，在正月十五日祭祀它。清王既《灵湫记》："高凉之祈甘雨者，曰灵湫，尚矣……湫之灵，以龙灵也。"② 灵湫的活龙主管云雨，也就是雷神。在雷州的海康、遂溪、徐闻县，至今还有"东洋龙头村""土龙河""土龙岭""土龙碑亭"等地名，它们当即鳄鱼在地名上的遗存。

诞生雷州雷神的乌雷卵一直难以破解，历来为之解释者甚多，如《广东新语》："雷州英榜山，有雷神庙。神端冕而绯，左右列侍天将，一辅髦者捧圆物色垩，为神之所始，盖鸟卵云……民因祀以为雷神。此事诞甚……神生于霹雳，为天地始阳所孕，理诚有之。况雷与龙同体，其从龙而伏也则在山，从龙而起也则在田。雷者，龙之声也。电者，龙之光也。龙本卵生，故雷神亦卵生，卵不从天降而从地出，又所谓雷出地奋也。又雷与风牝牡也，雷风相薄，雷之精入于风之血，故卵生焉。卵得乾之初气，故为雷子。其生于雷州，则以雷州乃炎方尽地，瘴烟所结，阴火所熏，旧风薄之而不散。"③ 其说算是比较合理的，但也是揣测之辞。乌雷之说，便很好地解答了这个问题。乌卵，就是乌雷卵，也即鳄鱼卵。雷祖从鳄鱼卵中诞生，这使从卵中生人的雷神神话，有了合理的生物学基础。英灵冈、榜山村雷神庙供奉的鳄鱼石雕，其实就是雷神的动物形象。这个鳄鱼石雕既揭开了千百年来雷州雷神崇拜的图腾真相，同时也隐藏着雷州雷神崇拜

① （明）永乐大典·卷一千一百九十六［M］．北京：中华书局，1984.
② （道光）高州府志·卷六［M］．上海：上海书店，2003.
③ （清）屈大均．广东新语·卷六［M］．北京：中华书局，1985.

的历史，它还证明了雷州城北的英灵冈、榜山村一带，就是雷州雷神的最初发源地。

由上可知，雷州的雷神在动物形象上就是鳄鱼。鳄鱼又名乌雷，故鳄鱼卵又名乌雷卵。鳄鱼“忽雷”是雷神的化身，故雷州的雷神又名乌雷。

二、越南雷神与乌雷

比雷州相近，越南雷神叫麻雷，又作乌雷。越南乔富修订的《岭南摭怪列传》中的《何乌雷传》，是一个雷神化身为人的神话。这个故事早就在民间流传，在李朝时（1010—1225），已见诸文字记载，在陈朝（1225—1400）时，文字基本定型。这个文本曾一度遗失，法国巴黎亚洲图书馆的第629本《岭南摭怪》，便无《何乌雷传》，它是从“西贡本”补入的。故事发生的时间，一说在绍丰年间（1279—1285），越译本和《李陈诗文》第三辑的《何乌雷传》均作陈裕尊辰“绍丰年间”；一说在陈朝裕宗绍丰六年（1284），二者出入并不大。故事先写何乌雷的诞生，《岭南摭怪列传》卷二《何乌雷传》云：

> 陈裕宗绍丰六年，麻丰乡人邓士瀛为安抚使，奉使北国。妾武氏在家。本乡有神祠，号麻罗神。夜夜其精化士瀛，行止容貌，酷似士瀛，入武氏房通焉，鸡鸣而起。后夜武氏问曰：“府君已奉北使，如何夜夜得还，而昼则不见？”神诈曰：“帝已差他官北使，而使吾侍左右，与帝围棋，不得出外。我念夫妇之情，故暗偷还，与汝以泻恩爱，明旦急赴入朝，不敢久居。”鸡鸣复去，武氏心中疑之。
>
> 期年，士瀛使回，武氏已胎满月。士瀛奏闻，下武氏狱。帝夜梦一神人来告曰：“臣麻罗神，其妻武氏已有孕，被士瀛争之。”帝惊觉。明日，命狱官将武氏讯其事由。帝即判曰：“妻还士瀛，子还麻罗。”
>
> 越三日，武氏生一黑胞，破得一男，皮肤如墨。至十三岁，名曰乌雷。色虽黑如漆，而肌润如膏。十五岁，帝召入侍，甚宠爱之，赐为宾客。①

---

① 越武琼校正，乔富修订．岭南摭怪列传·卷二［M］．台北：学生书局，1992.

《何乌雷传》故事的表层内容是生殖问题。故事的主干是何乌雷如何勾引妇女。何乌雷出游时遇到了神仙吕洞宾，吕宾洞为了满足何乌雷的愿望，授他以道法，他遂成为特别受妇女喜爱的公共情人："至于妇人女子，尤加悦焉，咸欲睹其面。"因此，何乌雷从此有了能轻易地得到妇女青睐的本领。越南国中，有一个身份高贵的女子——仁睦乡王室郡主阿金，她的美貌天下无双，丈夫去世后一直孀居在家，成为国人艳羡的美女。但她坚贞自守，连皇帝也不能得手。何乌雷便化装成"牧马儿""刈草奴"，到她家做佣工，以便得到接近她的机会。何乌雷以美妙的歌声使郡主"精神契会，意思凄凉，尤爱悦焉"，郡主相思成疾，终于与何乌雷私通，情爱日密，以致到了"丑污之态无复顾惜"的地步。故事主体部分具有市井猎艳的情趣，何乌雷成为现实生活中的纨绔子弟，以好色为能事。小说既有中国唐传奇搜奇传异的审美情趣，又有明代唐伯虎化装成家奴以勾引秋香的情节，成为越南典型的好色淫乱故事。故《岭南摭怪列传序》说："《乌雷传》者，戒淫行也。"在"戒淫"的主题下，它的重点写何乌雷俘获贵族美女的淫乱故事。看来，《何乌雷传》当是唐代的传奇作品，它的产生时代在宋代越南从岭南独立出去之前。

但是，《何乌雷传》的深层内容却是古越人的雷神文化。故事的主体部分只表达了故事的表层意义，《何乌雷传》的深层底蕴却是包括越南在内的岭南古越人的雷神崇拜文化，其主要内容有三：

一是雷神的家世。何乌雷是雷神之子，其父是麻罗神。何乌雷是麻罗神与人间女子——官员邓士瀛的妻子所生的孩子。为了能得到邓士瀛妻，麻罗神使了一系列的神通，先是使邓士瀛成为向北京朝见中国皇帝的使臣，让他前往北京朝贡，为他与邓妻私通创造了充分的时间。接着，麻罗神抓住其妻独自在家的时机，又变成其丈夫邓士瀛的模样，夜夜与邓妻云雨交欢。最后，邓妻生下了何乌雷。在这里，麻罗神之子名何乌雷，父子都应是"雷神"。在越南语中，"何"读为"哈"，"罗"与"雷"音近，故"麻罗"当即"麻雷"。越南还有麻雷郡，越南最早的文献《大越史略》卷下，陈朝惠宗建嘉元年（1211），"嗣庆引兵伐麻雷人"，时间在何乌雷之前约130年。可见，故事中的地名"麻罗"当即"麻雷"。何乌雷出生在雷神之家，其父是麻雷乡麻雷神庙中的麻雷神。因此，故事的背景是越南的雷神崇拜故事。

二是雷神诞生的"乌卵"神话。何乌雷诞生于一个大"黑胞"，黑即"乌"，黑胞即"乌卵"。三日之后，破开乌卵，何乌雷于是诞生，这便是何乌雷名字的来历。换言之，何乌雷是雷神之子，他从乌卵中诞生。因此，越南的雷神诞生神话也可称为“乌卵”神话。越南“乌雷”神话的部分内容，在“何乌雷”这个名字中已部分显示出来。

三是雷神“淫荡”的宗教本质。在小说中，何乌雷具有好色淫荡的性格。何乌雷手段高明，能得到连皇帝也不能得的美女。何乌雷有首言志诗：“生死由天勿需忧，男儿但求成英豪。宁为声色轻生死，岂可舍身为糟糠。”诗歌比较集中地阐述了他的人生观。从字面上看，何乌雷的人生目的十分颓废，他以猎取声色为手段，以使越南女子为他生下大批的子嗣为他的人生目的，并且为之自豪，这的确淫荡成性。但是，他的淫荡却别有原因。第一，从历史上看，与民女通淫的秉性并非他的创造，而是来自其父麻雷神，爱好通淫似乎是雷神家族的传统。换言之，与人间女子交配，并使其有子，乃是越南雷神固有的“历史风俗”。第二，从现实上看，何乌雷的淫荡不但不受国法和风俗道德的惩罚，而且所生的子女还受到皇帝的保护。皇帝下令：“如见乌雷奸犯谁家女子，将来帝前，便谢钱一千贯。若私杀者，培［赔］偿一万。”[①] 保护乌雷的私生子，成为皇帝的基本政策，这用“皇帝宠臣”来解释是不够的，只有在神圣的宗教前提下才有可能。第三，雷神之子受到保护也缘于“历史风俗”。在其父麻罗神时，皇帝已确立了“妻还士瀛，子还麻罗”的规矩。第四，在人类历史上，雷神“好色”具有普遍性。古希腊神话中，奥林匹斯的第一大神宙斯是万神之王，他主管天空和雷电，所以又被称为雷神。他极为好色，常背着妻子赫拉与其他女神和凡人私通，生出无数的私生子。古罗马天帝约夫也是雷神，他喜爱奸淫，甚至不满足于和妇女们交媾，还变成天鹅去引诱丽达。这些故事的直接背景是，人们祈求神灵赐予子女。麻雷神父子的“淫荡”，当是民间求子风俗在雷神崇拜上的反映。由于雷神的显赫地位，他不仅主管天气雨水，当妇女求子于他时，他还要满足人们的愿望。

因此，《何乌雷传》虽具有世情小说的情调，但其底层文化却是越南古代的雷神崇拜文化。

---

① 越武琼校正，乔富修订．岭南摭怪列传·卷二［M］．台北：学生书局，1992.

三、中越雷神比较和影响的途径

中越的雷神神话在内容上有很大关联。在中越雷神神话中，虽雷州的乌卵神话和越南乌雷神话都不完整，但它们之间可以相互补充，相互印证。

《何乌雷传》可分三部分：第一部分，何乌雷的诞生；第二部分，何乌雷的得道；第三部分，何乌雷与郡主阿金的爱情故事。它与岭南古越人的文化紧密相连的是第一部分：何乌雷的诞生。这个故事，相当于中国雷州雷神的诞生故事《雷民传》中的“陈氏因雷雨昼冥，庭中得大卵，覆之数月，卵破，有婴儿出焉”数句。不过，值得注意的是，它们仍然在许多方面具有一致性：

第一，何乌雷之父为雷神——麻罗神。其地点在越南的麻罗乡，又名麻丰乡。这里有座麻罗神庙，庙中就供奉着麻罗神。可见，这是一个历史悠久的故事，它导致了地名麻罗乡的产生，麻罗乡就因麻罗神而得名。这与雷州的故事也比较相近：在雷州因雷神而有了“雷种”，因“惊雷山”（后作擎雷山）而有了雷神庙，雷州的得名固然有“多雷”的实践理性或无神论的解释，但是实际上，雷州的得名当是因为雷神。如前所说，雷州古名軗沭、合浦、乌浒、溚布等，均与雷神“蛤咘”密切相关。命名为雷州，只是把以前的古越语地名，翻译成了汉语。

第二，麻罗神是乌雷之父，换言之，何乌雷是雷神之子，是雷神在人间的代表。麻雷神通过与民间女子私通而生下雷种。具体过程是：麻罗神变身为大臣邓士瀛的形象，与邓的妻子武氏交欢而有孕。这为何乌雷的诞生，既提供了生动的情节，也提供了合理的人间解释。雷州的乌雷卵是从天而降，没有人性化的通奸细节，这些生动的情节是雷州雷神所无的。不过，麻罗神与武氏的爱情故事，与中国雷州在广东的民间故事中雷郎、雷妇故事的情节很相似。雷神与武氏通奸并生子，还惹出纠纷，最后由皇帝出面裁决，雷神才得到他的儿子何乌雷。可见，雷神与民女通奸的故事为世所知，皇帝和民间也接受这样的事实，故事具有广泛的民俗学基础。因而，麻雷、乌雷，是雷神父子两人的名字，他们均是雷神。只是一个是天上的雷神，一个是雷神在人间的代表，这与古越人和今壮族的雷神与青蛙的故事的结构，是相同的。越南称雷神为麻雷，壮族称雷神之子青蛙为“麻拐”，二者之间，也具有一定的联系。

第三，何乌雷由卵而生。何乌雷的诞生有两个重要的特点：一是由卵而生；

二是卵为“黑胞”。何乌雷生后三日，破开黑色卵胞，他才得以诞生。因他的皮肤如墨，故名曰乌雷。他因“色虽黑如漆，而肌润如膏”的特点，而成为皇帝的宠臣，被赐为宾客。这种对乌卵的解释充满了汉语情调，与雷州对乌卵的解释相同。看来，无论是雷州，还是越南，均不知乌雷与鳄鱼忽雷的关系了。

总之，雷州的雷神故事与越南虽有差异，但是主体却相同。一是雷神名称一致。越南雷神的名称是“麻雷”和“乌雷”，中国的雷神既有乌卵神话，也有“麻雷”“忽雷”和“乌雷”等名称，雷神的名称基本一致。二是雷神的诞生神话内容相近。越南的何乌雷诞生于“黑胎”，中国雷神诞生于“乌卵”，二者表述略异，但实质相同。三是雷神的性格接近。越南的麻雷神和雷神之子何乌雷的性格，充分地人格化和淫荡化。他们已变成世间的好色男子，专事勾引女性，其故事如同唐代的爱情传奇。中国雷州的雷神虽然一本正经，但是，民间的雷郎故事表明，雷神以灵魂附身的方式，霸占民女为妻，虽与越南雷神的私生子得到国家奖励和保护不同，但内容比较接近，均是雷神兼有生育神性质的反映。四是中国雷神“忽雷”与越南雷神“何乌雷”的死法相似。欧阳绍费尽千辛万苦终于抓住了“忽雷”，却难以杀死他，最后用铁水才把他烧死。越南“何乌雷”之死也费尽周折，何乌雷与明威王之女私通被抓，明威王以欺骗手段骗得皇帝处死何乌雷的诏书来杀何乌雷，但是他仍然杀不死：“以杖击雷，不死。”最后采用巫术的方法：“以杵捣杀”，才杀死何乌雷。“忽雷”与“何乌雷”之死，颇为相似。另外，“忽雷”与“何乌雷”还有语言学上的联系。欧阳绍打败雷神之后，拥有了雷神名称，其透露出雷神的本名即忽雷。“忽雷”与越南“何乌雷”音近，将“忽雷”以长声慢读：h－u－lei，即得“何乌雷”。可见，在语音上，“忽雷”即“何乌雷”，也即“乌雷”。雷州雷神本名“忽雷”或“乌雷”有两层含义：一是雷神及其化身本名“忽雷”；二是战胜雷神的人或者雷祖被尊为“忽雷”。

虽然中国雷神与越南雷神有不少差异，但是相同或相近之处仍是主要的。这说明中越的雷神神话属于同一系统，它们之间有亲缘关系。这不难理解，因为雷州与越南，文化上均属岭南文化圈，血缘上均属古越人的后裔，行政关系上雷州与越南在秦代均属象郡，即使在唐代以前的许多年代里，雷州仍属交趾郡。

中越雷神影响的路径，在地名学上留下了遗迹，这就是古合浦所辖的廉州的乌雷岭。古廉州曾有县名乌雷。《旧唐书·地理志》：“乌雷，州（陆州）所治也。”陆州，隋曰玉州，唐上元二年（761）改为陆州，领乌雷等三县，乌雷县治还成为陆州的郡治。乌雷县与雷州一样，是中国少数以“雷”为名的州县。乌雷县因乌雷山而得名，清顾祖禹《读史方舆纪要》卷一百〇四：“乌雷山，在州西南大海中，入安南之要道也。唐乌雷县以此名。”乌雷县在今钦州市钦南区犀牛脚镇，距钦州 170 里。《清史稿·地理志》钦州：“廉钦道治所，初沿明制，属廉州府。光绪十四年，升为直隶州……东南：乌雷岭，其下曰乌雷港。”乌雷县以下，还有乌雷港、乌雷洲、乌雷墩、乌雷村等地名，崇祯《廉州志》卷六：“乌雷墩，州东南百里。”乌雷县的乌雷山，又名乌雷岭，它屹立于北部湾之滨，与钦州的尖山、那雾岭相望，东北几百米即三娘湾，它成为钦州著名的大地标志。

廉州乌雷地名的得名主要是因乌雷岭，而乌雷岭的得名是因为岭上著名的乌雷庙。《广东通志》卷十三：“乌雷岭，又名乌雷门，在（钦州）城东南八十里，高百余丈，突起海滨。相传黎人每岁望岭致祭。”这里的“黎人”，是指古越人。由于古越人每年必到此地祭祀乌雷神，使乌雷岭成为远近闻名的神山，乌雷县和乌雷岭等地名均因乌雷神而得名。古廉州的雷神庙不少，南宋《舆地纪胜》卷一百一十九：“乌雷故城，距今乌雷庙半里。”乌雷庙成为乌雷县的人文标志，甚至乌雷县消失后乌雷庙仍在。雷神是廉州地区的第一大神，《岭外代答》卷十：“广右敬事雷神，谓之天神，其祭曰祭天……一路之民敬畏之，钦人尤畏。”广西地区普遍崇拜雷神，但钦人最虔诚，故廉州的乌雷庙就是第一大神的雷神。因此，乌雷庙也称雷神庙。乌雷岭上的乌雷庙又称“威德庙”，“威德”的称号即来源于雷州的雷神称号。北宋熙宁九年（1076），皇帝封雷州雷神为“威德王”。

廉州还有其他的雷神庙，明嘉靖《钦州志》卷六：“雷庙，在州治南五里赤堪村，永乐七年（1409）巡检象贵建。”明崇祯《廉州志》卷五：“雷峰社学，在北定乌雷社。亨雷社学，在那雷村。”乌雷可称为雷、那雷、亨雷等，故乌雷即雷神。钦州的乌雷庙，规模最大的在钦州城南门外半里。钦州碑记中有《乌雷庙记》：“《乌雷庙记》，自唐以来所有碑记今犹存，庙在城外半里。”① 明李贤等《大明一统志》卷八十二“廉州府”：“乌雷庙，在钦州南五里。”乌雷庙在乡村则处处都有，明嘉靖《钦州志》卷六：“乌雷庙：在白皮乌雷岭下。”白皮岭离钦州 50 里，明崇祯《廉州志》卷十四：“乌雷庙，在州治南五十里，白皮岭下，

① （宋）王象之. 舆地纪胜·卷一百一十九［M］. 北京：中华书局，1992.

唐以来碑记尚存。”明章潢《图书编》卷五十一：“乌雷庙，又曰绿云乌雷庙，俱在钦州。”廉州的乌雷庙很多，名称上有北定乌雷庙、白皮乌雷庙、绿云乌雷庙和乌雷岭乌雷庙等；距离上，有钦州城外半里的乌雷庙，有城南五里的乌雷庙，有钦州城外50里处的乌雷庙等。古廉州的雷神庙可谓数量惊人，全国雷神崇拜最著名的雷州，府志所记录的雷神庙不过两三座，廉州有记载的雷神庙远多于雷州，其雷神崇拜的兴盛可想而知。

广西地区崇拜雷州的雷神，其原因是雷州雷神特别灵验，故雷州雷神迅速扩展到整个广西，而钦廉毗邻雷州，故受雷州雷神崇拜的影响最深，对雷神的敬畏和崇拜也最热烈。南宋王沆《桂林显震庙碑》：“（雷州雷神）故自岭而南，凡二十四州莫不奔走奉祀。”[①] 不仅仅是广西，整个岭南24州的雷神均来自雷州。钦州和越南古代均为岭南交趾九郡的一部分，故钦州的乌雷庙和越南的乌雷神的源头自然也来自雷州。这两则记载从途径上揭示了雷州雷神是如何影响岭南的。

历史上钦州是比较偏僻的地区。隋朝时才有钦州之名，唐代初年钦州属萧铣（583—621）的梁国，唐武德四年（621）平萧铣后改为钦州总管府。北宋开宝四年（971）设立广南西路前，钦州仍是蛮荒之地。明嘉靖《钦州志》卷一：“自梁以前犹荒野也。宋开宝四年置广南西路，钦之版籍始归有司。自开宝以前，犹羁縻也。”但其乌雷崇拜却很早，碑记已见于唐代，可见是古老的乌雷崇拜导致了乌雷地名的产生。

由上可知，在雷州雷神传入越南的过程中，廉州的乌雷岭在地理上起到了关键的作用，乌雷神当以廉州的乌雷岭为中介而传入越南。历史上通安南的道路有三：一是出广西镇南关，此为正道；二是由钦州泛海，过乌雷山至安南海东府，此为唐以前海军进军之道；三是由云南蒙自县莲花滩至安南之洮江，此为明沐晟出师之道。三条道路中，钦州与越南水陆并进，最为便利。《明史·地理志》钦州：“西南滨海，中有乌雷山，入安南之要道也。”明郑若曾《安南图说》：“若广东海道，自廉州乌雷山发舟，北顺风利，一二日可抵交之海东府；若沿海岸以行，则自乌雷山一日至永安州白龙尾。”[②] 从乌雷山至安南，海路和陆路均在一二日内可到。今日从钦州到越南，仅一两个小时车程。明嘉靖《钦州志》卷一：“乌雷岭……恒出大海而近交趾。”乌雷岭地处中越边界，而且其乌雷庙成为雷

---

① （清）汪森．粤西文载·卷三十七［M］．台北：台湾商务印书馆，1986.

② （明）郑若曾．郑开阳杂著·卷六［M］．台北：台湾商务印书馆，1983.

神文化的大地标志，是雷神崇拜的神山。乌雷岭在廉州府钦州西南海边，这一带地势险要，充满神秘气息。宋代《岭外代答》卷一：“钦廉海中有砂碛，长数百里，在钦境乌雷庙前，直入大海，形若象鼻，故以得名。是砂也，隐在波中，深不数尺，海舶遇之辄碎。”烘托出雷神的威严。廉州乌雷庙是越人雷神祖庙。明崇祯《廉州志》：“乌雷岭，发脉自那暮山，蜿蜒而来，顿为风门岭。逶迤南行，为乌雷岭。独遗群山，亘出大海，东望冠头岭，仅三十里；西望交趾海东府，在渺茫间……交人每望祭之。”① 乌雷神是越人的第一大神，中越关系顺畅时，交趾人每年都到此隆重祭祀；关系不顺时，他们乘船到海上，远望乌雷庙遥遥拜祭，乌雷庙在他们精神世界中的地位可见一斑。

因此，在中越雷神崇拜中，乌雷岭具有重要意义。地理上乌雷岭成为中越乌雷崇拜的大地坐标，它以空间立体实物的实然性，标记着乌雷崇拜的现实存在。文化上乌雷岭成为中越乌雷崇拜的精神坐标，它以时间文化事物的延展性，标记着乌雷崇拜的历史存在。乌雷神话就是由乌雷岭传入越南的，它成为越南乌雷崇拜的发源地。这便是虽越南有乌雷庙，但他们依然克服重重险阻到乌雷岭做精神遥祭的原因。

中越雷神属于同一系统，雷神在地理上的连接点为乌雷岭。在中越雷神神话中，越南雷神与雷州雷神的关系，尤其密切。为何会出现这种现象呢？这首先是基于地理的行政关系。从秦代开始，越南与广东和广西均属岭南地区，其中雷州与越南的关系更为特殊，雷、廉、琼与越南均环绕在北部湾地区。因此，雷州、廉州、高州、广西梧州府南部与今越南，秦代均属象郡。唐代设岭南道，辖广、桂、容、邕、安南五区，称为“岭南五管”。安南都护府治所交州，雷、廉、琼与今越南同属安南都护府。在唐代，乌雷神凭借行政区相同的优势，首先盛行于安南都护府范围内的雷、廉、琼和交州。到宋代，越南开始独立，雷州与高、廉、琼和今广西桂、容、邕等大部分地区属于广南西路，雷州的雷神盛行于岭南24州。

在越南的故事中，何乌雷的生年在1286年，相当于中国的南宋灭亡、元朝初兴时期。由于南宋二王死于广东雷州的硇州岛和新会崖山，其时，以雷州刺史曾渊子为首的一批南宋遗民逃到河内，有的就死在了越南。他们对越南的雷神崇拜是否有过影响，还需具体考察。

---

① （崇祯）廉州志·卷二［M］. 北京：书目文献出版社，1990.

还应指出的是，石狗是雷州文化的重要标志，同时越南也有石狗文化。2012年1月，笔者在越南首都河内的大街上漫步时，发现一家石雕店里陈列着大量的石狗。这些石雕狗像不是下龙湾那样的向天吼叫的狗石岩，而是狗像的石雕。

尽管它是现代的石雕工艺品，但它是否有古老的宗教传统呢？对此，越南河内日本桥上的石狗作出了回答。

河内的日本桥上供奉着一尊石狗，石雕的颜色呈青铜色，显示出石狗的古老色彩。它呈端坐姿势，头上披着红布，狗像前放着三个插香烛的钵盂，钵中插满香烛燃剩的竹签，看来这尊石狗的香火十分旺盛。日本桥头商店的老板，便是来自中国广东的华侨。这些已经表明，在越南存在着狗神崇拜。这里暂不探索越南石狗的原因，即它是越南原生的宗教，还是中国华侨从广东带来的崇拜，实物形式的石狗神像出现在越南首都河内，已客观上证明了越南有狗崇拜的宗教存在。

越南与雷州的石狗，当是两地雷神关系的一个旁证。

参考文献

[1]（战国）墨翟．墨子［M］．上海：上海古籍出版社，1989.

[2] 杨伯峻．列子集释［M］．北京：中华书局，1979.

[3]（战国）吕不韦著，（汉）高诱注．吕氏春秋［M］．上海：上海书店，1986.

[4]（汉）刘安等著，（汉）高诱注．淮南子［M］．上海：上海书店，1986.

[5]（汉）王充．论衡［M］．上海：上海书店，1986.

[6]（宋）周去非．岭外代答［M］．上海：上海远东出版社，1996.

[7]（明）李时珍．本草纲目［M］．上海：上海古籍出版社，1993.

[8]（明）庄元贞著．（清）刘世馨编纂．雷祖志［M］．清光绪十一年（1885）刻本，雷州雷祖祠藏．

[9] 谭棣华，曹腾騑，冼剑民．广东碑刻集［M］．广州：广东高等教育出版社，2001.

[10] 雷州历史文化委员会．雷州碑刻［M］．广州：岭南艺术出版社、广东人民出版社，2013.

[11]（万历）雷州府志［M］．北京：书目文献出版社，1989.

[12]（嘉庆）雷州府志［M］．上海：上海书店，2003.

[13]（康熙）海康县志［M］．雷州：雷阳印书馆，1687.

[14]（民国）海康县续志［M］．雷州：雷阳印书馆，1938.

[15] 喻炳荣．（道光）遂溪县志［M］．台北：成文出版社，1974.

[16]（清）王辅之．（宣统）徐闻县志［M］．台北：成文出版社，1973.

[17]（雍正）吴川县志［M］．故宫珍本丛书（第183册）．海口：海南出版社，2001.

[18] 湛江市志［M］．北京：中华书局，2004.

[19]（民国）桂平县志［M］．台北：成文出版社，1968.

［20］（万历）南宁府志［M］. 北京：书目文献出版社，1990.

［21］（崇祯）廉州志［M］. 北京：书目文献出版社，1990.

［22］（光绪）崖州志［M］. 广州：广东人民出版社，1962.

［23］（康熙）临高县志［M］. 海口：海南出版社，2004.

［24］（万历）宾州志［M］. 北京：书目文献出版社，1990.

［25］（明）甘东阳，蔡迎恩. 太平府志［M］. 北京：书目文献出版社，1990.

［26］海南地方文献丛书编纂委员会. 民国海南岛志［M］. 海口：海南出版社，2004.

［27］马蓉等点校. 永乐大典方志辑佚［M］. 北京：中华书局，2004.

［28］（清）郝玉麟等监修，（清）鲁曾煜等纂.（雍正）广东通志［M］. 雍正九年（1731）刻本.

［29］（清）阮元修等. 广东通志［M］. 上海：上海古籍出版社，1990.

［30］（雍正）广西通志［M］. 上海：上海古籍出版社，1986.

［31］（唐）李吉甫. 元和郡县图志［M］. 北京：中华书局，1983.

［32］（宋）乐史. 太平寰宇记［M］. 北京：中华书局，2007.

［33］（宋）祝穆. 方舆胜览［M］. 北京：中华书局，2003.

［34］（宋）王象之. 舆地纪胜［M］. 北京：中华书局，1992.

［35］（宋）范成大. 桂海虞衡志［M］. 南宁：广西民族出版社，2009.

［36］（清）穆彰阿，潘锡恩等. 大清一统志［M］. 上海：上海古籍出版社，2008.

［37］（清）顾祖禹. 读史方舆纪要［M］. 北京：中华书局，1955.

［38］（清）傅恒. 皇清职贡图［M］. 扬州：广陵书社，2008.

［39］（清）李调元. 南越笔记［M］. 北京：中华书局，1985.

［40］（清）屈大均. 广东新语［M］. 北京：中华书局，1985.

［41］（清）汪森. 粤西文载［M］. 台北：台湾商务印书馆，1986.

［42］李龙潜等. 明清广东稀见笔记七种［M］. 广州：广东人民出版社，2010.

［43］（汉）赵晔. 吴越春秋［M］. 北京：中华书局，1985.

［44］（宋）罗泌. 路史［M］. 光绪甲午年（1894）刻本.

［45］（北魏）郦道元. 水经注［M］. 上海：上海古籍出版社，1993.

[46]（南宋）淳熙三山志［M］. 台北：大化书局，1990.
[47]（汉）司马迁. 史记［M］. 北京：中华书局，1959.
[48]（汉）班固著，（唐）颜师古注. 汉书［M］. 北京：中华书局，1962.
[49]（宋）范晔著，（唐）李贤等注. 后汉书［M］. 北京：中华书局，1965.
[50]（唐）房玄龄等. 晋书［M］. 北京：中华书局，1974.
[51]（梁）沈约. 宋书［M］. 北京：中华书局，1974.
[52]（唐）姚思廉. 陈书［M］. 北京：中华书局，1972.
[53]（唐）魏征等. 隋书［M］. 北京：中华书局，1973.
[54]（宋）欧阳修，宋祁. 新唐书［M］. 北京：中华书局，1975.
[55]（晋）刘昫等. 旧唐书［M］. 北京：中华书局，1975.
[56]（宋）欧阳修. 新五代史［M］. 北京：中华书局，1974.
[57]（宋）薛居正等. 旧五代史［M］. 北京：中华书局，1976.
[58]（宋）司马光撰，（元）胡三省注. 资治通鉴［M］. 北京：中华书局，1976.
[59]（元）脱脱等. 宋史［M］. 北京：中华书局，1985.
[60]（清）徐松辑. 宋会要辑稿［M］. 北京：中华书局，1957.
[61]（清）梁廷枏. 南汉书［M］. 广州：广东人民出版社，1981.
[62]（清）吴兰修辑. 陈鸿钧，黄兆辉补征. 南汉金石志补征［M］. 广州：广东人民出版社，2010.
[63]（越）佚名. 越史略［M］. 北京：中华书局，1985.
[64]（唐）杜佑. 通典［M］. 杭州：浙江古籍出版社，2000.
[65]（清）乾隆官修. 清朝通典［M］. 杭州：浙江古籍出版社，1988.
[66]（清）嵇璜等. 钦定续通志［M］. 杭州：浙江古籍出版社，1988.
[67]（清）乾隆官修. 续文献通考［M］. 杭州：浙江古籍出版社，2000.
[68]（宋）王钦若. 册府元龟［M］. 北京：中华书局，1960.
[69]（唐）欧阳询. 艺文类聚［M］. 上海：上海古籍出版社，1965.
[70]（梁）萧统. 文选［M］. 北京：中华书局，1977.
[71]（宋）郭茂倩. 乐府诗集［M］. 北京：中华书局，1979.
[72]（清）严可均. 全后汉文［M］. 北京：中华书局，1958.
[73]（清）董诰等. 全唐文［M］. 上海：上海古籍出版社，1990.
[74]（宋）李昉等. 文苑英华［M］. 上海：上海古籍出版社，1987.

［75］（宋）李昉等．太平御览［M］．北京：中华书局，1994.

［76］（宋）李昉等．太平广记［M］．北京：中华书局，1961.

［77］曾枣庄，刘琳．全宋文［M］．上海：上海辞书出版社，合肥：安徽教育出版社，2006.

［78］（明）何乔远．皇明文征［M］．四库存目丛书集部．济南：齐鲁书社，1995.

［79］（明）永乐大典［M］．北京：中华书局，1984.

［80］（清）邵之棠．皇朝经世文统编［M］．台北：文海出版社，1980.

［81］（唐）张说．张燕公集［M］．上海：上海古籍出版社，1986.

［82］（宋）苏轼．苏东坡全集［M］．北京：中国书店，1986.

［83］（宋）苏辙．曾枣庄，马德富校点．栾城集［M］．上海：上海古籍出版社，1987.

［84］（宋）秦观．淮海集［M］．上海：上海古籍出版社，1986.

［85］（宋）司马光．传家集［M］．上海：上海古籍出版社，1986.

［86］（宋）黄仲元．四如集［M］．上海：上海古籍出版社，1987.

［87］（宋）黎靖德．朱子语类［M］．北京：中华书局，1994.

［88］（宋）张栻．南轩集［M］．上海：上海古籍出版社，1986.

［89］（宋）李纲．梁溪集［M］．上海：上海古籍出版社，1986.

［90］（宋）文天祥．文天祥全集［M］．北京：中国书店，1985.

［91］（元）范梈著，葛邕编．范德机诗集［M］．上海：上海古籍出版社，1986.

［92］（明）王临亨．粤剑编［M］．北京：中华书局，1987.

［93］（明）冯梦龙．警世通言［M］．上海：上海古籍出版社，1992.

［94］（清）全祖望．鲒埼亭集［M］．上海：上海古籍出版社，2000.

［95］（清）蓝鼎元．鹿洲初集［M］．上海：上海古籍出版社，1987.

［96］（清）徐赓陛．不慊斋漫存［M］．清光绪三十一年（1905）大通鹾解刻本．

［97］（明）王士性．广志绎［M］．北京：中华书局，1981.

［98］（明）湛若水．泉翁大全集［M］．上海：上海古籍出版社，1987.

［99］（明）憨山老人．梦游集［M］．北京：北京图书馆出版社，2005.

［100］（明）郑若曾．郑开阳杂著［M］．台北：台湾商务印书馆，1983.

[101] 王国维．观堂集林［M］．北京：中华书局，1959.

[102] 鲁迅．鲁迅全集［M］．北京：人民文学出版社，2005.

[103]（宋）洪迈．夷坚志［M］．北京：中华书局，1981.

[104]（宋）沈括．梦溪笔谈［M］．上海：上海古籍出版社，1987.

[105]（宋）周密．齐东野语［M］．北京：中华书局，1983.

[106]（宋）曾慥．类说［M］．上海：上海古籍出版社，1986.

[107]（明）郎瑛．七修类稿［M］．北京：中华书局，1959.

[108]（清）袁枚．续子不语［M］．上海：上海古籍出版社，1986.

[109]（清）刘献廷．广阳杂记［M］．北京：中华书局，1957.

[110] 广州市博物馆．广州历史文化图册［M］．广州：广东人民出版社，1996.

[111] 蒙文通．古族甄微［M］．成都：巴蜀书社，1993.

[112] 曾昭璇，黄伟峰．广东自然地理［M］．广州：广东人民出版社，2001.

[113] 蔡叶青．海康方言志［M］．广州：中山大学出版社，1993.

[114] 谢启晃等．岭外壮族汇考［C］．南宁：广西民族出版社，1989.

[115] 农冠品等主编．岭南文化与百越民风：广西民间文学论文选［M］．南宁：广西教育出版社，1992.

[116] 湛江市地名志编辑委员会．湛江市地名志［M］．广州：广东省地图出版社，1989.

[117] （清）陈伦炯．海国闻见录［M］．台北：台湾银行经济研究室，1958.

[118] 韦庆稳，覃国生．壮语简志［M］．北京：民族出版社，1980.

[119] 饶宗颐著，黄挺编．饶宗颐潮汕地方史论集［M］．汕头：汕头大学出版社，1996.

[120] 中国人民政治协商会议湛江市委员会文史资料研究委员会．湛江文史［M］.

[121] 中共雷州市委宣传部．雷州市文化广电新闻出版社编．雷祖文化节研究成果汇编［M］．2007.

[122] 牧野．雷州历史文化大观［M］．广州：花都出版社，2006.

[123] 高诚苗．雷祖文化活动纪实［M］．广州：南方人民出版社，2008.

［124］贵州省少数民族古籍整理出版规划小组办公室．苗族古歌［M］．贵阳：贵州民族出版社，1993.

［125］中国各民族宗教与神话大词典编委会．中国各民族宗教与神话大词典［M］．北京：学苑出版社，1993.

［126］中国少数民族民俗大辞典编写组．中国少数民族民俗大辞典［M］．呼和浩特：内蒙古人民出版社，1995.

［127］黄国汉等．铜鼓王——彝族英雄史诗［M］．昆明：云南人民出版社，1991.

［128］王大道．云南铜鼓［M］．昆明：云南教育出版社，1986.

［129］刘黎光．湘西歌谣大观［M］．长沙：湖南文艺出版社，1990.

［130］中国人民政治协商会议湖南省石门县委员会．神奇石门民俗卷［M］．2007.

［131］蒙元耀．远古的追忆：壮族创世神话古歌研究［M］．北京：民族出版社，2012.

［132］全国人民代表大会民族委员会办公室．广西大瑶山瑶族歌谣故事集（第5、6部分）［M］．呼和浩特：内蒙古人民出版社，1958.

［133］张声震．壮族神话集成［M］．南宁：广西民族出版社，2007.

［134］［古希腊］希罗多德．历史［M］．王以铸译．北京：商务印书馆，1997.

［135］［古印度］五十奥义书［M］．徐梵澄译．北京：中国社会科学出版社，1995.

［136］［美］摩尔根．古代社会［M］．杨东莼等译．北京：商务印书馆，1977.

［137］［英］弗雷泽．金枝：巫术与守教之研究［M］．徐育新等译．北京：中国民间文艺出版社，1987.

［138］［德］恩斯特·卡西尔．人论［M］．甘阳译．上海：上海译文出版社，1985.

［139］［德］格罗塞．艺术的起源［M］．蔡慕晖译．北京：商务印书馆，1984.

［140］［德］马克思，［德］恩格斯．马克思恩格斯选集［M］．北京：人民出版社，1972.

［141］黎飞艳，陈红冰等．广东遂溪鲤鱼墩新石器时代贝丘遗址发掘简报［J］．文物，2015（7）．

［142］胡耀武，李法军等．广东湛江鲤鱼墩遗址人骨的 C N 稳定同素分析：华南新石器时代先民生活方式初探［J］．人类学学报，2010（3）．

［143］陈伟驹，李法军等．鲤鱼墩遗址出土人牙的牙齿磨耗和龋齿［J］．人类学学报，2013（1）．

［144］何天杰．雷州与雷神传说考［J］．北方论丛，2002（1）．

［145］何天杰．论雷祖的诞生及其文化价值［J］．华南师范大学学报（社会科学版），2008（3）．

［146］左永平．解读佤族“猎头祭鬼”习俗［J］．思茅师范高等专科学校学报，2008（2）．

［147］赵焕庭，王丽荣．雷州半岛灯楼角沙岬的形成［J］．热带地理，2007（5）．

［148］赵焕庭，王丽荣．历史文献解汉代徐闻县治在今雷城镇［J］．热带地理，2003（3）．

［149］覃晓航．“乌浒”新探［J］．中央民族学院学报，1992（5）．

［150］黎飞艳，陈红冰等．广东遂溪鲤鱼墩新石器时代贝丘遗址发掘简报［J］．文物，2015（7）．

［151］李法军，王明辉等．鲤鱼墩新石器时代居民头骨的形态学分析［J］．人类学报，2013（3）．

［152］蒋廷瑜，邱钟崙等．广西贵县罗泊湾一号墓发掘简报［J］．文物，1978（9）．

［153］蒋廷瑜．罗泊湾铜器漆画解读［J］．中国历史文物，2009（4）．

［154］王宇，蔡举坤．雷州鼓文化与“雷州换鼓”辨议［J］．岭南文史，2007（4）．

［155］杨晓东．雷州半岛与海上丝绸之路的文物［J］．岭南文史，2000（4）．

［156］李达明．雷州半岛与海南岛玻璃陨石——“雷公墨”的调查与初步研究［J］．地质科学，1963（1）．